寅さんの「日本」を歩く2

岡村直樹 ㊢

天夢人
Temjin

前口上

大変、お待たせいたしました。満を持して、『寅さんの「日本」を歩く2』を刊行いたします。お買い上げいただければ、恐悦至極に存じます。私、車寅次郎の旅は、皆様に支えられながら、現在も細く長く続いております。しからば、いつかどこかで私を見かけることもございましょう。そんなときは、ぜひ、お声がけください。さて、昭和・平成・令和と旅する間に日本はずいぶんと変わりました。しかし、日本人の優しさや謙虚さ、そして勤勉さはまったく変わっていない、と感じております。そんな今、私が一番言いたいこと。「満男、小説読んだぞ！」「さくら、体に気をつけろよ」「博、酒を呑みすぎるな」「リリー、柴又に帰ったらまた店に寄るからよ」。そしてもう一つ。「コロナに打ち勝つ日は近い！」。皆様、それまでくれぐれもご自愛を。それではまたお目にかかれる日まで――。

※本文中のマークは、映画のシーン写真もしくはスチール写真です（一部に宣伝用写真もあり）。

編集◉町田てつ
本文デザイン◉荒川さとし
カバーデザイン◉雉田哲馬
DTP◉大里尚次
写真提供◉松竹株式会社
特別協力◉岡﨑匡・城間祥子（松竹）

「寅ちゃんて、本当に人騒がせな男だよぉ〜」

「お兄ちゃん、いい加減にしてよー！」

「あ〜いやだ、やだよ〜。おら知らねーよ、おら知らねーよ」

愛する家族にこう嘆かれる車寅次郎とは？

序章◉

寅さんの履歴書

われらの寅さん登場！

16歳で家を飛び出し、香具師となった寅さん。20年ぶりに故郷の葛飾柴又に帰ってきた！

葛飾柴又に帰るとき、寅さんは己の過去を振り返るように、江戸川の河川敷をゆっくりと歩く。「とらや」のある帝釈天参道を目指す行程は、ある種、内省の時間である。これは全作ほぼ変わりがない。

観客は半世紀にわたり、寅次郎の人生と向き合ってきた

風に吹かれてころがる塵芥《ちりあくた》のように、どこからともなく破天荒な男が葛飾柴又に帰ってきた。年の頃なら35～6。下駄を思わせる四角い顔に、あるかなきかの細っこい眼。格子縞の背広に腹巻き、中折れ帽子に雪駄《せった》履きという、時代錯誤もはなはだしい格好だ。どうやら堅気の男ではなさそうだ。男の名は車寅《くるまとら》次郎《じろう》。人はみな「寅さん」と呼ぶ。

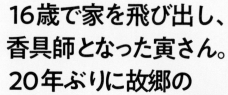

履歴書の現住所は不定、柴又尋常小学校卒？

稼業は香具師《やし》（かつては「テキヤ」という表現も使われていた）のこの男、粗野でおっちょこちょい、人の迷惑おかまいなしのフーテンだ（作品が進むにつれて、粗野なイメージは影を潜めていく）。言うことなすこと的外れではあるが、「おや、寅さん」と呼び止めたくなる愛嬌を感じさせる。

高度経済成長のまっただ中にあった昭和44（1969）年、この人騒がせな男を主人公とした映画がスタートした。山田洋次《やまだようじ》監督の手になる松竹の「男はつらいよ」である（第3作は森﨑東《もりさきあずま》監督、第4作は小林俊一《こばやししゅんいち》監督で、このとき山田洋次は共同脚本）。以来、50作、半世紀にわたって、われわれ観客は車寅次郎という男の人生に向き合うこととなった。

定時制高校へ入学するため願書と履歴書を書いた寅さん

寅さんは、帝釈天参道に軒を連ねる商店の一軒、草団子などを商う「とらや」（第40作「寅次郎サラダ記念日」から「くるまや」と屋号変更）の跡取り息子という設定。

父・車平造と寅さん育ての母はすでに亡く、実母の菊（ミヤコ蝶々《ちょうちょう》）は京都で連れ込みホテルを経営している。腹違いの妹・さくら（倍賞千恵子《ばいしょうちえこ》）は、叔父夫婦が切り盛りする「とらや」で実の子同様に可愛がられている。そこへ、16歳の時に家出したきり、20年も行方不明だった寅さんが、ひょっこり帰ってきたのだ。

以上が、シリーズ第1作公開時点での寅さんのプロフィールである。

では、その履歴が本人の申し立てによるといかが相成るか。第26作「寅次郎かもめ歌」

空白の履歴書はファン一人ひとりが書くほかない

（1980年）の最後に自筆の履歴書が映し出される場面があるので、その履歴書に基づいて検証してみよう。北海道奥尻島から上京してきたすみれ（マドンナの伊藤蘭《いとうらん》）が定時制高校に入学した際、すみれのことが心配になった寅さんが、自分も定時制高校に入学するつもりで入学願書に記した履歴書である。

まず生年月日。昭和15年11月29日、満40歳となっている。昭和15年は西暦1940年であるから、満40歳というのはおおむね当を得ているだろう。しかし、彼は第2作「続 男はつらいよ」（1969年）の中での夢で、実の母親に「今を去る38年前、雪の降る寒い夜に貴女は玉のような男の子を産みなすったはずだ」と言っている。1969年の38年前といえば、1931年、昭和6年だ。本人の自筆履歴者とは9年ものズレが生じてしまう（山田洋次著『悪童 寅次郎の告白』〈講談社〉では二・二六事件のあった昭和11〈1936〉年誕生）。よって寅さんは年齢不詳ということになるが、まあ、寅さんの年齢など、当人にとっても周りの人々にとっても、さして重要ではないのだろう。

お次は現住所。この欄には「不定」とあり、連絡先

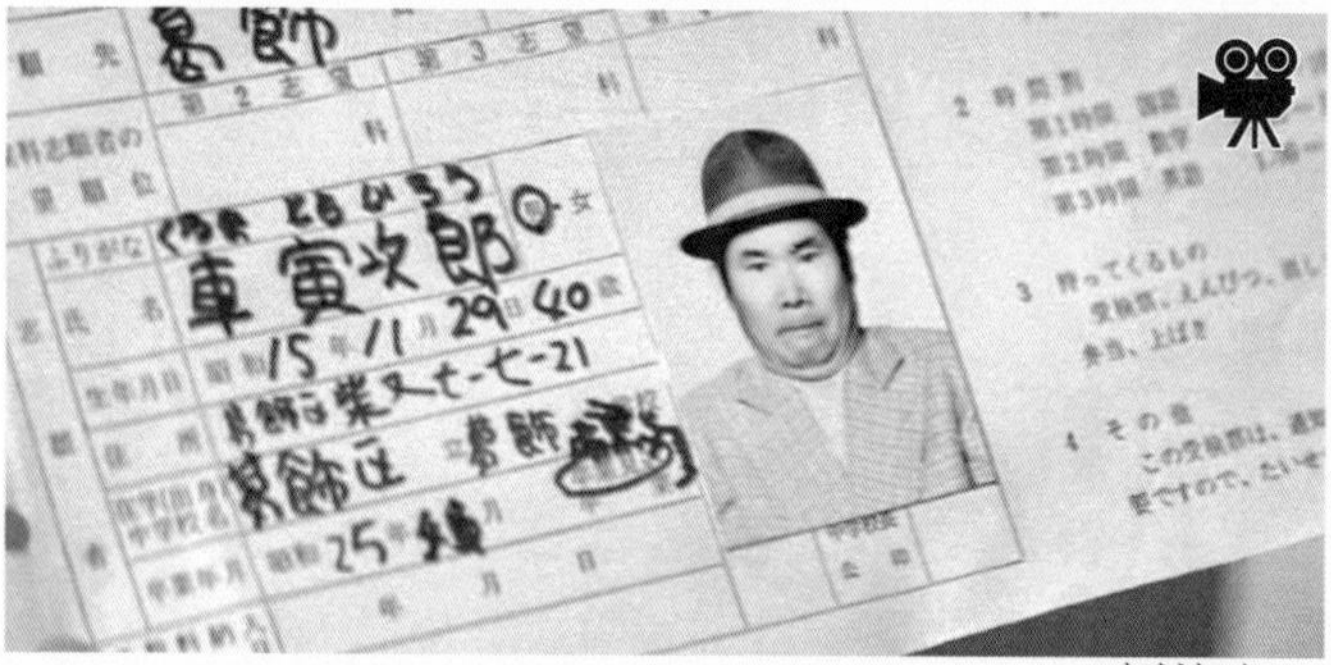

第26作「寅次郎かもめ歌」（1980年）の最後、さくらが定時高校の教師（松村達雄《まつむらたつお》）から見せられた寅さんの入学願書の履歴書。生年月日は「昭和15年11月29日」とある。

は「葛飾区柴又七‐七‐21」と書き込まれている。さらに学歴・職歴欄には「柴又尋常小学校卒業」「葛飾商業学校中退」「職業・自営業」と記されている。尋常小学校は戦前に国民学校初等科に改称されているので、これまた不審だが、そんなことは不問に付してもかまわない。

続いては免許・資格の欄。ここは「無し」の一言で済ましている。次いで得意な学科は「音楽・国語」、健康状態は「きはめて良好」、趣味は「観劇・旅行」、スポーツは「競馬・競輪」と申告している。履歴書に競馬・競輪を持ち出す人間がどこの世界にいようか！　などとあきれてはなりませんぞ。それでは、寅さんを見損なっていることははなはだしい。おのれを偉く見せるために自分を飾り立てる寅さんではないから、申告通りに受け取っておこう。けれど、賞罰の欄が設けられていなくて、少なからず安堵した。書式にこの欄があったのでは、無銭飲食（第2作、第18作）、露天商許可無し営業（第7作ほか）、ウォークマン無許可持ち出し（第31作）を書きかねない寅さんだから。

「葛飾商業を、こっちの方は少し早めに卒業しまして……」

さらに学歴について少々。

寅さんが、学歴や地位で人間を判断しないことは、第29作「寅次郎あじさいの恋」（1982年）一つを取っても明らかだ。彼は、京都で人間国宝の陶芸家と知り合う。陶芸家の周りの人々が「先生」と口をそろえるなか、寅さん一人だけが「じいさん」呼ば

香具師の仲間内では地位が高い寅さん

わりし続けていた。地位や学歴で人間を測らないのが寅さん流なのである。

だが、寅さん流の生き方は、世間様の受け入れるところとはならない。第10作「寅次郎夢枕」（1972年）を例に引こう。「とらや」に寅さんの見合い話が舞い込み、先方から彼についての問い合わせの電話が入った。応対に出たのはおいちゃん（松村達雄《まつむらたつお》）。「あの、柴又尋常小学校を出まして、葛飾商業を、こっちの方は少し早めに卒業しまして……。は？　それから後……、いえいえ、もちろん東大なんかじゃあございません。早稲田でも慶應でもございません。その……、何て言いますかね、私どもの教育方針と申しますのは……、実力主義でございまして、くだらない大学なぞ出るよりも、そのほうがよっぽどと、そう思いまして、早めに社会に出しまして、みっちり鍛えましたようなわけで……」と、しどろもどろ。

寅さんは、定職に就くこともなく、生涯独身を押し通して、安住することを拒み通した。そして、われわれの前から姿を消した。だが、寅さんの履歴書にこれらの〝栄光〟が書き込まれることはあるまい。空白のまま残された履歴書は、彼と付き合ってきたファン一人ひとりが書くほかないのだろう。それが、寅さんへのはなむけなのだと信じる。

青空に響き渡る「タンカバイ」、寅さんは言葉の魔術師

ここで物語の根幹をなす寅さんの商売についてひと言。「男はつらいよ」シリーズは、香具師について一応の理解をもたないと、物語そのものの理解が遠くなってしまう。香

具師を生業にしていたからこそ、寅さんは故郷から「旅」に逃げられ、また、「旅」から故郷へと帰巣できたのである。

「国の始まりが大和の国ならば、島の始まりが淡路島、泥棒の始まりが石川の五右衛門なら、英語の始まりがＡＢＣ、さあて、こちらもお立ち会いだ、どう、続いた数字が二、兄さん寄ってらっしゃいは吉原のかぶ、仁吉が通る東海道、三三六方で引け目がない、産（三）で死んだが三島のお仙、ねえ手に取って見てちょうだい、四谷赤坂麹町、ちゃらちゃら流れるお茶の水」（第34作「寅次郎真実一路」〈1984年〉）

——どうです、この名調子。香具師である寅さんの口上だ。口上を入れ、タンカを切りながら品物をさばく「タンカバイ（啖呵売）」である。

歌うが如く口調はすべらか。語呂合わせも小気味よく、話術は巧《こう》緻《ち》を極めている。名調子に聞き惚

初期作で寅さんは川又登《かわまたのぼる》（秋野太作《あきのたいさく》／出演時は津坂匡章《つさかまさあき》）とタンカバイを行っていた。独自の間があるハリセンのリズムが、言葉の切れ味を倍加させる。

れた客は、品物の品質は二の次、三の次となって、ついつい財布のひもをゆるめてしまうという次第。そう、寅さんは言葉の魔術師なのだ。

この香具師、平たく申せば露天商である。寺社の祭礼や縁日、盛り場など、人の出さかるところに場を割り当てられ、仕入れた品物を売る稼業だ。寅さんは、「故あって親一家は持ちません」と仁義を切っているが、最初に香具師になるときには、必ずだれかの世話になったはず。なったとすれば、第5作「望郷篇」（1970年）に登場する政吉親分（木田三千雄《きだみちお》）だろうが、山田監督は、香具師の裏事情を避けて通る。それを描いたのでは、シリーズ本来の向日性が失われてしまうからだろう。

祭礼縁日を香具師の世界では「高市《たかまち》」と称する。高市でバイ（商売）できるのは、地位の高い香具師だ。警察に届けを出して鑑札をもらえば、すぐに露天商にはなれるが、高市に店を出すとなると事はそう簡単ではない。世話人が露店の地割り（場所決め）をするときのメンツに入れてもらわなければならないからだ。

つまり高市でバイしている寅さんは、香具師仲間では地位が高いわけだ。扱う品物によっても、地位の高低は決まる。生もの、腐るものを扱うのは地位が低い。寅さんがタンカバイしているシーンを思い起こしてほしい。易断に関するもの、古本、カーテン、万年筆、鳩笛、健康サンダル……などであって、生ものは扱っていない。

扱う品物、バイする場所からいって、寅さんがプロ中のプロであることは分かった。加えて、タンカバイしていることも彼の地位の高さを語っている。タンカバイというのは、

「額に汗して働く」ことを拒み通した男

香具師仲間の憧れであり、芸能と商売の中間にあたる特殊技能なのだ。しかも、彼のタンカバイの技倆は飛び抜けている。長年の厳しい修業が必要なのである。ものは試し、近年の祭礼や縁日を覗いてごらんになるとよろしい。タンカバイしている香具師にはとんとお目にかかれない。

「テキヤ殺すにゃ、刃物はいらぬ。雨の三日も降ればいい」

しかし、仲間内での地位が高かろうが低かろうが、香具師が天候に左右される点では同等だ。寅さんも言っている。「テキヤ殺すにゃ、刃物はいらぬ。雨の三日も降ればいい」(表現は劇中のセリフのまま)。すでに品物を仕入れ済みであったりしたら目も当てられない。たとえ、すきま風の吹き入る安宿であっても、宿代はかかる。うかうかしていると、野垂れ死にしかねない。濡れ手で粟というボロイ稼業ではないのだ。

第3作「フーテンの寅」(1970年)に、次のようなシーンがある。

風邪を引いたらしい寅さんが商人宿に泊まっている。熱があるのか、情けない表情で寝込んでいる。「ハクション!」と盛大なくしゃみをしたとたん、破れ障子が頭に落ちてきて、「落ち目だなぁ」。さくら夫婦をはじめ、おいちゃん、おばちゃんが彼の身の上を心配するのも道理だ。

それでも寅さんは「額に汗して働く」ことを拒み通したまま、いずこへともなく姿を消してしまったのである。

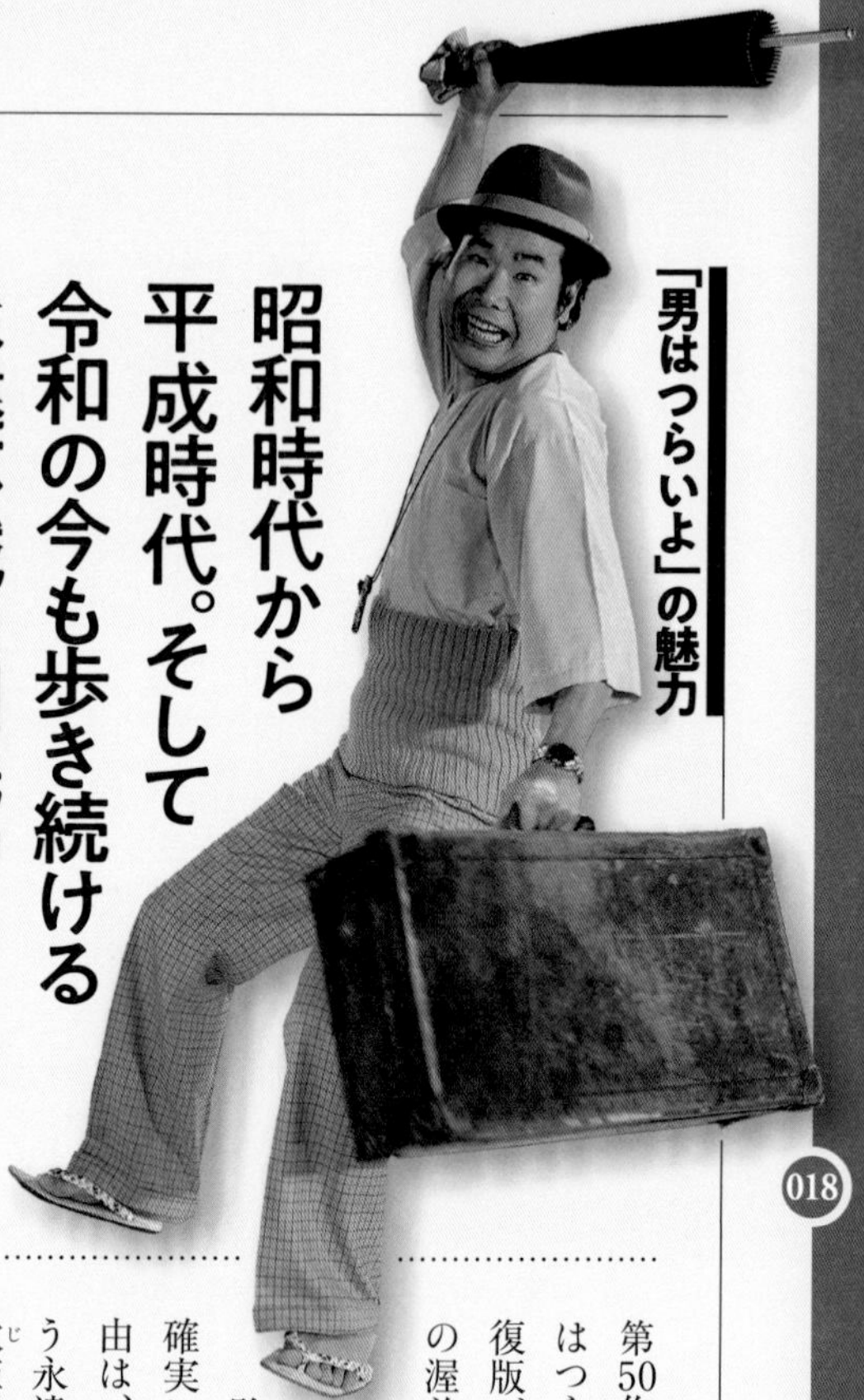

昭和時代から平成時代。そして令和の今も歩き続ける永遠不滅の国民的ヒーロー

キーマンは渥美清・山田洋次・小林俊一

「男はつらいよ」シリーズの第50作「お帰り 寅さん」（2019年）が公開されて2年弱。この間、CS衛星劇場やBSテレ東の開局20周年を記念した特別企画などで、「お帰り 寅さん」が放映されて、大きな話題となった。

第50作公開時の令和元（2019）年冬に発売された「男はつらいよ 50周年記念 復刻〝寅んく《トランク》〟4Kデジタル修復版ブルーレイ全巻ボックス」も非常に好調で、主役の渥美清の逝去後、25年が経過した現在でもその人気はまったく衰えない。

それどころか、リアルタイムでシリーズを体験していない若い世代の間でも、寅さんファンは確実に増えている。このシリーズが成功した最大の理由は、渥美清という不世出《ふせいしゅつ》の喜劇俳優と、「家族」という永遠の命題を一種の悲喜劇的にドラマ化した山田洋次《やまだようじ》監督との出会いにあった。

実はこの不倒のシリーズ、映画化される前は、テレビドラマとして放映されていた。もちろん渥美清《あつみきよし》の主演。昭和43（1968）年から同44（1969）年にかけて26回オンエアされている（TBSではこのテレビ版の前身として渥美清、青島幸男《あおしまゆきお》、中村嘉律雄《なかむらかつお》主演の「泣いてたまるか」というドラマもあった）。当時、渥美清はすでにコメディアンとしての地歩《ちほ》を固めつつあり、NHKテレビの人気番組「夢であいましょう」にレギュラー出演。フジテレビの連続ドラマ「大番」や前述したTBSの「泣

寅さんが頓死した幻のテレビドラマ

いてたまるか」などで主役を張っていた。

フジテレビのディレクター・小林俊一《こばやししゅんいち》は、人気が鰻上りの渥美清に目をつけ、主演の連続ドラマを制作すべく、松竹で質の高い喜劇映画を送り出していた山田監督に相談をもちかけた。小林俊一が、山田監督に台本の依頼に行くと、さっそく渥美清に会いたいという話になった。で、渥美清を伴って山田監督が執筆に使っていた赤坂の旅館を訪れると、山田監督は渥美清から鮮烈なインスピレーションを受けたという。

「二、三日続けて私のいた宿に来てもらっていろいろ聞きました。（中略）テキ屋についてはその口上にいたるまで全部聞かせてくれました。（中略）彼の話を聞いていると、自分の眼の前にふつふつとイメージがわいてきて、それがぐんぐんふくらんで、いつの間にか自分がその話を実際に見たような気持ちになってしまった」（山田洋次『映画をつくる』より）

そんな渥美清も山田監督の才能に目をつけていたらしく、山田洋次脚本で話はトントン拍子に進んでいった。

テレビ版「男はつらいよ」は、こうして世に出たのである。物語は、家出したまま音信不通だった寅さんが、突如として葛飾柴又《かつしかしばまた》に帰ってくる。だんご屋の「とら屋」（テレビ版は「屋」）では、妹・さくら（長山藍子《ながやまあいこ》）と叔《お》父夫婦（おいちゃんとおばちゃん／森川信《もりかわしん》、杉山《すぎやま》とく子《こ》）が店を守っている。半年ばかり店に居つく寅さんだが、とんだトラブルメーカー。その間、さくらと博士《ひろし》（井川比佐志《いがわひさし》／テレビ版では「士」がつく）の結婚、葛飾商業の恩師（東野英治郎《とうのえいじろう》）との交流、恩師の娘・冬子《ふゆこ》（佐藤《さとう》オリエ）への思慕……。やがて、冬子に結婚相手が現れ失恋。かくして寅は一獲千金を夢見て奄美大島《あまみおおしま》に渡り、ハブに噛まれて頓死してしまう。すると、放送終了したとたん、「なぜ寅を殺した」「てめえの局の競馬は2度と見ねえ！」と抗議の電話が殺到したという。

このテレビ番組はマスターテープが第1回と最終回しか残っておらず、今や伝説となっている。

みんなに愛される国民的映画が誕生した

意を強くした山田監督は、映画化の企画を松竹に持ち込んだ。企画会議は揉《も》めに揉めたが、粘り勝った。映画版の第1作「男はつらいよ」の公開は昭和44（1969）年。むろん、主演は渥美清だ。

世はまさに高度経済成長の真っただ中。人より多くの給料を稼いで、経済的に豊かな暮らしを――という

第20作「寅次郎頑張れ!」(1977年)のスタジオ撮影の合間に山田監督を中心に撮影した“家族”のスナップ。幼い満男は中村はやとが演じている。家でくつろぐ寅さんは、いつもおおむねどてら姿である。

思考がまかり通っていた。半面、組織の管理化は社会の隅々にまで浸透し、人々はその重圧に窒息しかかっていたのである。

そんな中、「もろもろの卑しい欲望——物欲・名誉欲から知識欲にいたるまで、みんなどこかに忘れ去って、トランクを片手にぶらさげ、澄み切ってカーンと音のしそうな頭でのんびり旅を」(山田洋次『映画館《こや》がはねて』より)する男・車寅次郎《くるまとらじろう》が現れたのである。

縁日で巧みなタンカバイ(啖呵売《たんかばい》)を行う浮世離れした男を銀幕《ぎんまく》に見いだした人々は、管理社会の息苦しさから解放され、心慰められたのであった。観客は寅さんの旅に自分の願望を重ね合わせることで寅さんと同化し、人気は沸騰した。

そして思わぬ好評に、山田監督すら予想しなかったシリーズ化が実現する。第1作で54万人強だった観客動員数は尻上がりに増え、第10作「寅次郎夢枕」(1972年)にいたっては200万人を超えた。第12作「私の寅さん」(1973年)は242万人に迫る記録を打ち立てている。観客は銀幕に映し出される寅さんの一挙手一投足《いっきょしゅいっとうそく》に、笑い、涙した。それまであまり注目されなかった葛飾柴《かつしかしば》又《また》の町や帝釈天題経寺《たいしゃくてんだいきょうじ》(通称・帝釈天)は人気観光スポットになり、シリーズは「国民的映画」と称されるほどに成長。寅さんは国民的ヒーローとなったのである。シリーズが進むうちに、山田監督は渥美清の話術やカリスマ性にますます惹《ひ》かれていき、渥美清も山田監督のストーリーテリングや演出力を信頼するようになっていった。「とらや」の面々や仲間たちのキャスティングも、余人をもって代え難いほどシリーズに溶け込んだ。

そしてこれに毎回異なるマドンナ役の人気女優陣が加わり、ほかに類を見ない寅さんワールドが展開していくことになったのである。

一種の予定調和が山田監督のマジック

映画の設定はテレビドラマを踏襲している。物語は20年間も家出して行方知れずとなっていた「とらや」の跡取りが香具師《やし》となって柴又に帰ってくるところから始まる。家出した甥《おい》っ子を叔父夫婦（森川信《もりかわしん》、三崎千恵子《みさきちえこ》）は快く迎え入れ、美しく成長した異母兄妹のさくら（倍《ばい》賞千恵子《しょうちえこ》）と寅さんは再会する。このあたりは前述したテレビ番組と同じだが、48作も続いた映画では毎回、人気女優がマドンナとして登場し、寅さんを翻弄《ほんろう》するストーリーが繰り返された。

テーマは「家族愛」「恋愛」「望郷」

テーマは寅さんが心に抱えた「家族愛」「恋愛」「望郷」の三つ。「家族愛」とはおいちゃん、おばちゃん、諏訪《すわ》家（博、さくら、満男《みつお》）への愛であり、「恋愛」は寅さんのマドンナに対する一目惚《ひとめぼ》れや岡惚《おかぼ》れであり、「望郷」とは旅先で思う葛飾柴又である。

物語は次ページの図に示したような基本パターンとそのバリエーションで展開されていく。第42作「ぼくの伯《お》父《じ》さん」（1989年）以降は、寅さんの恋愛と満男と泉《いずみ》の淡い恋の〝2本立て〟のような構成になっていくが、「物語の基本パターン」のように全作品を通じてストーリー展開の骨格にほとんど変化はない。この一種の予定調和が観客を安心させる山田監督のマジックなのである。

見どころはまず、寅さんが「とらや」に帰り、茶の間で旅の話や近況報告などをしていると、喧嘩《けんか》になってしまうシーンである。

発端は晩ご飯のおかずの数や種類、寅さんの理想の女性像、朝日印刷のタコ社長（太宰久雄《だざいひさお》）に対する悪口などと些細《ささい》なことにある。たわいのない話のなかに、寅さんの極端なこだわりが顔を出し始めると、おいちゃんやタコ社長などは「また、始まったぞ」とうんざりし、思わず寅さんを否定するような失言を発してしまう。する

物語の基本パターン

❶夢のシーン。駅のベンチ、神社の軒下などで目覚めるとタイトルバックが流れ始める。
→ 第2作、第5作、第9～37作、第39作、第43作、第45作の計34作品が夢から始まる。

❷寅さんが久しぶりに旅から帰ってくる（江戸川の土手を歩いて帰ってくることが多い）。
→ 河川敷でカップルの邪魔をしたり、野球の試合を台なしにしたりというミニコントが展開。

❸「とらや」の暖簾《のれん》をくぐる。家族の面々は大喜び。茶の間で、旅先の話などに花が咲く。
→ 寅さんは入りづらそうに、行きつ戻りつ。珍妙にして絶妙なコントがここでも展開される。

❹しばらくすると、話がこじれて茶の間などで大《おお》喧嘩《けんか》。帰ったばかりの寅さんはまた旅へ。
→ 喧嘩するのはおいちゃん、タコ社長、博《ひろし》など。おばちゃんやさくらが泣き出して、寅さんは去って行く。

❺旅先で思い悩むマドンナと出会い、相談にのる。別れ際《ぎわ》、「困ったことがあったら、俺の実家、葛飾柴又《かつしかしばまた》の〈とらや〉を訪ねてみなよ。親切にしてくれるぜ」と声をかける。

❻旅先で出会ったマドンナが「とらや」を訪ねてくる。「寅は今、仕事で旅に出ております」と答えると、そこへ寅さんが帰ってくる。

❼ここで寅さんはマドンナに惚《ほ》れる。マドンナは、家族から下にも置かない歓待を受ける。

❽寅さんはマドンナの将来を心配して、こまごまと世話を焼くうちに夢が大きくふくらみ、自分とマドンナの将来設計を思い描く。

❾「とらや」の家族は、また恋の病が始まったと嘆息《たんそく》する。さくらや博は心配でならない。

❿“恋敵《こいがたき》”的な人が現れ、マドンナはその人の元へ去って行く。

⓫傷心の寅さんは、置き手紙などをして静かに旅に出る。

❿マドンナが寅さんに対して、遠回しに愛を告白する。

⓫渡世人の俺が？　と自ら静かに身を引いて旅に出る。

⓬マドンナが「とらや」で近況報告をしている。「寅さんどうしてるのかしらね。会いたいわ」。
→ 正月や盛夏に訪れ、「とらや」の茶の間やさくらと博の家で寅さんの噂《うわさ》話をしながら談笑。

⓭ラストシーンは賑《にぎ》わう縁日。寅さんの啖呵《たんか》売《ばい》の口上が、青空に吸い込まれていく。
→ 縁日の花火がパパン、パンと上がり、寅さんは香具師《やし》の仲間とともに屈託《くったく》なく商売に励む。

END 寅さんの旅がはじまる

お決まりのシークエンス

ここではマドンナの心情に、おおむね下記のような3つのパターンが生じる。

ⓐ面白い　ⓑ頼れる　ⓒ共感できる

ⓐの感情を持つ場合。寅さんの恋心をわかっていながらも去って行く。

ここで寅さんに淡い恋心を抱き始めるマドンナが出てくる。多くがⓑⓒのパターン。

観賞者によって、受け取り方は異なるが、恋心を抱くのは、全作品中で7人程度。

この❿⓫が運命の分かれ道。リリーの場合は、いったん去るが、何度か再会して寅さんに惚れてしまう特別のケースだ。

（網掛け）ブルーバックの部分がハイライト。

一家を巻き込んで一大騒動が勃発

と寅さんは、怒り心頭に発し、「それを言っちゃあ、おしまいよ！」「さくら！　止めるなよ」というお決まりの捨て台詞《ぜりふ》を残し、「とらや」を飛び出してしまうのである。第3作「フーテンの寅」（1970年）のように、初期作品では喧嘩が裏庭での大立ち回りに発展することもあったが、大方の場合、さくらやおばちゃんが泣き出したり、おいちゃんが寝込んだりして、事態は収束する。

「とらや」を飛び出した寅さんはその後、旅先でマドンナと出会う。天真爛漫《てんしんらんまん》な少女、翻訳家、女医、アマチュア写真家、人妻、水商売のママ、ドサ回りの歌手、売れっ子の歌手、レビューの踊り子、芸者、看護師など、さまざまなマドンナが登場するが、寅さんはすぐに意気投合して旅を語り、人生を語る。出会いのシーンにおけるしみじみとした〝寅さん節〟は、渥美清でなければできない名演である。そして別れ際《ぎわ》、

「東京へ出てくるようなことがあったらな、葛飾柴又帝釈天の〈とらや〉という店へ寄りな。俺がいなくってもな、俺の身内がきっとおまえのことを親切にしてくれるからな」（第37作「幸福《しあわせ》の青い鳥」1986年）

などと言い残して去っていく。このあたりの物言いはとにかく格好いい。しかし、後日、マドンナが「とらや」を訪れ、そこで寅さんと再会すると、別れた時の格好よさはどこへ？　となる。寅さんはマドンナにどぎまぎし、会話はトンチンカンなものとなり、やがて「とらや」一家を巻き込んでの一騒動が勃発する。このあたりが毎回最大の見どころ。寅さんは再会した瞬間にマドンナに惚《ほ》れて、生活はすべてマドンナを中心に回るようになってしまうのだ。そして物語はエンディングに向かっていく。

ストーリーに大きな違いがあるのは、22頁の図の❽❿⓫部分。寅さんに好意を持ってはいるが、それは「年長で人生経験豊かな頼れる友人」といった感情であり、けっして恋心ではない。しかし、このあたりを寅さんは一人合点《がてん》してしまい、よせばいいのに二人の将来設計まで思い描き、こまごまと世話を焼くのである。

しかし、こうした寅さんの一途《いちず》な愛情に最初から気づくマドンナはそう多くはない。寅さんに意中の人や再会した大切な人のことを他意《たい》なく報告してしまうと、突然、寅さんはどん底に突き落とされてしまう。こうなると、引き際は恐ろしく早い。マドンナの心が別の男性に向いていると知るや「とらや」からもマドンナからも静かに去って行くのである。

ただ、寅さんはフラれているばかりではない。第10作

「寅次郎夢枕」（1972年）、第29作「寅次郎あじさいの恋」（1982年）、第32作「口笛を吹く寅次郎」（1983年）、第38作「知床慕情」（1987年）、第44作「寅次郎の告白」（1991年）、第45作「寅次郎の青春」（1992年）などでは、逆に〝愛の告白〟を受ける。マドンナの気持ちを知って寅さんの心は揺れ動くが、常に「渡世人《とせいにん》の俺がこの女性を幸せにできるだろうか」と自問自答し、フラれた時と同じように静かに柴又から去って行くのである。

寅さんは今も日本のどこかを歩いている

このシリーズには、恋愛騒動のほかに大きな魅力がある。全国を旅してタンカバイを行うので、全国津々浦々の名所が舞台になっていることだ。しっとりとした城下町あり、郷愁の港町あり、ひなびた温泉ありと、映画の中では昭和という時代と、古き良き「日本」が活写されている。こうした意味で、「男はつらいよ」は時代を駆ける最強のロードムービーともいえる。描かれる情景は年配の方には懐かしいが、若い人にとっては新鮮だ。

新幹線は0系《ぜろ》しかなく、高層ビルもほとんどない。道路は渋滞して、工場からは排煙が出ているが、人々は

第10作「寅次郎夢枕」（1972年）では、初めて寅さんが女性に惚れられる。相手は幼なじみで美容院を経営する千代（八千草薫《やちぐさかおる》）。このシーンのように、懐の広い「兄貴」を演じる寅さんだったが……。

時代を駆け続ける最強のロードムービー

まっすぐ前を向いて歩いている。子供たちは明るい声で遊び、繁華街にはハイカラなカップルが繰り出している。寅さんの「労働者諸君！」という檄は、明日を夢見ながら頑張っている昭和という時代の空気を代弁しているのだ。山田監督は底抜けの活力に満ちた寅さんを通して、日本という国の根源的な活力を描いていたのである。

そんなシリーズも、平成8（1996）年8月に渥美清が没したことで、幕を閉じたが、翌年の平成9（1997）年11月に第49作として「寅次郎ハイビスカスの花 特別篇」が公開された。そしてシリーズスタート50周年を記念して令和元（2019）年12月、第50作「お帰り 寅さん」を公開。第50作では諏訪家、「くるまや」、リリーのその後が中心に描かれ、多くの寅さんファンが次なる展開を期待する作品となった。

「男はつらいよ」は、一人の俳優が演じた最も長い映画シリーズとしてギネス世界記録に登録されている。その記録は今も破られていない。足かけ27年、48作（特別篇を入れると29年、49作）という長寿シリーズである。それに、後日談を物語に折り込んで公開された50作。永遠不滅のヒーロー、寅さんは今も日本のどこかを歩いている。これからどこへいくのだろうか――。

「男はつらいよ」シリーズクレジット

メインスタッフ

原作：山田洋次
監督：山田洋次（第1･2作、5～49作）
　　　森崎 東（第3作）、小林俊一（第4作）
脚本：山田洋次（第1～49作）
共同脚本：森崎 東（第1作）
　　　小林俊一（第2･3作）
　　　宮崎 晃（第2～6、11作）
　　　朝間義隆（第7～49作）
　　　レナード･シュレーダー（第24作）
　　　栗山富夫（第24作）
撮影：高羽哲夫（第1～49作）
　　　長沼六男（第48・49作）
音楽：山本直純（第1～49作）
　　　山本純ノ介（第47～49作）

メインキャスト

車 寅次郎：渥美 清
諏訪さくら：倍賞千恵子
諏訪 博：前田 吟
諏訪満男：中村はやと（第2～26作）
　　　吉岡秀隆（第27～49作）
おいちゃん（車 竜造）：森川 信（第1～8作）
　　　松村達雄（第9～13作）
　　　下條正巳（第14～49作）
おばちゃん（車 つね）：三崎千恵子
タコ社長（桂梅太郎）：太宰久雄
御前様：笠 智衆
源公：佐藤蛾次郎

製作・著作：松竹株式会社

※第49作までのクレジットです。

心を表現するフェルト帽

寅さんは全作品でかたくなに帽子を被《かぶ》り続けている。まさに、昭和戦前のダンディズムの極致である。寅さんの帽子は、中折帽《なかおれぼう》と記されていることが多いが、実は、サンド・ベージュのフェルト素材を成形したテレスコープ（クラウンのトップに円形の凹《へこ》みをつけたもの）のフロントをつまんだピンチ・トップで、つばはスナップブリムという、なかなか凝ったもの。目深に被れば寂しさを、浅くに被れば希望を、斜に被れば怒りを表現する。

毛糸の腹巻は魔法のポッケ

漫画『じゃりン子チエ』のテツ、『天才バカボン』のパパと並び、寅さんは、日本3大腹巻きダンディの一人である。防寒対策だけではない。実は財布や小銭入れ、手ぬぐいからメモ類まで、なんでも収納してしまう魔法のポッケとして使っているのだ。

時間に縛られない男の時計

寅さんは、いつも腕時計をはずさない。これは移動手段である列車の運行時間を把握するためだ。初期の寅さんの時計は、黒文字盤のセイコーのダイバーズウオッチだと思われるが、第36作以降は白文字盤のものになった。しかし、日常生活では時間に縛られないため、あまり時計に目がいくことはない。

窓枠格子柄《まどわくこうしがら》の薄茶ダブルの背広

寅さんが「洋ラン」と呼ぶトレードマークのダブルの背広。ベージュ地に英国伝統の窓枠格子柄のダブルで、4個ボタン2個がけ。袖《そで》ボタンは4個（初期は3個）でベントなし。パンツはシングルプリーツで、裾《すそ》はダブルと、実はおしゃれな純英国式のクラシックパターンの身支度である。

寅さんのトレードマークとなっている頑丈なトランク。意外と大きい。

一切合切が詰め込まれた革のトランク

寅さんの全財産を運ぶ革のトランクには、トイレットペーパー、マッチ、うちわ、筆記用具とハサミ、時刻表、蚊取り線香、手ぬぐい、目覚まし時計、常備薬（龍角散とケロリン）、替えのダボシャツ、ふんどし、花札とサイコロ、易断の本、レターセットなどが入っているようだ。

ダボシャツは職人たちの“制服”

寅さんのもう一つのユニホームがダボシャツである。かつて、鳶職《とびしょく》や職人が着た「鯉口《こいくち》シャツ」から発展したもので、着た感じがダボッとしているのでその名がある。下は揃いのダボズボン。いわば職人たちの“制服”である。このセット、いつもパリッとプレスされているのが寅さんのこだわりである。

雪駄《せった》、履いているのは高級品！

寅さんの履物《はきもの》は常に雪駄（第1作の革靴以外）。雪駄は香具師《やし》専門の履物ではない。男性の着物から紋付までの外出用の通常の履物。愛用品は、畳表に錦蛇《にしきへび》の鼻緒《はなお》つき。安く見積もっても最低3万円以上する。粋《いき》に踵《かかと》を出して履《は》くのが寅さんの流儀だ。

首から提げた大切なお守り

寅さんスタイルで忘れることのできないのが、お守り袋。神仏の加護を願って、お札《ふだ》、仏像、神像などを写した紙、あるいは木札を錦の袋に入れて首から提げる。正式名は「掛け守り」である。寅さんが、肌身離さず常に首から提げている（ときにはもて遊んでいる）お守りは、帝釈天題経寺《たいしゃくてんだいきょうじ》と思われているが、成田山新勝寺《なりたさんしんしょうじ》、あるいは渥美清《あつみきよし》が個人的に信仰していた入谷の小野照崎《おのてるさき》神社のものという説がある。

表現したのは、おのれの生き様

着の身着のままだって?
それはそうかもしれねぇけどさ
俺のこんなスタイル
ほかに似合う男がいるかい?

寅さんは、どこへ行くにも写真のスタイルが基本である。初期作では小格子のシングルジャケットを着たり、結婚式には紋付・羽織袴姿、ときにはアロハシャツや白のブレザー姿で登場したことさえあるが、これは例外中の例外だ。

1年365日、まったく変わらない。この格好で寒ければ襟を合わせてマフラーを巻いて風を防ぐ。熱ければダボシャツ1枚の姿で襟元を開け、団扇で風を送っている。クーラーの効いた部屋でくつろぐ姿は、なぜかこの男には似合わない。

よほどのことがない限り、外ではフェルト帽をかぶり、やや肩をいからせるようにスタスタ歩く。ダボシャツは水色、腹巻きはラクダ色、首からはお守りを提げ、ペタペタと雪駄以外は履いたことがない(これも初期作品を除く)。

服装にここまで信念を貫く男はそうはいまい。よって諸事に対するこだわりも強く、なんとも面倒くさい男なのだ。だが、このこだわりにこそ、余人には理解しがたい寅さんの行動規範が隠されている。いってみれば、このスタイルには寅さんなりの「哲学」「美学」が表現されているのである。

寅さんに翻弄される人々

愛すべき家族や仲間

※カギ括弧《かっこ》の中は、寅さんへの呼びかけ方。

車《くるま》竜造《りゅうぞう》(14〜49作)「なぁ、寅」

車《くるま》竜造《りゅうぞう》(9〜13作)「コラッ、寅」

車《くるま》竜造《りゅうぞう》(1〜8作)「寅さんよ〜」

森川信《もりかわしん》(1〜8作)／松村達雄《まつむらたつお》(9〜13作)／下條正巳《しもじょうまさみ》(14〜49作)
だんご屋「とらや」の6代目。寅さんの父・平造の弟で、寅さんとさくらの叔父《おじ》。通称「おいちゃん」。寅さんが戻ってくると、必ず大喧嘩《おおげんか》を始めるが、気性はやさしい。少年時代の夢は馬賊《ばぞく》。心臓病、神経痛などの持病を抱える。初代・森川の「バカだねぇ〜」、3代・下條の「オラ、知らねえよ〜」は絶品。

子供はいない

車《くるま》つね「寅ちゃん」

三崎千恵子《みさきちえこ》　竜造の糟糠《そうこう》の妻。通称「おばちゃん」。寅さんの家出後、さくらを、わが子のように育てた。だんご屋を切り盛りする働き者。情にもろい。料理が得意。

遠縁

明石夕子《あかしゆうこ》(若尾文子《わかおあやこ》)

←兄弟→

店員　三平《さんぺい》ちゃん・佳代《かよ》ちゃんほか

第1作「男はつらいよ」(1969年)。寅さんが手土産を下げて「とらや」に帰れば、必ず一騒動がもち上がる。

車家

車《くるま》寅次郎《とらじろう》「俺」「僕」「私」

渥美清《あつみきよし》　本来はだんご屋「とらや」の7代目。だが、家出をして20年間も柴又《しばまた》に戻らずテキ屋(香具師《やし》)を続ける。さくらの結婚前に姿を現し、以後は毎年数回ほど柴又に戻る。若い頃は気性が激しかったが、年を取るにつれて分別が生まれる。長所は世話焼き、欠点は惚《ほ》れっぽいこと。これだけは人後に落ちない。

車家と諏訪家

妻

さくらの母で寅さんの育ての親。早くに亡くなっている。

車《くるま》平《へい》造《ぞう》

作品には登場しない。シリーズでは一度、家族写真として映る。

菊《きく》「おい、寅!」

ミヤコ蝶々《ちょうちょう》 寅さんの実母。芸者だった頃に平造と知り合い、寅さんを産む。その直後、幼子を残して出奔《しゅっぽん》。現在は京都でラブホテルを経営。寅さんからは「産みっぱなしにしやがって」と罵《ののし》られるが、バカな息子を心配し続ける。

←育児放棄の母と放蕩《ほうとう》息子→

昭《しょう》一《いち》郎《ろう》

早逝《そうせい》

諏訪家

諏《す》訪《わ》郁《いく》

諏《す》訪《わ》飈《ひょう》一《いち》郎《ろう》「寅次郎君」

志村喬《しむらたかし》・大塚君代《おおつかきみよ》 飈一郎《ひょういちろう》は元大学教授。第1作の博とさくらの結婚式で、8年ぶりに息子と再会。第8作で妻を亡くす。第22作では旅先で寅さんと偶然に出会い、酒を酌みかわしている。第32作では、三回忌の法要が営まれた。

諏《す》訪《わ》博《ひろし》「兄さん」

前田吟《まえだぎん》 大学教授の父に反発、家出。タコ社長に出会い、朝日印刷へ。寮の窓からさくらを見初《みそ》め結婚。堅実派だが、独立を志したことも。

一粒種↓

諏《す》訪《わ》さくら「お兄ちゃん」

←異母兄妹→

倍賞千恵子《ばいしょうちえこ》 車平造の長女で、寅さんの腹違いの妹。本名は櫻《さくら》。高校卒業後、オリエンタル電機に勤務していたが、寅さんの仲立ち(?)で、すったもんだの末に博と結婚。翌年、満男が誕生。兄のことを心配し、時にやさしく、時に厳しく接する。同母の秀才の兄がいたが早逝《そうせい》した。

諏《す》訪《わ》満《みつ》男《お》「伯父《おじ》さん」

中村《なかむら》はやと(2~26作)/吉岡秀隆《よしおかひでたか》(27~50作) さくらと博の一粒種。とらやの期待を一身に集める。堅実でシャイな性格。夢は音楽家だったが、大卒後、靴メーカーに就職。成長するにつれ、行動様式が寅さんに似てくる。初期作では、柴又界隈の赤ちゃんが出演したことも(第1作など)。第50作では小説家となっている。

憧れの伯父さん→

及川《おいかわ》泉《いずみ》(後藤久美子《ごとうくみこ》)

恋人。第48作で距離が一気に縮まるが、結ばれなかった。第50作で、小説家となった満男と再会。

大切な仲間たち

「とらや」の面々とともに寅さんの来し方行く末を親身になって心配する。マドンナのなかでも、リリーと泉は別格の存在である。

御前様《ごぜんさま》「寅〜っ」

笠《りゅう》 智衆《ちしゅう》　柴又《しばまた》の題経寺《だいきょうじ》（通称・帝釈天《たいしゃくてん》）の住職。車一家や柴又の住人からは、親しみを込めて御前様《ごぜんさま》と呼ばれる。題経寺は車家の菩提寺《ぼだいじ》で、寅さんとさくらの父もここに眠っている。八方やぶれの寅さんも、御前様には頭が上がらない。

タコ社長「寅さんよ」

太宰久雄《だざいひさお》　朝日印刷の社長。本名は桂梅太郎《かつらうめたろう》だが、寅さんからは「タコ」と呼ばれている。一代で身を起こし、「とらや」の裏に印刷所兼住居をもつが、金策に走り回るのが常。いつも寅さんと喧嘩《けんか》を始める。あけみ（美保純《みほじゅん》）ら2男2女の父。

源公《げんこう》「兄貴〜」

佐藤蛾次郎《さとうがじろう》　題経寺《だいきょうじ》の寺男。関西生まれだが、生後すぐに母と離別、いつしか柴又《しばまた》に住みつく。寅さんの一番の舎弟《しゃてい》で「とらや」を手伝うが、御前様《ごぜんさま》に諭《さと》されて寺男に。寅さんを兄貴と慕ってはいるが、寅さんの恥を柴又中に広めている。通称「源《げん》ちゃん」。

あけみ「寅さん」

美保 純《みほじゅん》　タコ社長の娘。第33作「夜霧にむせぶ寅次郎」（1984年）で初登場。結婚したものの夫との仲がしっくりいかず、たびたび実家に帰る。第36作「柴又より愛をこめて」（1985年）では伊豆下田に家出。タコ社長の頭痛の種。

及川泉《おいかわいずみ》「おじちゃま〜」

後藤久美子《ごとうくみこ》　満男《みつお》の高校の後輩。満男が心を寄せている。両親が離婚したため名古屋住まいとなったが、母と反りが合わず佐賀の叔母の元に。その後、上京したりする。結婚が決まるが、その結婚式を満男がぶち壊す。50作では、満男と久々の再会を果たす。

リリー「寅さん」

浅丘《あさおか》ルリ子《こ》　旅回りのキャバレー歌手。第11作「寅次郎忘れな草」（1973年）で、北海道を走る夜汽車の車中、寅さんと出会う。同じ水商売の旅暮らしで意気投合。以後、シリーズではマドンナ最多の4作※にわたって登場。大人の恋愛が描かれる。

※49作を入れると5作。
※50作を入れると6作。

旅の仲間

登《のぼる》（秋野太作《あきのたいさく》／出演時は津坂匡章《つさかまさあき》）＝寅さんの舎弟《しゃてい》。初期作品に登場。足を洗う／ポンシュウ（1代目が小島《こじま》三児《さんじ》、2代目が関敬六《せきけいろく》）＝同業者／キュウシュウ（不破万作《ふわまんさく》）＝同業者／カラスの常三郎《つねさぶろう》（小沢昭一《おざわしょういち》）＝同業者／坂東鶴八郎《ばんどうつるはちろう》（吉田義夫《よしだよしお》）＝旅回り一座座長／大空小百合《おおぞらさゆり》（岡本茉莉《おかもとまり》・志穂美悦子《しほみえつこ》）＝旅回り一座看板女優など。

ご近所さん

商店街の麒麟《きりん》堂、蓬莱《ほうらい》屋、備後《びんご》屋、弁天《べんてん》屋、上海《しゃんはい》軒、江戸《えど》屋などで、寅さんの友人が多い。初期作品では青山《あおやま》巡査（米倉斉加年《よねくらまさかね》）がいい味を出している。同級生に柳文彦《やなぎふみひこ》（前田武彦《まえだたけひこ》）、茂《しげる》（犬塚弘《いぬづかひろし》）、安男《やすお》（東八郎《あずまはちろう》）、志村千代《しむらちよ》（マドンナの八千草薫《やちぐさかおる》）など。

第1章

寅さんの 故郷とは？

東京の最東端、江戸川のほとり。対岸は千葉県松戸市である

寅さんは帰省の際、矢切の渡しを松戸市側から葛飾柴又へ渡ることも多い

春にはたくさんのヒバリがさえずり、秋には川面に澄み切った青空が揺れる

故郷は母なる江戸川に抱かれた下町である

寅さんの故郷とは?

東京都葛飾区柴又・帝釈天題経寺参道

帰れる場所がある。
待っている家族がいる。
だから、旅は風まかせ

背景写真は昭和16（1941）年の竣工で、赤いトンガリ屋根で親しまれてきた金町浄水場の第2取水塔（公開時は屋根が黒く塗られている!）。上の写真は第9作「柴又慕情」（1972年）のスチールで、江戸川は寅さんの心の川であるとともに「反省」の場でもある。

◉柴又の風土◉
互いに助け合って生きる地域社会
監督の直感からロケ地は柴又に決まった

「私《わたくし》、生まれも育ちも葛飾柴又です。帝釈天《たいしゃくてん》で産湯をつかい、姓は車、名は寅次郎。人呼んでフーテンの寅と発します」

めっぽう威勢のいい口上とともに、車寅次郎は我々の前に姿を現した。昭和44（1969）年のことである。

「恥ずかしきことの数々」に居たたまれず、「もう二度と帰っちゃ来ねえよ」と飛び出した柴又ではあるが、異郷の空にあって、しきりに思い出すのは故郷のことである。妹のさくら（倍賞千恵子《ばいしょうちえこ》）と亭主の博（前田吟《まえだぎん》）は仲良くやっているか。おいちゃん（森川信《もりかわしん》＝第8作まで）、おばちゃん（三崎千恵子《みさきちえこ》）は達者か――。

「男はつらいよ」シリーズの眼目の一つは、寅さんの放浪ぶりと、定住者である「とらや」（第40作から「くるまや」）一家の暮らしぶりとの対比にある。

柴又は、帝釈天の門前町として栄えたところで、「とらや」はその参道に軒を連ねる商店だ。一つ何十円、何百円の団子などを売っての日銭あきない。贅沢三昧とは無縁の、手堅い一方の商売なのである。煎餅や佃煮を扱う隣近所も同様だ。

住人の間では、味噌や醤油の貸し借りは日常茶飯事。留守中に雨が降ってくれば、隣家の洗濯物は取り込んであげる。おいちゃんの病が本復すれば快気祝いを持ち寄り、寅さんが行き倒れとなれば担架に乗せて担ぎ込んでくれる。「男はつらいよ」に描かれる柴又は、一人ひとりは弱い人間が互いに助け合って生きていこうとする人たちが暮らす地域社会なのだ。

地と空の接するあたりが茜色《あかねいろ》に染まる刻限、帝釈天題経寺の鐘の音が柴又に響きわたる。それをしおに、それぞれの家に灯りが入り、夕餉《ゆうげ》の膳を囲む。膳に乗っているのは、芋の煮っころがしやアジの開きかもしれない。たとえ侘しげな食事であろうと、一家揃って膳を囲むという平凡な営みにこそ幸福はある――映画はそう語りかけているようである。

シリーズが初めて公開された当時、軒の低い瓦屋根がつらなる参道は、戦前の風情を色濃くとどめていた、という。戦災を免れたという事情も幸いした。参道は全体にゆったりカーブしていて、寺の山門が店々の間からわ

ずかに覗いている。それが歩くにつれて、全身を現してくる。その趣が鄙《ひな》びた風情を醸し出していた。「ここだ！」、ロケハンしていた山田洋次監督はとっさにそう思った。「男はつらいよ」の舞台が決まった瞬間だった。

東京都葛飾区の柴又のお年寄りのなかには、都心の繁華街へ行くことを「東京へ行く」と言う人が少なくなかった。さらに時代をさかのぼれば「江戸へ行く」と言っていた。お叱りを覚悟でいえば、柴又は東京の田舎なのである。

1300年前に寅さんとさくらがいた！

奈良の東大寺正倉院に保存されている「下総国葛飾郡《しもうさのくにかつしかごおり》大島郷戸籍《おおしまごうこせき》」によると、大島郷は甲和《かわわ》、仲村《なかむら》、嶋俣《しままた》（現在の柴又）の三つの「里」に分かれ、嶋俣には42戸、370人が居住していたと記される。人名は「孔王部《あなほべ》」が群を抜いて多く、「孔王部刀良《あなほべとら》」「孔王部佐久良売《あなほべさくらめ》」がいる。「売」は女性の意味。車寅次郎、さくらは架空の人物ではあるけれど、この史料に記されるのは事実である。1300年も前の嶋俣に「寅さん」「さくらさん」が暮らしていたのである。そう考えるのは楽しい。

葛飾区は荒川、江戸川、中川放水路、綾瀬川などに囲まれ、水郷的な様相を呈している。嶋俣という地名は、いかにも水郷地帯にふさわしい。往古、この辺りは一体が入海だったらしく、そのなかに点々と嶋状の土地が顔をのぞかせていた。嶋俣もその一つと考えていいだろう。表記が現在の「柴又」に一定したのは、慶安元《けいあん》（1648）年以降という。

今でこそ、「柴又＝下町＝人情」と一本道のごとく連想するが、実をいえば、葛飾区は下町としては新参者である。「下町」の語源は江戸城の下の町、つまり低地にあったからとされ、おおむね東京の東側、神田・浅草・日本橋・京橋・本所・深川あたりを指していた。ここには江戸時代、商人や職人が多く住んでいた。

それに対して、山の手は台地の上、東京の西側に当たる本郷・小石川・牛込・麹町・赤坂・麻布あたりを指し、江戸時代には武士階級、明治以降は官吏や学者が住んだ。

葛飾区が下町扱いされるようになったのは、大正12（1923）年の関東大震災以降のことだ。震災で焼け出された本来の下町の人々が、被害の少なかった葛飾区などへ移り住んだ。そのことによって、下町気質や人情が葛飾区内に拡散したのである。

◉「とらや」の面々◉

寅さんにとってただ一つの安息の場

悪人を作らない山田監督の演出理念

このシリーズは昭和44（1969）年に産声をあげ、第48作「寅次郎 紅の花」（1995）で一区切りがついた。昭和後期から平成初期にかけた足掛け27年間の世相を眺め渡してみると、法に抵触さえしなければ何をしても構やせぬ、悪知恵の限りを尽くしてでも勝者となって生き残る、といったビジネス論理が社会の隅々にまで浸透していった時代であった。

この世が、刺々しくなる一方だというのに、柴又の穏やかさはどうしたことか。行き交う人々はにこやかに挨拶し合い、第4作「新男はつらいよ」（1970年）では、「とらや」の一家がハワイ旅行すると聞きつけては、餞別《せんべつ》を包み、こぞって見送りに出る。柴又界隈は善人ばかりが住む桃源郷のようなのだ。巡回してくる警察官（米倉《よねくら》斉加年《まさかね》など）も、手持ちぶさたをかこつほど悪人を欠いた平和な世界なのである。

だいたいからして、「とらや」の家屋構造そのものが

第47作「拝啓車寅次郎様」（1994年）。団欒シーンは、第1作から満男が社会人となった本作でもまったく変わらない。店から小上がりとなった茶の間での交歓に、「とらや」の人々の心根のすべてが見え隠れする。

不用心きわまりない。昼間、開けっ放しにしているのは商売上いたしかたないにしても、夜もガラス戸に鍵ひとつかけて済ましている。この世に悪党がいるなどとはテンから信じない様子なのだ。

これではハワイ旅行のため留守にしている隙に、泥棒（財津《ざいつ》一郎《いちろう》）に入られたのもやむを得ない。この泥棒にしたところで、どこか憎めない一面をのぞかせて、悪人とは決めつけられない。マドンナもまた同様である。悪女はおろか、すれっからしも、ふしだらな女性も出てきはしない。

かつて、あるジャーナリストが、山田監督に「社会の汚い面も撮っては」と迫った。対して山田監督は「嫌な奴なんていっぱいいて、いい人を探すのが大変な時代だからこそ、いい人を大事にしたい」「自分の作るものの中では、いい人に会っていたい」と毅然と答えた、という（『朝日ジャーナル』）。

また別なところでは、自分の描く世界について「疲れて帰っていって、心を休めることができる場所じゃないでしょうか。美しい景色があって、懐かしい人たちがいて、そこではすべて緊張しなくていい。シャツ一枚でごろんと縁側に寝転がっていると、涼しい風が吹いてくる」とも語っている。こうした世界こそが、車寅次郎が常に夢見る故郷なのである。

間の悪いタコ社長は準家族的な存在

帝釈天参道に店を構える「とらや」は、どこにでもありそうな下町の家庭である。店にはおいちゃん、おばちゃんが住んで、草団子などを商っている。寅さんの妹のさくらが店を手伝い、裏の印刷工場に勤める夫の博もしょっちゅう店に顔を出す。一粒種の満男も、おいおい家族の一員に加わってくるだろう。

案内も請わずに裏口から入ってくる印刷工場のタコ社長（太宰久雄《だざいひさお》）も、家族に準ずる扱いを受けている。ただし、ひどく間が悪い男だ。寅さんが失恋の傷を疼かせている時に限って御入来、「この色男、うまくやってるか」などと口走り、寅さんと大喧嘩となる。これらの人々が織りなす、笑いあり涙ありの暮らしぶりを温かい眼差しで映しとっているのが、「男はつらいよ」の世界だ。

おいちゃんこと、竜造が「とらや」6代目の経営者というのだから、創業は江戸時代の後半といったところだろう。5代目である寅さんの父親・平造が死んで、跡を継いだ。本来なら寅さんが継ぐべきところだが、家出したきり消息不明との事情から、やむなく経営を引き受けたのだ。

1〜8作は森川信《もりかわしん》、9〜13作は松村達雄《まつむらたつお》、14作以降は下條正巳《しもじょうまさみ》が演じた。贅沢は望まず、日銭稼ぎの商売に徹する堅実派である。そろそろ引退して、早く寅さんに後を任せたいのだが、風来坊の彼がその気にならないのが悩み。おいちゃんの糟糠《そうこう》の妻・つねは、全作を通して三崎千恵子《みさきちえこ》が扮した。涙もろく、働き者で面倒見がいい。和食党の寅さんの好みを飲み込んで、芋の煮っころがしがお得意である。

「二人とも言うことが貧しいねぇ」

夫婦ともに、満男の成長を心頼みに商いに励んでいるのだが、めったに家に寄りつかない寅さんが心配の種だ。平和な家庭を引っ掻き回すのは、決まって寅さんである。騒動のおおかたは、ささいなことから始まる。**第4作「新男はつらいよ」（1970年）**を例に引こう。すでに食卓に数品の料理が並んでいるのに、おばちゃんが鍋をささげて茶の間に入ってくるのを目にしたおいちゃん、

「おい、つね、今日はまた、ずいぶん豪勢じゃねえか」

「ちょと、おごっちゃったんだよ。たまには、これぐらいのことしないとねぇ」

「ちぇっ、二人とも言うことがまずしいねぇ。これだから貧乏人は悲しいって言うんだよ」

ここで寅さん、アジの開きを箸でつまんで、「これが料理といえる代物かよ」と悪態をつく。旅先の昼食はとんかつ定食にお銚子一本、しめて490円で済ませ（**第28作「寅次郎紙風船」1981年**）、懐が寂しくなるとアンパンにかぶりつく分際で（**第18作「寅次郎純情詩集」1976年**など）、身の程をわきまえぬ男だ。大ゲンカのほとぼりがさめた頃、寅さんが旅から戻ってみれば、「とらや」一同は、彼を温かく迎え入れる。家屋と同じく、開けっぴろげな人たちだ。わだかまりなどない。

こんな「とらや」は、旅暮らしの寅さんにとって、ただ一つの安息の場である。旅に疲れたら、いつでもここに帰ってくればいい——ひたひたと春の潮がさしてくるように、寅さんの胸を温かくするのは「とらや」をおいてないのだ。その温かさは、喜ぶ時にはともに喜び、悲しい時には手を取り合って泣いてきた時間の堆積から生まれてくる。

今日、我々の家庭にこうした温かさがあるだろうか。

それぞれが個室に引きこもったまま、用のない限り茶の間には出てこない。顔を合わさない者同士の間に、団欒も喧嘩も成立しようがないのである。一つ屋根の下に暮らしているとはいっても、家族とは名ばかりの希薄な関係でしかない。

「男はつらいよ」シリーズをここまでの長寿シリーズに育てたのは、家庭という〝故郷〟を見失って、とまどっているわれわれの寄る辺なさなのであろう。

◉京成金町線柴又駅◉ 物語を再現した寅さんとさくらの像

明治時代後期に人車鉄道駅として開業

寅さんが旅立ち、帰って来る故郷の駅、それが京成金《けいせいかな》町《まち》線柴又駅だ。寅さんはこの駅でさくらに見送られて故郷に別れを告げる。その寅さんが、心ならずもマドンナを見送ったのも柴又駅だった。柴又駅で演じられた別離のシーンは、ほぼ例外なく上野方面への上りホームだ。ドラマチックな場面として下りホームが登場するケースは皆無と言っていい。

駅前には、2体の銅像が立っている。旅立ちを前に故郷を振り返る寅さんと、それを見送るさくらの像だ。「人生の並木道」（歌・ディック・ミネ）を思わせる兄妹の間柄を、**第6作「純情篇」（1971年）**で観てみようか。

夫が迎えに来たことで、「とらや」に間借りしていた夕子（マドンナの若尾文子《わかおあやこ》）が、別れを告げて去って行った。失意を胸にふたたび旅に出る寅さんを、柴又駅でさくらが見送る。寅さんが家出した折の思い出を語り合った後、さくらが続ける。

「ねえ、お兄ちゃん、もうお正月も近いんだしさ、せめてお正月までいたっていいじゃない」

「そうもいかねえよ。俺たちの稼業はよ。世間の人が炬燵《こたつ》にあたってテレビ観ているような時に、冷てぇ風に吹かれて、鼻水たらして声を枯らして物を売らなきゃならねぇ稼業なんだよ。そこが渡世人のつれぇところよ……」

このシーンとそれに続く、京成電車に乗り込んだ寅さんと、ホームに残ったさくらが電車の窓越しに交わす会話は、本シリーズの主題を浮き彫りにしている。つまり、寅さんの放浪ぶりと定住者である「とらや」一家の暮らしぶりの対比である。

京成金町線柴又駅。駅前には失意を抱いて柴又駅から旅に出る寅さんとそれを見送るさくらの像が建立されている。ファンが駅を出ると、映画のシーンに迷い込んだかのような錯覚を覚える。「フーテンの寅」像は建立からすでに22年、「見送るさくら」像もすでに4年が経過している。

京成金町線は、ごく短い。京成高砂《けいせいたかさご》駅と京成金町《けいせいかなまち》駅を結ぶ2・5㎞。この路線は単線であるから、上り・下りの列車すれ違いは、ただ一つの駅である柴又で行われる。

柴又駅の開業は、明治32（1899）年までさかのぼる。帝釈天への参詣者が増加したことにより、帝釈人車鉄道（柴又〜金町間）の駅として開業したのである。人車鉄道については、寅さん記念館（051頁）の項を参照していただこう。

帝釈人車鉄道は大正2（1913）年にいたって、帝釈人車軌道と改称されていた軌道が改築され、同時に人車の運行も終了。京成電気軌道（現・京成電鉄）による〝電車〟の運行が始まったのだった。

そして昭和44（1969）年、「男はつらいよ」がスタートし、毎回、柴又駅が映し出されることとなった。〝国民的映画〟の舞台となったことで、柴又の町、ならびに柴又駅は、全国的な知名度を得たのである。

再び改札を抜ける日は来るのだろうか？

駅の改修工事が行われ、現在の瓦葺《かわらぶ》き風の姿になったのは昭和62（1987）年だ。山田監督の意見を聞きながら設計されたという。その後、平成11（1999）年に「フーテンの寅」像、平成29（2017）年に「見送るさくら」像が建立されるという経過をたどって、今日に至っている。「見送るさくら」像の除幕式が話題になったことは、まだ記憶に新しい。今や駅前は柴又の観光名所の一つとなり、寅さんファンにとっては聖地中の聖地となっている。

令和元（2019）年に公開された**第50作「お帰り寅さん」**のなかで、さくらは「お兄ちゃんが、いつ帰ってきてもいいように」と口にしていた。寅さん、あなたは今も旅の空にあるのですか。それとも、西方浄土に旅立たれたのですか？ 柴又駅に降り立つたびに、おのが胸に、そう問い直しているファンは多いだろう。そして、寅さんが再び改札を抜ける日を待ってるのである。

◉帝釈天題経寺◉

「御前様」だけには頭が上がらない

江戸時代初期に創建された名刹

「帝釈天で産湯をつかい、姓は車、名は寅次郎……」という威勢のよろしい口上に使われている帝釈天題経寺は、

京成金町線柴又駅｜帝釈天題経寺

柴又のシンボルだ。正式には「経栄山題経寺《きょうえいざんだいきょうじ》」という日蓮宗の寺である。帝釈天とは、寺に祀られているインドの軍神・インドラのことを表している。

帝釈天題経寺の創建は、江戸時代初期の寛永《かんえい》6（1629）年と伝える。寺の名声を高めたのは9世住職の日敬《にっきょう》。同寺には、宗祖・日蓮の刻んだ板本尊《いたほんぞん》があったが、長年所在不明となっていた。日敬の時代となって、本堂の修理が行われた際、棟木の上から板本尊が発見された。これが安永8（1779）年の庚申《こうしん》の日であったことから、60日に一度の庚申の日が縁日となった。第一作で、寅さんが20年ぶりに故郷の土を踏んだ日も、祭りが行われている庚申の日であった。

日敬は、この板本尊を背負って江戸市中を歩き、天明《てんめい》の飢饉（1782～88年）に苦しむ人々に拝ませたところ、霊験《れいげん》あらたかで、帝釈天題経寺への信仰が広まっていった、という。

「御前様」の娘は第1作のマドンナで登場

参道の突き当たりで参拝客を出迎えるのが二天門。明治29（1896）年に建立された入母屋《いりもや》造り、瓦葺きの楼門だ。笠智衆《りゅうちしゅう》扮する住職は、参道の衆が敬愛の念をこめて「御前様」と呼んでいる。これは演出ではなく、参道の衆が実際に帝釈天題経寺住職を「御前様」と呼んでいたことを聞いた山田監督が踏襲したそうだ。

八方破れの寅さんも、この御前様だけには頭が上がらない。御前様役の笠は、熊本の寺の息子だ、という。むろん、車家の菩提寺も帝釈天題経寺であり、寅さんの父親の命日には御前様が「とらや」に足を運び、経を読むならわしだ。さくらも、何かというと、御前様への挨拶

㊤帝釈天題経寺の帝釈堂。右に架かるのが、寅さんと源公が走り回った本堂に続く渡り廊下で、帝釈堂の外壁には10枚の胴羽目彫刻が掲げられている。最初の1枚を彫ったのは近代の名人・加藤寅之助というのも感慨深い。㊧罪や穢れを洗い清める霊泉として知られる御神水。

を欠かさない。その御前様の娘・冬子（マドンナの光《みつ》本幸子《もとさちこ》）が、寅さんが惚れては振られることになるマドンナ第1号となったことは、とくとご存知のはず。

二天門と参道が交錯する空間は、ほとんど毎回のように映画に登場する。シチュエーションは、作品によって微妙に異なる。ほうきを手にしたり、水をまいたりする御前様、寺男の源公《げんこう》（佐藤蛾次郎《さとうがじろう》）、自転車で通りかかるさくら……。**第50作「お帰り 寅さん」（2019年）**では、寄る年波となった源公が、鐘を突くのにへたっていました。

二天門をくぐると正面に帝釈堂、その右手には本堂の祖師堂《そしどう》が建つ。奥には、寺内最古の建築である釈迦堂（開山堂）や大客殿《だいきゃくでん》など格式高い建築物がある。寅さんが産湯をつかった御神水《ごじんすい》は、二天門をくぐった左手だ。帝釈堂は数多くの彫刻で装飾された「彫刻ギャラリー」として知られている。内陣の外側に施されている10枚の彫刻は、法華経に説かれる代表的な10の説話が描かれている。拝観料は有料だ。

庭園の入り口から本堂へぐるりと続く渡り廊下は、寅さんと源公がドタドタと走り回り、御前様が「こらっ、何をしとる」と叱るシーンがありましたね。いい年をして、境内で子供とチャンバラごっこに興じる男であるから、参道の女将さんたちが我が子を「バカみたいに遊んでっと、寅さんみたいになっちゃうよ！」と叱り飛ばしても、致し方ない。

百と八つの煩悩から解脱できない寅さんではあっても、宇宙に遍万《へんまん》したまう仏様は、両手の指をゆったりとお開きになって救って下さるだろう。

◉帝釈天参道◉

国の「重要文化的景観」に選定

「神明會」のアーチをくぐれば映画の世界

山田洋次監督の出世作となったのは、倍賞千恵子主演の「下町の太陽」（1963年）である。映画化前、倍賞が歌った同名のヒット曲はあったが、原作はなかった。その原作づくりに協力したのは、葛飾区新宿《にいじゅく》に住んでいた作家の早乙女勝元《さおとめかつもと》。早乙女は、息抜きのために山田監督を柴又に案内した。その折のことを山田監督は次のように書いた。

「参道のみやげもの屋の並ぶ通りには、古い東京の下町の

帝釈天題経寺|帝釈天参道

町並みと生活が色濃く残っていた。髙木屋という老舗の団子屋で、おでんと茶めしをご馳走になった。よもぎの香りの強い草だんごというものも、はじめて食べた。なにもかも珍しかった」(『図書新聞』1994年5月14日)。

『男はつらいよ』の舞台に、柴又が選ばれるについての一エピソードである。山田監督自身でさえシリーズ化されるとは思わなかったが、映画は受けに受け、一昨年には**第50作「お帰り 寅さん」(2019年)**が公開された。映画と柴又との縁は半世紀に及ぶことになる。

帝釈天門前の参道につらなる商店街は、神明会という。京成電気軌道(現・京成電鉄)が、曲金《まがりかね》(現・京成高砂)~柴又間に電車を走らせた大正元(1912)年に発足したのが神明会だ。「神明會」と掲げられたアーチをくぐったとたん、いや柴又駅に降りてすぐに、寅さんワールドに引き込まれている自分に気づく。帝釈天参道に軒を接している個々の店の現実ではなく、映画というフィルターを通して見てしまうのだ。

「相変わらずの馬鹿かよ」「馬鹿に馬鹿と言われる筋合いはねえ」といった蓬莱《ほうらい》屋(佐山俊二《さやましゅんじ》)とのやりとり、寅さんの恥を触れ回る備後《びんご》屋(露木幸次《つゆきゆきつぐ》)の表情が浮かんできてしまうのである。こうなると、もういけない。

名物の草だんご。上品な甘さで人気(630円~)。

今や休日ともなれば帝釈天参道は、観光客や寅さんファンで立錐の余地もなくなる。毎回の撮影でもロケ隊の拠点のようになった髙木屋老舗の前は、名物の草だんごを求める人の行列ができる。

帝釈天参道入口のアーチ。「帝釋天参道」と書かれた裏側に「神明會」の文字がある。

帝釈天参道

映画の魔力は強力で、ちょっとやそっとでは現実に立ち戻れない。

頭を振って魔力を振り払い、参道を進むとしよう。参道でひときわ存在感を放っているのは草だんごを名物とする髙木屋老舗だ。創業は明治初期という。草だんごは添加物なし、筑波山麓のヨモギの新芽の香りがたつ逸品。柴又ロケの際には、スタッフ、キャストの控室として使われた店で、山田監督や渥美清らの食事の世話もしていた、という。店内には渥美清からの贈り物であるノレン、山田監督からのハガキも展示されている。

予約席と表示されているのを不思議そうに見ていると、渥美清のための席だと教えてくれた。出番待ちの渥美がここに座り、かき餅を好んで食べていた、という。寅さんが旅先からいつ帰ってきてもいいように、席を空けてあるのだ。

髙木屋老舗のすぐ隣にあるのが天ぷら屋さんの大和家。当方、柴又ウオッチングの際はこの店を素通りできない。たとえ、腹が空いていなくとも。店頭で揚げる天ぷらの匂いに抗しきれないのだ。創業は明治18（1885）年。髙木屋老舗が山田組の控室なら、こちらは昼食や休憩室といえよう。出番待ちの倍賞千恵子がさくらの格好のまま、店頭で天ぷらを揚げ、吉岡秀隆《よしおかひでたか》や後藤久美子《ごとうくみこ》が喜んで食べる光景も見られた。撮影が退けた後の飲み会の場でもあった。

映画の帝釈天参道はユートピアの世界

帝釈天の二天門近くに大看板を掲げるのは亀屋本舗だ。昭和2（1927）年の創業。名物の草だんごのほか、定食や麺類などの食事も楽しめる。**第1作「男はつらいよ」（1969年）**で、寅さんが20年ぶりに柴又の土を踏んだのは、60日に一度の庚申の日だった。興を発した寅さんが飛び入りで纏《まとい》を振るシーンがあるが、この時に渥美の代役を務めたの3代目の岩崎英二郎さん。髪型や背格好が似ていたことから抜擢された。ワイシャツを着込み、うしろ姿で纏を振る様子が映画でも確認できる。

参道の商店街は飲食店や土産物屋が目立つ。草だんごはいうまでもなく、せんべい、佃煮などを商う店舗が連なる。第1作から半世紀が過ぎた。その間に入れ替わっている店もある。**第8作「寅次郎恋歌」（1971年）**の貴子（マドンナの池内淳子《いけうちじゅんこ》）が切り回していた喫茶店「ローク」は姿を消した。

それにつけても、映像に定着された、柴又に住む者同士の隔てのない付き合い方はうらやましい限りだ。おいちゃんの病が本復したと聞けば快気祝いを持ち寄り、家出した満男が帰ってきたとなればそろって迎えに出る。他人に対して針ネズミのように毛を逆立てている昨今の社会にあっては、まるでユートピアのような世界だ。寅さんは、そんな世界に生い育ったのである。彼の向日的な性格は、柴又の風土なしには成立しないだろう。

ところで帝釈天題経寺と参道を中心とした一帯は、平成30（2018）年に「葛飾柴又の文化的景観」として国の「重要文化的景観」に選定された。地域に暮らす人々の生活や生業が醸し出す風土性に着目した顕彰だ。寅さんが知ったならば、いかなる反応を示すのだろうか。

◉江戸川◉
水辺の風景が笑顔を花開かせる

寅さんは川辺の町に草鞋を脱ぐ

「思い起こせば親父と大ゲンカをした16の春、これが見納めかと涙をこぼしながら歩いた江戸川の土堤は、いちめんの桜吹雪でございました。今では一本も残っておりませんが、私がガキの時分、江戸川堤は桜の名所だったのでございます。毎年、春になると、両親に連れられ、妹さくらの手を引いて、桜見物に出かける時の、あのワクワクするような楽しい気持ちを、今でもまざまざと思い出します。あ、申し遅れました。私の故郷と申しますのは東京は葛飾柴又、江戸川のほとりにございます」

第38作「知床慕情」（1987年）の冒頭、秋田県角《かくの》館《だて》の桧木内《ひのきない》川の咲きこぼれんばかりの桜をバックに、寅さんは右のような独白をしている。彼がたびたび川の流れている町に草鞋《わらじ》を脱ぐのは、江戸川のほとりに育ったからだろう。

かつての江戸川は、渡良瀬《わたらせ》川下流部として太日《ふとひ》川と呼ばれていた。現在のように利根川水系に組み込まれたのは、17世紀前半の利根川東遷事業の結果だ。以来、関東地方の舟運は飛躍的な発展を遂げたのだった。

利根川と江戸川の分岐点は茨城県の五霞《ごか》町にある関宿《せきやど》水門で、下って千葉県市川市付近で本流の江戸川と旧江戸川に分かれる。柴又は、江戸川沿いにある。

近代の文学作品でもっとも早く柴又を登場させた作品の一つは、幸田露伴《こうだろはん》が明治38（1905）年に発表した『付焼刃《つけやきば》』だろう。露伴は、「片流れの水の清潔な江戸川

柴又付近の江戸川のシンボルである金町浄水場の第2取水塔（奥に第3取水塔）。土堤の右奥に帝釈天題経寺と門前町がある。失意の寅さんをなぐさめ、元気づけた河川敷や土堤は東京湾まで続いている。

を廻灯籠の畫《え》の動くやうに進んで行く」帆掛船、冬枯れした水際の蘆荻《ろてき》と堤を飾る雑草、川甚《かわじん》という川魚料理屋、帝釈天の短艇《たんてい》、矢切の渡しなどを描きとめた。

この作品では、帝釈天は一点景にすぎず、江戸川の流れに焦点が当てられている。露伴は続けて「同じ川でも隅田川なんぞとは違って、何様しても坂東太郎の支流だけに滔々《とうとう》として居るやうで嬉しい」と記す。そして彼は、柴又周辺の風景を羅列的に紹介する方法はとらず、川甚の座敷からの眺望という設定で江戸川の風景を描写しているのだ。

露伴の作品からは、柴又が東京近郊の日帰り行楽地として扱われていることがうかがえる。つづいて夏目漱石の『彼岸過迄《ひがんすぎまで》』、さらに谷崎潤一郎の『詩人の別れ』も露伴の手法を踏襲し、柴又を日帰りの行楽地として描いた。谷崎の作品は、大正6（1917）年の発表だ。

かつては市中から離れた忘れられた町

第6作「男はつらいよ 純情篇」（1971年）には、とらや一同が茶の間のテレビで「ふるさとの川〜江戸川」というドキュメンタリー番組を観るシーンがある。番組では柴又が次のように紹介される。「この江戸川のほとりに周囲の繁栄から取り残されたような町、柴又はあります」。

1970年代に入ってもなお、柴又は東京の市中からは遠い、忘れられていた町だったのである。「男はつらいよ」シリーズは、あえて「周囲の繁栄から取り残されたような町」を舞台に選んだのだった。この選択が的を射ていたことは、シリーズが〝国民的映画〟と称されたことで立証された。

シリーズに描かれる江戸川のランドマークは、金町浄水場の二つの取水塔だろう。トンガリ帽子を思わせる第2取水塔と、麦わら帽子のような第3取水塔である。前者は昭和16（1941）年、後者は東京オリンピックが開催された昭和39（1964）年の竣工だ。

愛の告白を〝目撃〟した給水塔

幼少期に江戸川を遊び場としていた寅さんは、折あるごとに江戸川へやって来る。毎度毎度、煮え切らぬ恋ばかりしている彼が、たった一度だけプロポーズしたのも取水塔近くの江戸川の土堤だった（**第7作「男はつらいよ 奮闘篇」1971年**）。

図らずも両取水塔は、寅さんのプロポーズを〝目撃〟していたことになる。ところが、肝心かなめの花子（マドンナの榊原《さかきばら》るみ）が、一世一代のプロポーズの言葉を聞いておらず、はい、それまでよ。

平成8（1996）年8月13日、松竹大船撮影所において、「渥美清さんとお別れする会」が開かれた。当時の新聞報道によれば、全国から3万5千人にのぼる参列者が詰めかけた、という。

「とらや」のセットが組まれていた第9ステージに、江戸川の土堤をイメージした祭壇が設けられた。祭壇に飾られた〝寅さんの遺影〟に向かって、さくら役の倍賞千恵子が「お兄ちゃん」と呼びかけた——とも記事は報じていた。

そうしたいきさつを胸に、柴又の江戸川沿いを一度、ゆっくりと歩いてみて下さい。犬を連れて散歩している人、ジョギングに励んでいる人、河川敷の運動場で白球を追っている少年たち、堤に腰を下ろして愛をささやくカップル、矢切の渡しで川を往復する人、堤上でサイクリングを楽しむ人……。お、そうだ、江戸川は草だんごの材料となるヨモギを恵んでくれもした。そうでしたよねえ、おばちゃん。

江戸川は、我々に飲料水をもたらすばかりではない。

たくさんの笑顔を花開かせてもいるのだ。川は、実に働き者なのである。人間様とは違って、どんなに酷使されようと、ぶつくさ言うことはない。

北欧のバルト海沿岸に位置し、旧ソ連から独立したラトヴィア共和国に、次のようなことわざがある。

「昼も働き、夜も働き、仕事を終えることのできないものは?」。答えは「川」である。

◉川甚・川千家◉
祝い事のシーンで舞台となった老舗

近代小説の舞台となってきた川甚

シリーズのなかにたびたび登場する川甚《かわじん》は、寛政《かんせい》2(1790)年、江戸川でとれる新鮮な鯉《こい》や鰻《うなぎ》を使った川魚料理を出す船宿として開業した。当時の店は川のほとりにあり、大正7(1918)年に移転するまで、客は船からそのまま座敷に上がることができた。

帆掛け船が行き交う江戸川の景観も文人の興をそそり、幸田露伴《こうだろはん》の『付焼刃《つけやきば》』、夏目漱石《なつめそうせき》の『彼岸過迄《ひがんすぎまで》』などに描かれた。後者では、主人公と友人は、堤上《ていじょう》を歩き、帝釈天題経寺を参詣し、川甚で鰻を食べる。

戦後に書かれた林芙美子《はやしふみこ》の『晩菊《ばんぎく》』では、元芸者の主人公のところへ来たかつての恋人が「君と、柴又の川甚へ行った事があったね」と、戦前の思い出を語っている。

また、尾崎士郎《おざきしろう》の『人生劇場』において、主人公の瓢吉《ひょうきち》は柳水亭の女中に恋すると設定されているが、柳水亭のモデルもまた川甚である。こう見てくると、柴又界隈は東京近郊の行楽地だったことが分かる。

㊧令和3(2021)年、川甚はコロナ禍などで、約230年の歴史にピリオドが打たれた。第1作「男はつらいよ」(1969年)では、博とさくらの結婚披露宴にタコ社長がバイクで乗りつける様子が撮影された場所だ。㊤結婚式自体はセット撮影で、志村喬《しむらたかし》の名演が光った。

さくら・博の披露宴が撮られた川甚

川甚は、シリーズの**第1作「男はつらいよ」（1969年）**で早々と姿を見せる。さくらと博の結婚披露宴の舞台となったのだ。しかし、実際に撮影で使用されたのは玄関部分だけで、内部はセット撮影。タコ社長（太宰久雄《だざいひさお》）が原付バイクで店先に乗り付けるシーンが印象的。媒酌人の大役だ、遅刻は許されまい。

披露宴には、長らく疎遠だった博の父親（志村喬《しむらたかし》）と母親も列席し、声涙《せいるい》ともに下るスピーチをする。この場面、涙なくしては観ることができない。

生い立ちをすねた寅さんは、手に負えぬ悪童に育ち上がった。盗みや傷害沙汰を起こすではないが、相当なワルだったことは**第28作「寅次郎紙風船」（1981年）**で明かされる。

寅さんの母校である柴又尋常小学校同窓会の席のことだ。同窓生は犬塚弘《いぬづかひろし》、東八郎《あずまはちろう》、前田武彦《まえだたけひこ》らだ。会場は川甚である。同窓会受付けを担当している同窓生は、寅さんが出席するか否かで戦々恐々。

「あいつの四角い顔見るだけで不愉快になるんだよ」

「あの不良には、ずいぶんいじめられたわよねえ」

と皆が噂しているところへ、ひょっこり顔を見せる寅さん。顔色を変えた同窓生をつかまえて、早速からかいにかかる。「川うそ」だの、「しらみ」だのと、相手の嫌がる渾名《あだな》を大声でわめきたてる。人の顔色などお構いなしだ。あまつさえ、「会費？　おい、川うそ。俺、細かい持ち合わせがねえから、お前払っとけ」ときた。大きい持ち合わせが懐にあったためしなどないくせに。

ひとみ・邦男の披露宴が撮られた川千家

江戸川では戦前、大学のボート部がよく練習し、その後は川魚料理屋でくつろいだ。旧制一高の学生は川甚を、慶應の学生は川千家《かわちや》を利用した、という。川千家もまた川甚と同じく川魚料理を供する店だ。こちらは川甚よりさらに歴史が古い老舗である。

川千家は、**第23作「翔んでる寅次郎」（1979年）**では、ひとみ（マドンナの桃井《ももい》かおり）と邦男（布施《ふせ》明《あきら》）の結婚披露宴が行われた。また、寅さんの見合いの席が設けられたのもこの店だ。お相手は店の仲居（春川《はるかわ》ますみ）で、寅さんとは旧知の間柄。ひょっとするとの淡い期待は、たちまち吹き飛んだ。何と、彼女はすでに身重《みおも》だったのだ。

㊧江戸時代中期から帝釈天参道の山門近くで川料理屋を営む川千家。㊤第23作「翔んでる寅次郎」（1979年）の掉尾を飾るひとみと邦男の結婚披露宴は川千家を会場に行われた。

柴又の〝顔〟ともいえる川甚だが、令和3（2021）年1月末日をもって約230年の歴史に幕を下ろした。コロナ禍で情況が一変、団体客を乗せた観光バスが姿を消し、会合のキャンセルも相次いだ。8代目の天宮一輝社長は昨年末、20人の従業員を前に「一生懸命やってきたけれど、申し訳ない」と頭を下げた。

店には、三島由紀夫《みしまゆきお》や松本清張《まつもとせいちょう》といった作家、漫画家の手塚治虫《てづかおさむ》、映画監督の黒澤明《くろさわあきら》らのサイン、江戸川のほとりに店を構えていた当時の写真などが残されている。

これらの資料を埋もれさせるのは、いかにも惜しい。葛飾区が川甚の土地と建物を買い取り、有効活用する方針を表明している。

◉葛飾柴又寅さん記念館◉
寅さんファンが狂喜する夢の世界

「とらや」ほか名舞台の数々を再現

寅さんの世界、さらに昭和という時代にどっぷりと浸りたい――と念じておられる方は、帝釈天題経寺の東南部、江戸川の土手近くで開館している葛飾柴又寅さん記念館に足を運んではいかが。平成31（2019）年4月、大規模なリニューアル工事を行って、再オープンした（2022年に再びリニューアル予定）。矢切の渡し、帝釈天、参道グルメと並ぶ柴又探訪の目玉だ。

寅さん自身が「寅さん記念館」の看板文字を貼りつけているジオラマがあるファサードから中へ入ろう。のっけから歓声をあげたくなった。日本地図を模した全国ロケ地マップが床に描かれていたのだ。

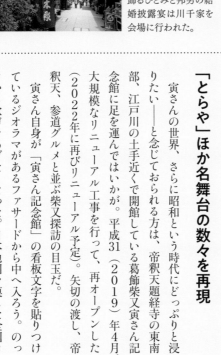

再現された「くるまや」のセット。留守番を頼まれた寅さんが電話機の横で居眠りをしている。

一歩足を進めると、撮影・照明・録音・メイクなど山田組の現場スタッフを紹介しているコーナーである。撮影現場の雰囲気を堪能できるだろう。

ＮＨＫがドラマ「少年寅次郎」（２０１９年）を放映して以来、人気を博しているのがジオラマ「柴又帝釈天参道」である。少年時代から柴又に舞い戻るまでを精緻な再現模型でたどれる。

大船撮影所で実際に使った「くるまや（とらや）」のセットに入ると、ちゃぶ台を囲んでの談笑シーン、スタッフらが「寅のアリア（独唱）」と呼ぶ、寅さんのひとり語りの場面がよみがえってくるような気分に誘われる。それとも、おいちゃん相手に恋愛論をぶっている寅さんがいるのだろうか。

「あれ、妙なこと言うじゃねえか。それじゃなにかい、俺みてえな下等な人間は恋をして、先生のような上等な人間は恋なんかしねえと、おいちゃんはこう言うんだな」（第10作「寅次郎夢枕」１９７２年）

再現された鉄道シーンにドキドキ

まだまだありますぞ。皆を前に、寅さんがリリーと話しているシーン。「……私の初恋の人……寅さんじゃな

葛飾柴又寅さん記念館

㊤裏庭から出入りできたタコ社長の朝日印刷。
㊦旧客車内で鉄道シーンが楽しめる仕掛けも。

いかしらね」「リリーしゃん、それは悪い冗談だよ。俺は遊び人だから分かるよ、でも、この家の住人はみんな堅気だから、真に受けちゃう」（第11作「寅次郎忘れな草」1973年）

この調子で思い浮かぶ場面を挙げていたんじゃ、日が暮れてしまう。昭和の時代相をうかがわせる茶の間、台所、値段入りのお品書き……。寅さんワールドにどっぷり浸かれること必定のセットだ。

お次は、タコ社長の「朝日印刷所」。本物の活版印刷機のほか、山積みとなった伝票、インクの匂いまでが再現されている。いくら洗っても落ちないインクで爪の先を真っ黒にした博が、今にも現れそうだ。

それとも、工員に向かって「おい、労働者諸君！　君らもハンマーを捨て、ペンを取れ。聞こえているのか」（第16作「葛飾立志篇」1975年）とアジっている寅さんがいるのか。

早鐘のごとく高鳴っていた胸の動悸は、「寅さんと一緒に楽しむ鉄道の旅」をテーマとしたエリアにいたって臨界点に達した。気を落ち着かせるため、新たに設けられた「TORAsancafé」でカプチーノ〝TORAチーノ〟を味わいつつ小休止。

だが、無駄だった。第1作が公開された当時の駅舎セットが再現されているのに接しただけで、動悸がぶり返してしまった。駅看板や伝言板、木製のベンチ、硬券切符を撫でさすって、原寸大の木造客車ボックスシートに達したところで、抵抗をあきらめた。ここでは、「男はつらいよ」の鉄道にかかわるシーンを窓の部分のモニターに映し出し、寅さんが旅した全国の風景を車窓から楽しめるよう工夫されている。

世界でも珍しい人車鉄道が〝体験〟できる

帝釈人車鉄道を再現してあるコーナーでとどめを刺された。人車鉄道は、人が客車や貨車を押す鉄道のことだ。

帝釈天題経寺への参詣客が増加してきたことが敷設の理由だ。客車は6人乗りで、通常は一人で押した。全線にわたって専用軌道を走り、人車鉄道としては珍しい複線だった。夏目漱石も乗客となったひとりである。運賃は片道5銭、往復が9銭。当時、アンパン1個が1銭、牛乳1本が3銭だった。

京成金町線開通の前、明治32（１８９９）年から大正２（１９１３）年まで、柴又～金町間を運行していた。寅さんが生まれるはるか前に退場してしまったことになる。もっとも、往復運賃9銭があれば、アンパンなら9個、牛乳なら3本を飲める計算である。アンパンと牛乳で昼食を済ますのが常態の寅さんであるからして、節約のため歩いたかもしれないですなあ。このコーナーでは、車両が体感できる上、ジオラマで走行の様子を再現している。

高額な資金を要さず、さほど大掛かりな工事もいらないとあって、明治から大正期にかけて全国で人車鉄道が次々と産声をあげている。

明治21（１８８８）年、国府津《こうづ》～小田原～箱根湯本間に馬車鉄道が走り出した。これによって東京～箱根間の足の便が格段に良くなり、客足が伸びた。この現実を見た熱海の温泉旅館の主人たちも箱根に客を独占させておく手はないと、小田原～熱海間の鉄道建設を出願。が、肝心の資金が思うに任せない。

明治28（１８９５）年、何とか開業にこぎつけたものの、機関車もなければ馬もいない。やむを得ない。人が押して走る人車鉄道とした。名前も豆相《ずそう》人車鉄道。線路幅は７６２㎜、新幹線の半分ほどだ。トロッコに屋根をつけたマッチ箱のような客車で、6人を乗せた。

こんな客車でも、上、中、下等に分けられていた。トロッコが上り坂にかかると、下等の客を降ろして歩かせ、さらに勾配がきつくなると人夫だけでは押し上げられず、中等の客も降りて後を押した。上等の客だけが最後まで乗っていたのである。この差別にごうごうたる非難を浴び、経営が行き詰まったかというと、さにあらず。なにせ、人力車に比べて料金が安い。日清・日露の両戦争の傷病兵を湯河原や熱海の温泉で療養させもしたので、利用者が存外多かったのだ。鉄道史的にみると世界的にも珍しい運行形態である。

だが、いかんせん、動力の機械化の流れに逆行する輸送機関だ。１９００～20年代を境に、人車鉄道はしだいに姿を消していく運命にあった。

第2章

寅さんと東京・下町

寅さんは言わずと知れた東京っ子
だが、下町の葛飾柴又の生まれとあって
東京における出没場所は、どうしても東高西低となる
そもそもが世田谷区や杉並区には似合わない男なのである

※2章と3章の下町・山手は、東京を地勢的な境界で分けています。東部の沖積地、すなわち京浜東北線の東側一帯を下町としました。

寅さんと東京・下町

お膝元の都内であっても寅さんが行くところ、必ずドラマが生まれる

広小路口《ひろこうじぐち》のガード下に建立されている「あゝ上野駅」の歌碑。昭和39（1964）年に発売された「あゝ上野駅」（歌・井沢八郎《いざわはちろう》）は集団就職を題材として大ヒットした歌謡曲である。昭和30年代、SLが牽引する列車に乗って集団就職の「金の卵」が上野駅に到着した。少年少女たちにとって上野駅は故郷に通じる心の駅となった（筆者撮影）。

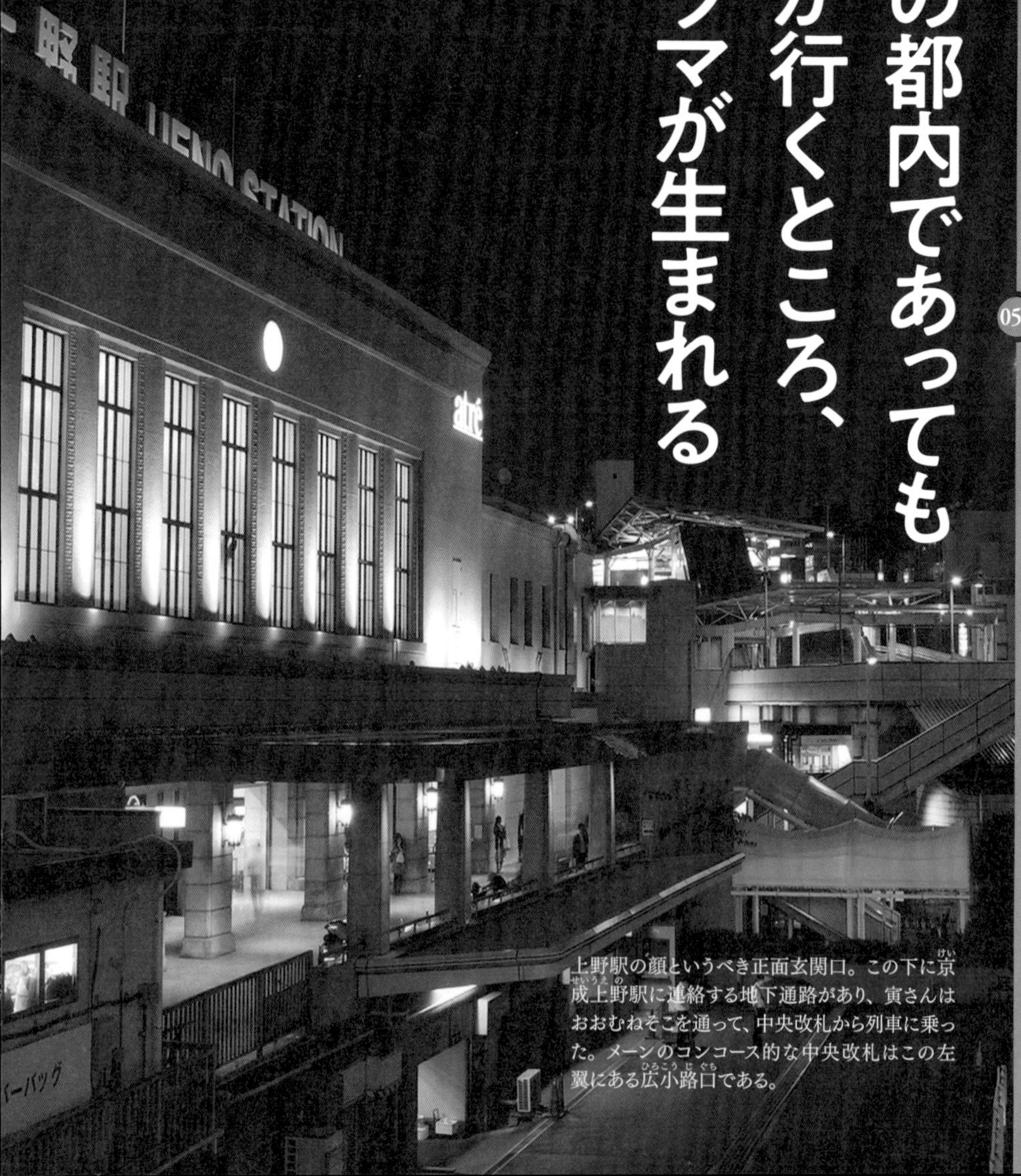

上野駅の顔というべき正面玄関口。この下に京《けい》成上野《せいうえの》駅に連絡する地下通路があり、寅さんはおおむねそこを通って、中央改札から列車に乗った。メーンのコンコース的な中央改札はこの左翼にある広小路口《ひろこうじぐち》である。

寅さんには上野駅がよく似合う

◉上野駅◉台東区上野

地下道の食堂で人生をかみしめる

東京駅や新宿駅は旅愁に欠けるが、かつての上野駅にはそれがあった。屋根に雪を乗せた東北や上越方面からの列車が、行き止まり（頭端式）のホームにすべり込み、出稼ぎ人が言葉少なに思い思いに散っていく。戦時中、親元を離れて疎開に旅立った子供もいたことだろう。戦後、地下道には浮浪児がたむろしていたこともあった。

同僚の歓呼の声に送られて新任地へ赴く勤め人が目立つ東京駅では、華やかさが先に立って、旅愁とはほど遠い気分となる。「男はつらいよ」シリーズ第1作が公開された昭和44（1969）年、出稼ぎなのか集団就職なのかは不明だが、秋田から遠く離れて東京で暮らす男の望郷の念を唄った「帰れないんだよ」が発売された。

歌ったのは三舟英夫《みふねひでお》、作曲は臼井孝次《うすいこうじ》、作詞は「男はつらいよ」の主題歌を担当した星野哲郎《ほしのてつろう》である。さほどヒットしなかったが、ちあきなおみら多くの歌手にカバーされて、今日まで歌い継がれている。秋田へ帰る汽車賃があれば東京で1カ月は暮らせる、一旗揚げるまでは、今の姿で郷里には帰れない、そんな切ない心が唄われていた。この歌詞を思い起こすたび、**第11作「寅次郎忘れな草」（1973年）**の一場面がよみがえってくる。

ところは、旧上野駅の地下道だ。手の届きそうな天井は、蛍光灯の明かりを鈍く反射している。換気装置が旧式で、食堂から吐き出される匂いがブレンドされて、異臭が鼻を突く。その食堂の一軒に向かい合って坐っているのは、寅さんとさくらだ。逃げるように柴又を出てしまった兄のため、トランクを届けにきたさくらである。ラーメンをすすりながら、

「博と仲良くやるんだぞ。あっ、チビによぉ、あめ玉のひとつでも」

そう言って、寅さんが財布をあけると500円札が1枚きり。それと察したさくらが、自分の財布からお札を取り出し、一枚一枚しわをのばして兄の財布に入れる。他人の前で兄に恥をかかせてはならない。客に背を向けて、隠すように財布にお札を入れてやるのだ。

「お金、もう少し持ってくればよかったね」と涙ぐむさくらに、さすがの寅さんも不甲斐なさにうつむくばかり。このシーンは、観ているこちらがせつなくなるほどの情

京成上野《けいせいうえの》駅に通じる通路にある構内食堂。ラーメンもあれば洋食もある大衆食堂だ。将来を思うが故に、突き放した物言いで登を諭す寅さん。ここでいったん登とは縁が切れたはずなのだが……。

感があふれている。

ここでのさくらは、おそらく妹という存在ではあるまい。ここまで甘え放題に甘えることができるのは、母親をおいて誰がいよう。さくらは、寅さんにとって心の妻であり、母親であるに違いない。

上野駅はさまざまな別れのシーンの舞台

第1作「男はつらいよ」(1969年)でも、上野駅の地下食堂は重要な役回りを与えられていた。舎弟の登(秋野太作《あきのたいさく》)を故郷に追い返して兄弟分の関係を断ち切る場面だ。

この場面、店内の壁に貼り紙がしてあるのをご記憶だろうか。曰く「出かせぎの皆さん、心配事、仕事のご相談は職業安定所をご利用下さい」。駅構内に、出稼ぎの人々を対象とした職業安定所が存在したことを示している。上野駅の特殊性を浮き彫りにする事象だろう。

上野駅はなかなか御用繁多。**第24作「寅次郎春の夢」(1979年)**にも出番がある。米国から薬のセールスにやってきたマイケル(ハーブ・エデルマン)が帰国することになり、寅さんがJR上野駅のガード下で彼と別れるシーンだ。不忍口のランドマークだった「聚楽《じゅらく》」

の看板が映る。

駅からアメ横へ向かう途中の小広場に、井沢八郎《いざわはちろう》の「あ、上野駅」の歌碑がある。

シリーズ終盤、寅さんにも東京駅から旅立つ場面があるけれど、やはり彼には上野駅がふさわしい

◉不忍池◉台東区上野公園

印象に残る良介と幸子の初デート

ワット君「帰りの電車賃、貸してくれるか」

京成文化圏ともいうべき地域を主舞台に展開する本シリーズにあって、京成線の起点である上野周辺はたびたび登場するが、不忍池《しのばずのいけ》を逸してはなるまい。

まずは**第20作「寅次郎頑張れ！」（1977年）**。「とらや」に帰ってきた寅さん、見知らぬ青年・良介（中村《なかむら》雅俊《まさとし》）に押し売りに間違えられる。しかも、彼が自分の部屋に下宿していると知ってカンカン。

だが、電気工事の仕事（で、ついたあだ名が「ワット君」）をしている良介は純朴な青年だった。近くにある食堂で働く娘・幸子（大竹《おおたけ》しのぶ）に恋しているものの、思いの丈を打ち明けられない。女性に惚れた回数なら人後に落ちない寅さんのことだ。恋する男の気持ちは誰よりも分かる。放っておけるものではない。手取り足取り、口説き術を授ける。

映画に誘って、食事をし、お茶を飲んで……と教えられた手順を踏みはしたが、どうも歯車がかみ合わない。しからばと、幸子を不忍池に誘い出した。池には多くのボートが浮かび、対岸のビルを背に、柳の枝が垂れる湖畔沿いを散歩するふたり。

良介はスナック菓子を山ほど買い込んで、ベンチに陣

不忍通りから観た不忍池《しのばずのいけ》。左の白い建物は上野精養軒。スカイツリーも遠望できる。良介と幸子はベンチに座り、菓子を食べながらぎこちない会話を繰り返した。

第24作「寅次郎春の夢」（1979年）で見せる不忍池《しのばずのいけ》でのバイ。「天に軌道のあるごとく、人それぞれに運命というものをもっております……」。寅さん得意の易断バイだが、この日は雨が降り出すなど調子が出ない。

取り、ぶっきらぼうに、

「食えよ」

「こんなに。今日、お金たくさん遣わしちゃって、ごめんね」

と言いながら、菓子を口にする幸子である。幸子の方も、良介を慕っているのは誰の目にも明らかだ。

ところが、狂った歯車は元には戻らない。「ちょっと、言いにくいんだけど、……幸ちゃん、俺なあ、俺……」と口ごもる良介。幸子は、今にもプロポーズの一言が出るかと、身を固くして待っている。しかし、良介は、

「金なくなっちまったんだよ、帰りの電車賃、貸してくれるか」

落胆の色を浮かべながらも、「うん」と承諾する幸子だった。寅さんのコーチングも虚しく、デートは散々の不出来。すっかり気落ちした良介はガス自殺を試みるほどだった……。

敗戦直後には田圃に変わった不忍池

一方の〝師匠〟は、不忍池のほとりでバイに励んでいた。**第13作「寅次郎恋やつれ」（1974年）**および**第24作「寅次郎春の夢」（1979年）**の両作である。前者で

バイしてるのは、三つに分かれる池のうち最大の蓮池のほとり、後者は弁天島の石橋の脇だ。両作ともに高島易断の関連商品を売っていた。

　縄文期、上野一帯は東京湾の入り江となっていたが、後に海岸線が後退するにつれ不忍池だけが取り残された。寛永《かんえい》2（1625）年、徳川幕府は西の比叡山延暦寺に対応させ、上野の地に寛永寺を建立させた。開祖・天海は、不忍池を琵琶湖に見立て、竹生島《ちくぶ》になぞらえて弁天島を築かせ、弁天堂をつくった。当初は船で渡っていたが、16世紀後半に石橋が架けられた。

　明治初期、上野の山が公園に指定された当時、池の面積は現在の1・7倍ほどあった、という。しかし、競馬場の建設に伴う埋め立てによって、現在の広さとなった。池を周回するコースでの競馬は8年続いた。敗戦直後には、池の水を落として田圃に様変わり。背に腹は変えられぬ飢餓時代とはいえ、不忍池もずいぶんと酷使されたものだ。

　今やどこを探しても競馬場の痕跡は見つけられないが、池を彩る蓮の群落は見物人の目を楽しませつづけている。ふっくらと、内に神秘な光の露でも秘めているかのような蓮華のつぼみは、ひらく瞬間、本当にポンと音を発するのだろうか。それも、内にこもっていた香華《こうげ》が大気に放散される音というのだ。いかなる条件を満たせば、その幸運に立ち会えるのか。どなたか、ご教示いただければ、ありがたい。

◉水元公園◉葛飾区水元公園

敷地面積は日比谷公園の6倍

第1作で御前様の娘・冬子とデート

本シリーズ全篇に通底するテーマは、無垢な魂をひそめた純情男が身の程知らずの恋をしては、ことごとく失敗する恋愛遍歴である。ことに、**第6作「純情篇」（1971年）**あたりまでの各作では、マドンナたちに対して身も世もないほどののぼせ上がりぶりである。のめり込んでいる分だけ、失恋の痛手は大きい。

　第1作「男はつらいよ」（1969年）では、帝釈天題経寺の住職（笠智衆《りゅうちしゅう》）の娘・冬子（マドンナの光本《みつもと》幸子《さちこ》）に惚れてしまう。お相手は、参道の衆から「御前様」と敬慕されている住職の娘だ。恋の行き着く先は見えているはずだ。ところが、彼にはそんな常識的な判断はつかない。

一途に恋い焦がれた寅さん、JR常磐線金町駅の北にある水元公園でのデートにこぎつけた。豊かな水景が広がる公園だ。そこの池にボートを浮かべてロマンチックな雰囲気をつくり出して、口説こうとの腹である。

「目は口ほどに物を言い」を地で行く寅さんは、しきりに思いの丈を目にこめて訴えかける。確かに寅さんは眼《め》力《ちから》は強い。だが、冬子は「どうしたの、目にゴミでも入ったの？」と、まるっきり気づかない。

そのはずだ。彼女がデートに応じたのは、ほんの気まぐれに過ぎないのだった。すでに、結婚相手が決まっていたのだから。かくして、寅さんの恋は哀れな結末を迎える。失恋第一幕である。

たいがいの男なら、こんな失恋が数度もつづけば、「俺には恋なんて似合わないのさ」などと照れ隠しのひとつも言いながら、色恋とは無縁なポーズを取って見せるところだろう。が、頭の回路が単純にでき上がっているせいか、たちまち失恋の痛手を忘れ、新しい恋にやみくもに突っ走っていく寅さんなのである。

源公にシートや座布団、飲み物、食べ物など一式を持たせて水元公園へ。綾のために電気ストーブを携行したが、肝心のコンセントがない！ 3人の笑い声が公園の青空に吸い込まれていった。

綾・寅・源公の3人が過ごした楽しい時間

第18作「寅次郎純情詩集」（1976年）においても、シチュエーションは異なるが、水元公園での場面がある。長野県の別所《べっしょ》温泉で旅回りの一座に大盤振る舞いした末、代金を払えずにブタ箱入りした寅さん、さくらの迎えを仰いで帰郷する。シュンとなったのも束の間、昔なじみの綾《あや》（マドンナの京《きょう》マチ子）に出会ってたちまち本性をあらわす。

名家の令嬢だった綾は、不治の病で余命いくばくもな

色づく紅葉の水元公園。園内では四季折々の樹木や花々が楽しめるが、敷地が広大で、開けた空間はどこかヨーロッパの風景のようだ。カワセミ、モズ、ムクドリ、ヒドリガモ、コゲラ、シジュウカラ、アオサギ、カワウ、ヒヨドリなど数十種類の野鳥も観察できる。3人がピクニックをしたのも水辺であった。

綾は寅さんと旧交を温めるうちに、一時期病状が小康状態となった。水元公園の帰りには「とらや」に寄って、おばちゃんの手料理をご馳走になる。そこに娘の雅子も合流してお茶の間は笑いの渦に巻き込まれる。

い。娘の雅子（檀《だん》ふみ）はその宣告を受けているのだが、当人は知らない。この事態を放っておける寅さんではない。綾を元気づけようと、源公（佐藤蛾次郎《さとうがじろう》）を荷物持ちとして水元公園にピクニックとしゃれ込むのだ。

見晴らしのいい池のほとりにゴザや座布団を敷いて、用意は万端整った。そして、電熱器を取り出したはいいが、公園のどこを探せばコンセントがあるというのか。バカだねえ、まったく。

「ガキの時分、洟《はな》ったれ仲間を相手に暴れまわった水元公園や江戸川の土手」――第1作「男はつらいよ」（1969年）の冒頭で寅さんのナレーションが流れたように、かつての柴又近辺は水郷地帯の様相を呈していた。地名「柴又」の語源については、第1章の冒頭「柴又の風土」に記した通りだ。

映画のように貸ボートでデートは不可！

水元公園は、埼玉県三郷《みさと》市と葛飾区に挟まれた池・小《こ》合溜《あいだめ》に沿って造られた、都内で唯一の水郷公園。いやあ、広いの何の。日比谷公園の6倍近い広さを誇る都立公園である。本シリーズが始まる4年前の昭和40（1965）年に開園した。

小合溜というのは、江戸時代に造られた遊水地だ。古《こ》利《と》根《ね》川《がわ》が増水した際、ここに水を引いて江戸の町を洪水から守るために造られた。平時は、この水が葛飾や江戸川流域の水田を潤していた。灌漑用水の水源だったことから、「水元」の名称がつけられた。

園内にはメタセコイア、ポプラ、ハンノキといった水辺に強い樹木が生育し、ハナショウブ、スイレン、ハスなどの水生植物を観察できる。菖蒲田、はなしょうぶ園には約100品種、20万本のハナショウブが、6月上旬から下旬にかけて次々に咲く。針葉樹のメタセコイアの森も特筆できる。クヌギやコナラが目立つ石神井あたりとは異なり、どこかヨーロッパ風の趣である。

映像からは寅さんがボートを借りたとしか考えられないが、公園では来園者にボートを貸し出すことは今も昔もなかった、という。撮影のための特別の計らいだったのだろう。

この公園は釣仙郷《ちょうせんきょう》とも称されるように、釣り師のメッカとなっている。「毎日が日曜日」となった老人たちが、日がな一日、釣り糸を垂れている。いずれの釣り師も、組み立て式の椅子、膝掛けなどを持ち込んで長期戦の構えである。狙うはヘラブナだ。

寅さんが遊び回っていた時代は遠く去り、今や洟ったれどもの姿は見かけず、犬を連れて散歩する〝葛飾老人〟が目につく。

◉亀戸天神◉江東区亀戸

マドンナが寅さんに思いを告白！
「寅ちゃんとなら、一緒に暮らしてもいい」

ご用とお急ぎでない方は寄ってらっしゃい、見てらっしゃい、耳寄りな話を聞かせて進ぜましょう。失恋続きの寅さんが逆プロポーズを受けるという、世にも珍しい話ですが、見料を下さいな、頂戴なとは申しません。

ことは、彼が常日頃、稼ぎ場所としている寺社仏閣で起こった。江東区亀戸にあり、富岡八幡宮と並ぶ有名な神社での出来事……。これだけでハハーンとなる方は、相当のトラキアンですな。そう、ところは亀戸天神、お相手はお千代坊（マドンナの八《や》千《ち》草薫《ぐさかおる》）、**第10作「寅次郎夢枕」（1972年）**での一件だ。

お千代は、寅さんの幼なじみだったが、離婚して柴又に戻り、美容院を開いていた。一方、「とらや」には東

亀戸天神は菅原道真が祀られている。別名は亀戸天満宮。寛文《かんぶん》3（1663）年の創建で学問の神様として、受験シーズンには合格祈願の学生たちで賑わう。写真は太鼓橋の袂《たもと》から望む拝殿。

亀戸天神拝殿と太鼓橋の間の撮影風景。山田監督が八千草薫と打ち合わせをしている。上掲写真の赤い太鼓橋の前である。

亀戸天神

大理学部の助教授というインテリの岡倉先生（米《よね》倉《くら》斉《まさ》加《か》年《ね》）が下宿中だった。食事中も本から眼を離さぬ堅物の先生が、お千代に熱をあげてしまい、枕も上がらぬ体に。それと察した寅さんは、またもやキューピッド役を買って出る。

お千代を誘い出したものの、岡倉の気持ちをどう伝えたものか悩み、お千代を半日引っ張り回した末、亀戸天神にやって来る。心字池《しんじいけ》に架かる朱塗りの太鼓橋を渡り、八橋《やつはし》にたどり着いたところで、意を決した寅さんが岡倉の恋情を伝える。ところが、事態は意外な方向へ。

お千代は寅さんのプロポーズと勘違いしてしまったのだ。彼女の胸中にあるのは寅さんであって、岡倉ではなかったのである。誤解に気づいたお千代は、切り出す。

「私ね、寅ちゃんと一緒にいると、なんだか気持ちがホッとするの。寅ちゃんと話していると、ああ生きているんだなあって、そんな楽しい気持ちになれるの。寅ちゃんとなら、一緒に暮らしてもいいって、今、ふとそう思ったんだけど……」。

お千代としては、清水の舞台から飛び降りるつもりでの一言だったろう。けれど、それを耳にした寅さんは、「じょ、冗談じゃないよ」と八橋の上にヘタヘタと崩れ落ちてしまうていたらく。

あ～あっ、こんなことじゃあ、いつまで経ったって、嫁さんなんぞもらえるものか。歯痒くてならない。**第29作「寅次郎あじさいの恋」（1982年）**でも、相手の女性に同様の恥をかかせる寅さんなのだ。

江戸時代は遠出感覚の名所だった

かの『万葉集』に、「飛ぶ鳥の 明日香の河の 上つ瀬に 石橋《いわばし》渡し 下つ瀬に 打橋渡す」という一首が見える。石橋は、川の瀬に置かれた飛び石のことで、やや深い下流の瀬に造られたのが打橋である。川の両岸に板などを渡しただけの簡略な仮橋である。

打橋は、水中に2本ずつ杭を打って、これに横木を架け渡し、その上に板を並べてゆく。杭を打つ場所は浅瀬を選んでゆくのだから、杭は一直線にはならず、左右に折れ曲がった千鳥型となる。こうしてでき上がったのが八橋だ。川が増水すれば、ひとたまりもなく流されてしまう。永久橋とは異なるはかない仮橋、その典型が八橋なのである。

今日、八橋は東京・小石川後楽園をはじめとする庭園に残るにすぎない。亀戸天神の八橋は、太鼓橋の陰に隠れて目立たないが、橋の古型を伝えて貴重だ。その橋上において初めて、本作のドラマツルギーは完結する。橋をめぐる数々の恋愛映画を想起していただきたい。

寅さんは、行楽気分に浸るどころではなかったろうが、江戸時代の亀戸天神は物見遊山に出かけるには格好の地だった。今でこそ、電車を使えば都心から15分足らずだが、当時はちょっとした遠出感覚だった。境内の梅、藤、龍眼寺の萩などがお目当て。

平岩弓枝《ひらいわゆみえ》の人気シリーズ『御宿かわせみ』の面々は、『梅の咲く日』のなかで、入れ替わり立ち替わり、数日の間に都合4回も出かけている。

亀戸天神の心字池《しんじいけ》の八橋《やつはし》の欄干に手を添えて、お千代は寅さんに愛の告白をする。思わぬ展開に寅さんは、たじろぐ。シリーズ中で最も切ないシーンである。

主人公・るいの恋人である神林東吾は、畝源三郎《うねげんざぶろう》とはごく親しい間柄だが、源三郎の息子が学問上達の祈願に行くのに、るいと共に付き合っている。前回訪れた際に食べた名物の梅飯を、るいにも食べさせてやりたかったのだ。

神社の祭神は、学問の神様・菅原道真《すがわらのみちざね》。梅の名所とされているのも、道真の神木飛梅の故事にちなんでのものだろう。梅や藤の美しさは、歌川広重《うたがわひろしげ》の「名所江戸百景」にも描かれ、ことに心字池あたりに咲き誇る藤の花は、太鼓橋や八橋と相まって都内随一との評判である。「都民の日」制定30周年を記念して、昭和57（1982）年10月1日に東京都によって選定された「新東京百景」の一つに数えられる。

明治期の歌人で、小説『野菊の墓』をものした伊藤《いとう》左《さ》千夫《ちお》の一首に、「池水は 濁りににごり 藤なみの 影もうつらず 雨ふりしきる」がある。「藤なみ（波）」は、藤の花が風で波のように揺れ動くさまをいう。

私は取材の帰途、十三間《じゅうさんげん》通りに戻ってきたところで、大根などの野菜を素材とした弁当屋を発見。大根といえば、江戸時代からの亀戸名物だ。保存料、合成着色料をいっさい使わぬ、職人手づくりの弁当がご自慢である。

店頭に筧《かけい》からの水を受けた大根が置かれ、「大根にかけ水　わけて　福もらい」の但し書きがつけられている。名づけて「お多福大根」。

令和2（2020）年の夏、京成金町線柴又駅前にも出店した、という。さようですか、では、これから柴又に足を向けるとしましょうか。

◉浅草◉台東区浅草
さくらの同級生にぞっこん

九州から上京した留吉も踊り子に失恋

熊本県の田《た》の原《はる》温泉での長逗留を切り上げた寅さん、殊勝にも店の手伝いを始めた。が、「同じことを3日と考えてはいられない」男のことだ、たちまち厭きて、浅草国際劇場に通いつめる。さくらの同級生で、今はSK《エスケイ》D《ディ》（松竹歌劇団）のスター、紅《くれない》奈々子《ななこ》（木《き》の実《み》ナナ）がお目当て……。こうストーリーが進展していくのが**第21作「寅次郎わが道をゆく」（1978年）**である。

寅さんを慕って田の原温泉から上京してきた留吉（武《たけ》田鉄矢《だてつや》）も、SKDの踊り子に夢中となり、近くのとんかつ屋に職を得て劇場に日参。が、彼はあっさり振られてしまう。

寅さんが夢中になっている奈々子は、悩みを抱えていた。照明係の隆（竜雷太《りゅうらいた》）と結婚するか、踊り一筋に生きるべきかで迷っていたが、愛を取ることを決断。引退の舞台で華やかなスポットライトを浴びる奈々子を、客席からひっそりと見守る寅さんだった。

浅草は、浅草寺《せんそうじ》の門前町であると同時に、江戸時代か

光あふれる華やかなSKD《エスケイディ》の舞台を背景に撮影された、第21作「寅次郎わが道をゆく」（1978年）の宣伝用写真。

連日大勢の観光客で賑わう浅草の浅草寺。仲見世通りは立錐の余地もないほどで、外国人観光客にも人気である。写真は本堂から望んだ五重塔。参拝者が列を成している（筆者撮影）。

第21作「寅次郎わが道をゆく」（1978年）。留吉（武田鉄矢《たけだてつや》）とSKD《エスケイデイ》を観たあとの楽屋口。留吉は興奮のあまり「サインよかですか?」を連発。寅さんは「なかなかよかったよ、舞台」と余裕をかます。

らの興行地だった。辻講釈《つじこうしゃく》、独楽《こま》廻し、居合抜《いあいぬき》などの大道芸、見世物小屋が参詣客を魅了し、水茶屋、出合茶屋などが軒を連ねた。明治半ばには、日本最初の活動写真（映画）の常設劇場である「電気館」が開業、相次いで活動写真館が店開きしていった。

浅草国際劇場のオープンは昭和12（１９３７年）。敷地６３００㎡、地下1階、地上4階、客席数は３６００余で、東洋一をうたわれた。映画館でもあった。

この劇場からは数々のスターが育っていった。さくらに扮している倍賞千恵子、「リンゴの唄」の並木路子《なみきみちこ》らを輩出。しかし、終戦前、決戦非常措置令のために劇場は閉鎖、風船爆弾の工場として使用された。

興行街としての浅草から巣立っていった役者は、数えきれない。その筆頭が渥美清だ。中学卒業後、新派の軽演劇の幕引きを皮切りに、さまざまな劇団を転々とし、たどり着いたのが浅草六区《あさくさろっく》である。

ストリップ劇場のフランス座にも在籍、本シリーズでポンシュウに扮した関敬六《せきけいろく》らと知り合った。後、ＮＨＫのバラエティ番組の草分け「夢であいましょう」にレギュラー出演、檜舞台に躍り出ることになる。

国際劇場のバックヤードが描かれる

ＳＫＤといえば、舞台の上手から下手まで展開されるラインダンスが客を魅了するが、そのラインダンスチームの「アトミックガールズ」が誕生したのは昭和26（１９５１年）のことだ。さらに、「エイト・ピーチェス」という8名のチームも生み、満天下を沸かせた。

東京へ来る修学旅行の生徒たちは、国際劇場でＳＫＤを観劇するのが、お定まりとなるほどの人気を博した。

明治時代の浮世絵師・小林清親《こばやしきよちか》の「清親畫帖《きよちかがちょう》」に収められた「浅草夜見世」。宝蔵門《ほうぞうもん》前は夜店を冷やかす参拝客であふれている。独特の情緒を醸し出しているのは、アセチレンランプ（カーバイト）の光である。

第21作「寅次郎わが道をゆく」(1978年)。寅さんと留吉は、SKDの華麗なラインダンスに魅了された。

しかし、長く浅草にレビューの灯をともしつづけてきたＳＫＤが、浅草に別れを告げる日がやってきた。興行街として一世を風靡してきた浅草人気が凋落し、つれて国際劇場も経営不振に陥り、劇場を閉じることになったのだ。昭和57（1982）年のことである。本作公開の4年後にあたり、ＳＫＤそのものの解散は、平成8（1996）年。山田洋次監督が、脚本・演出を担当した時期もあった。

本作は、今はなきマンモス劇場の舞台裏、楽屋、稽古場、照明室、さらに屋上までをたっぷり見せてくれる。

そして、最後には絢爛たるレビューも。その中には、男役スターの小月冴子《おづきさえこ》（夕月静香の役）の顔もあった。SKD育ちの倍賞としても、感慨ひとしおだったろう。

名監督たちの創作意欲をかきたてた浅草

第11作「寅次郎忘れな草」（1973年）では、寅さんが雷門や仲見世で知られる浅草寺でタンカバイを披露している。雷門の巨大な赤提灯の前で、スリッパとサンダルをまとめてバイ。おなじみの源ちゃんもサクラで登場する。

大正12（1923）年の関東大震災以前、東京でもっとも繁栄した盛り場は浅草だった。浅草は盆と正月の休日に、地方出の商家の丁稚《でっち》さんたちが、わずかな給金を握りしめ、見世物や安価な食べ物で一日を過ごす田舎っぽい盛り場だった。同時に、最新の活動写真が封切られ、ハイカラな大衆文化であったオペラが上演されていたのは、ここ浅草だけだった。

浅草は、門前町という伝統的な盛り場の形態を保ってきた。信仰の後には精進落としというわけで、浅草界隈は私娼窟、売春街の吉原を抱え込んでおり、ゴロツキどもが徘徊する悪所でもあった。

昼と夜の〝顔〟がまったく異なる盛り場は、映画人の創作欲をそそるらしく、島津保次郎《しまづやすじろう》監督の「浅草の灯」（1937年）、成瀬巳喜男《なるせみきお》監督の「乙女ごころ三人姉妹」（1935年）などの舞台となった。後者は、飲み屋街を流して歩く三味線弾きの女たちが主人公だったが、戦後はギター弾きが取って代わることになる。

◉小岩◉江戸川区南小岩

雑多な個人商店が並ぶ昭和の高架駅

リリー「ねえ、あの人どうしてる、寅さん」

印刷所で刷り上がったポスターを届けるため、博がバイクで小岩のキャバレーを訪れた際、リリー（浅丘《あさおか》ルリ子）を見つける一コマがあるのが、**第25作「寅次郎ハイビスカスの花」（1980年）**。

JR総武線小岩《こいわ》駅の北口商店街にバイクを乗り入れる博。映像には雑多な職種の店が道路狭しと並んでいる。和食の店、さぬきうどん、まんじゅうなどを商う飲食店に混じって、不動産屋、歯医者、遠景のやや高いビルは銀行だ。道行く人々は普段着のままである。いかにも東京の昭和時代の高架駅の風情である。

総武線高架下のキャバレー前で荷をほどいていた博がリリーを発見し、声をかける。歌手・松岡リリー（本名・松岡清子）は、小岩のキャバレーで歌っているところだったのである。懐かしさの余り、性急な口調でとらや一家の無事を確かめるリリー。

「そいで、ねえ、あの人どうしてる、寅さん？」

「相変わらずです」

「そおぉ。じゃあ、やっぱり、ひとり者《もん》で、年柄年中旅暮らし、そうなんでしょ。しょうがない男ねえ、いい年してさ。相変わらず、さくらさんたちに心配かけてんのね。もっとも、人のことなんか言えないけどさ」

遊びに来ませんかと誘う博に対し、小岩の仕事の後は大阪、その次は九州とスケジュールを話して、あわただしくキャバレーに向かうリリーなのだった。

この場面に続いて、映像は「とらや」の食卓に切り替わる。おいちゃん、おばちゃん、さくらと博夫婦、満男が食卓を囲みながら、あてどない旅に明け暮れる寅さんを思いやる。

寅さんは今夜もまた、天井に雨のしみが這い、隣の部屋の声が筒抜けの安宿で独り寝をかこっているのだろう

第25作「寅次郎ハイビスカスの花」（1980年）。急病のリリーを心配して沖縄県に駆けつけた寅さん。本部町の漁師の離れでリリーと同棲生活の真似事をするが、ここでも大喧嘩して、リリーは内地に帰ってしまう。

か。「そこが渡世人の辛えところよ」なんて粋がっていないで、「帰って来ればいいのに」。

「本当に住みやすい街大賞」にランキング

「小岩」の地は、8世紀前半の戸籍によれば、嶋俣《しままた》（現・柴又）と同じ下総国葛飾郡大島郷《しもうさのくにかつしかごおりおおしまごう》に属し、「甲和《かわわ》」と呼ばれていた。この「かわわ」が「こいわ」に転じたらしい。小岩は、古くから柴又の〝ご近所さん〟だったわけである。

総武線の原型である総武鉄道が市川〜佐倉間、市川〜本所（現・錦糸町）間で開通したのは明治27（1894）年。これは当時の鉄道建設大ブームを受けてのことで、近代的な交通網の建設に遅れを取っていた房総地区のための鉄道建設だった。

㊤JR総武線小岩駅。駅前は再開発で様変わりしているが、旧商店街はそれほど変わらない。㊦改札前の栃錦像（2点とも筆者撮影）。

その後、路線は延伸を続け、明治40（1907）年に国有化され、その翌々年には総武本線へと名称が改められた。今日、異なる鉄道会社同士の相互乗り入れは珍しくないが、総武線と中央線の相互乗り入れ時期はきわめて早く、千葉県と東京を結ぶ大動脈となっている。

小岩駅の開業は明治32（1899）年のことだ。駅周辺は昭和10年代までに住宅地として完成しており、水田地帯を開発した北口方面は整然とした街並みが広がっていた。戦後は南口を中心に商業地域が充実していった。

博とリリーが出会ったシーンが撮影されたのは、北口を出て、高架下と大型ショッピングセンターの間を3分ほど歩いた地点だ。高架下は、およそ100店舗が並ぶショッピングセンターとなっている。映像にとどめられている業態と比べるのも楽しい。

北口と南口を結ぶコンコースに戻ると、改札口前に横綱栃錦《とちにしき》の土表入りの像が建立されている。地元南小岩の出身で、近所の八百屋の勧めで角界入りした、という。1950年代、若乃花《わかのはな》とともに「栃若《とちわか》時代」を現出し、大相撲ファンを熱狂させた名横綱である。

南口からは放射状に三つの商店街がのびている。フラワーロード、昭和通り、小岩サンロードがそれだ。

総武線の快速列車こそ素通りしてしまうが、小岩の駅勢圏は将来性十分らしい。南北の出口に横断幕が掲げられ、小岩が「本当に住みやすい街大賞二〇二一」の7位にランクされている旨、大書されている。大賞は、ARUHIの住宅ローンを利用した一都三県の顧客データを基に、住環境、交通の利便性、教育・文化環境、コストパフォーマンス、発展性を指標に、住宅や不動産の専門家がランク付けしたものだ。ARUHIによれば、小岩は4年連続してベストテン入りしている、という。

◉金町◉葛飾区金町

柴又に次ぐ登場回数を誇るお膝元

東大生に化けてすずらん通りでバイ

寅さんの旅立ちは京成金町線柴又駅が大半だが、帰郷する場合はJR常磐線金町駅で下車し、江戸川沿いを柴又まで下ってくるケースが目立つ。**第41作「寅次郎心の**

礼子（マドンナの樫山文枝《かしやまふみえ》）に勉強を教えてもらうことになった寅さん。ちんぷんかんぷん、かつ緊張して身が入らないが、「大和朝廷というのがあってね」と礼子が言うと、「ああ、国の始まり知ってる。大和の国。島の始まりが淡路島、泥棒の始まりは石川五右衛門……」と水を得た魚のように目を輝かせ始めた。

小岩|金町

旅路」（1989年）では、ウィーン在住の日本人マダム（淡路恵子《あわじけいこ》）が金町出身と知って、手を取らんばかりに喜んでいた。京成金町線の隣り駅・金町は彼にとって、準ホームグランドなのである。おのずと、タンカバイの場所に選ぶ回数も多くなる。第8作「寅次郎恋歌」（1971年）、第9作「柴又慕情」（1972年）、第20作「寅次郎頑張れ!」（1977年）などが該当するが、ここでは第16作「葛飾立志篇」（1975年）を紹介する。

東京大学の助手で考古学を専攻する礼子（マドンナの樫山文枝《かしやまふみえ》）が「とらや」に下宿したことから、彼女の歓心を買いたいばかりに寅さんが学問を志すというのが物語の主筋だ。その流れで寅さんが、学帽をかぶり、学生服を着込んでのバイとなった。故郷の母親を喜ばせたい一心の苦学生に化けて。バイしているのは文房具だ。

小岩《こいわ》同様、JR常磐線金町《かなまち》駅前にもタワーマンションとショッピングモールが建ち、「すずらん通り」は「ベルシティ」と名を変えた（筆者撮影）。

ところは、JR常磐線金町駅南口の商店街「すずらん通り」。札幌ラーメン店の前だ。個人商店が並ぶ商店街には、歳末福引大売出しの横断幕が掛かり、通りには、勝ちぬきじゃんけん大会の看板も立てかけられている。

「私はこの通り、苦学生であります。生活に追われるあまり、勉強も思うに任せません。去年の3月、わずか1冊の参考書が買えないばかりに、とうとう卒業試験に落ちてしまいました」と、同情心に訴えたのが効を奏したのだろうか。

女性客が買い求めると、続いてモジャモジャ頭の学生が買いたいと意思表示。黒い学生服を着、度の強いメガネをかけているのは源公（佐藤蛾次郎《さとうがじろう》）ではないか。つまり、さくらを使ってのヤラセである。

「あっ、あなたも。どちらですか?」

「東大の法学部です」

「あっそう、法学部。じゃあ同志だ、大いにガンバロー」

と握手を求める寅さん。

第16作「葛飾立志篇」(1975年)の宣伝用写真。作中にこの場面はないが、寅さんが気取った顔で眼鏡をかけて集合写真に収まろうとしている。作中では、眼鏡をかけて本を手にもち、帝釈天参道を歩く爆笑シーンがある。博が「眼鏡をかけたからといってね。勉強したことにはなりませんよ」とたしなめると、「気分だっていってる。気分から入るんだからさ。新しい褌すれば体中だってキリッとするじゃねえか……」と言い争いが始まった。

縦から見ても横から見ても学生には見えない。それも、東大の学生を名乗るのだから、恐れ入った。「とらや」の茶の間で、礼子が「人間は考える葦である」のパスカルの言葉を引用したところ、「偉い人は足で考えるもんかね」とおっしゃったのはどこのどなたでしたっけ。

駅前再開発で撮影時の面影は少ない

「葛飾立志篇」が公開されたのは昭和50（1975）年。すでに46年の歳月が流れており、「すずらん通り」は、横文字の「ベルシティ」へと変わっている。通りの片側には、超高層のヴィナシス金町タワーレジデンスが建ち、その向かいは21階建てのプラウドタワーが建設中である。令和3（2021）年10月下旬にオープン予定だ。

かつての商店街振興組合はすでに解散しており、急ピッチで再開発が進行中なのである。北口も様変わりが著しい。平成25（2013）年、新宿区神楽坂に本部を置く東京理科大学の葛飾キャンパスが誕生したのが大きい。常磐線と平行する商店街の通りは、理科大通りと命名されている。

その北口を舞台としたのが、**第9作「柴又慕情」（1972年）**。久方ぶりに「とらや」に帰った寅さん。「貸間あり」の札がかかっているのに憤慨。アパートでも借りようと不動産屋を訪れる。不動産屋の主人（佐《さ》山《やま》俊《しゅん》二《じ》）に案内されたのが、あろうことか「とらや」だったから、寅さんの怒りが爆発して……。

その不動産屋のシーンが撮影されたのは、理科大通りの林不動産だ。店は建て替えられているが、辛うじて往時の面影が残る。ガラス張りの窓に物件紹介の貼り紙が、内部が見えないほどおびただしく貼られている。理科大の学生がお得意さんなのだろう。破天荒なフーテン男が迷い込んでくる心配はなさそうである。

寅さんが部屋を借りようと訪れた林不動産の現在。鉄骨造りのガラス張りのビルに変わり、周囲の商店も建て替えが進みつつある（筆者撮影）。

◉京成関屋◉足立区千住曙町

京子の献身的な姿が心に焼きつく

朴訥な弥太郎青年に観客は共感した

　昭和52（1977）年に放映されたテレビドラマ「岸辺のアルバム」（原作・山田太一）は、小田急線・和泉《いずみ》多摩川《たまがわ》駅近くの戸建て住宅に住む4人家族の物語である。世帯主の田島謙作は、都心にある商事会社の部長で、当年とって45歳。家が都内にあること、見晴らしがいいこと、急行なら新宿まで30分かからないことを誇りとしていた。和泉多摩川駅には急行が停車せず、成城学園《せいじょうがくえん》前駅で乗り換えねばならないにもかかわらず、小田急線の沿線、それも都内に住んでいることをステータスと心得ているわけだ。

㊤㊦京成本線の墨堤通《ぼくていどお》りに面した京成関屋駅。ホーム階段の降り口のところで、弥太郎を待つ京子の姿がいじらしかった（2点とも筆者撮影）。

　彼が自宅を購入するにあたって、高級住宅街の成城を擁する小田急線のアッパーな雰囲気を物差しとしていたことは動かないだろう。

　新宿、渋谷、池袋、品川、上野といった都心ターミナル駅を起点として、郊外に向けて伸びていく鉄道路線、主として通勤通学のために使われる路線には、格づけや序列がついて回る。都心から西へ伸びる路線はハイソサエティ、東へ向かう路線は庶民的との通念がまかり通っている。

　京成金町線の柴又駅をはじめ、京成本線、総武線、常磐線など、東へ向かう鉄道路線を主舞台とする「男はつらいよ」シリーズで、「庶民」の暮らしぶりを覗いてみようか。京成本線の京成関屋駅を舞台とする**第14作「寅次郎子守唄」（1974年）**を素材としよう。

　佐賀県唐津市の呼子《よぶこ》の港で赤ん坊を押しつけられた寅さん、どうしていいか困ったあげく、赤ん坊を抱えて柴又に帰ってきた。長旅の疲れから赤ん坊は高熱を発し、

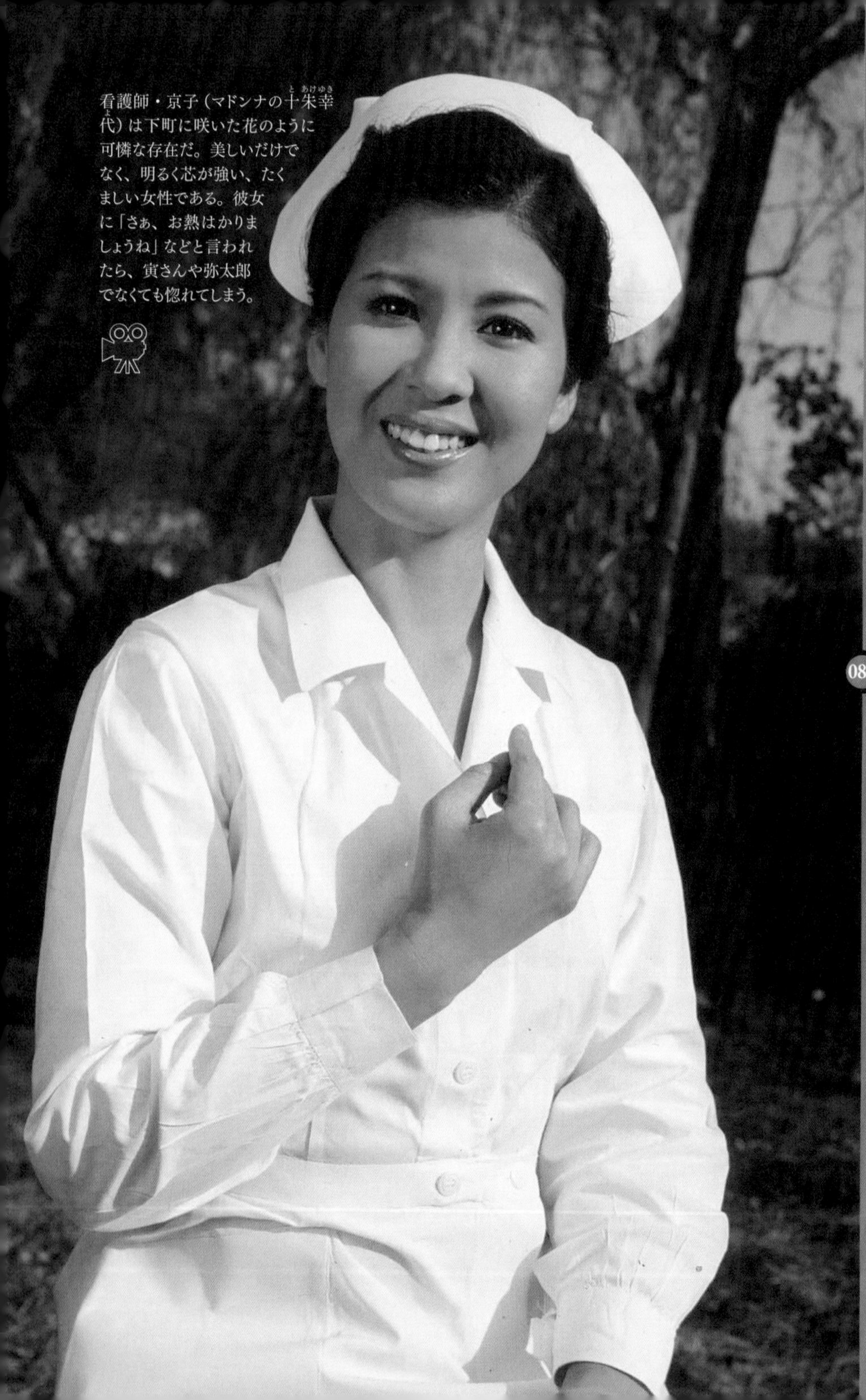

看護師・京子（マドンナの十《と》朱幸《あけゆき》代《よ》）は下町に咲いた花のように可憐な存在だ。美しいだけでなく、明るく芯が強い、たくましい女性である。彼女に「さぁ、お熱はかりましょうね」などと言われたら、寅さんや弥太郎でなくても惚れてしまう。

京成関屋

あわてて病院に担ぎ込んだ。

そこには美しい看護師・京子（マドンナの十朱幸代《とあけゆきよ》）がいて、ぞっこんとなる寅さん。京子は、仕事の合間をぬって地元のコーラスグループで合唱に励んでいた。その練習を見学中、寅さんはリーダーの弥太郎（上條恒彦《かみじょうつねひこ》）を知る。

弥太郎の借りているアパートは京成関屋《けいせいせきや》駅のそばにあった。駅に近いのはいいが、一家心中があったばかりの、いわくつきのアパートである。寅さんが訪ねてみると、室内は散らかり放題、パンツまで干してある。貧しい暮らしぶりが歴然。

「これでも人間の住み処《か》かね」とあきれつつも、弥太郎の純朴さに打たれ、酒盛りとなって打ちとける。そして、弥太郎が京子にホの字だと悟り、応援に回る寅さん。

京子も早くに父を亡くし、母一人娘一人の家庭で育った。弥太郎に相通ずるものを感じたのだろう、密かに京成関屋駅にやってきた。高架となっている駅のホームから弥太郎のアパートを見守っていると、彼が姿を見せ、ハミングしながら階段を駆け昇ってきた。

ホーム上に彼女の姿を認め、アッと驚く弥太郎に、京子は恥ずかしそうに「今、お昼休みなの。ちょっと、貴方に会いたくて……」と洩らす。

寅さんに「銭はねえし、口は下手だし、その上、その男っぷりじゃあ、女にもてねえだろ」と評された弥太郎だったが、ひょうたんから駒が出た一幕だ。

京成線沿線に住む登場人物は多い

映画の公開当時、京成関屋駅の乗車人員は1日平均で1500人強。東武スカイツリーラインの牛田《うしだ》駅は目と鼻の先で、乗り換えに便利にもかかわらず、この人数だ。成田空港線の特急「スカイライナー」は素通り、普通列車だけが停車。近くの公的施設といっては、足立郵便局だけの地味な駅である。

しかし、ですよ。基幹駅の押上駅などでは、二人の恋は成就しなかったのではありますまいか。都会の片隅に咲いた恋の花が、たまらなく愛しい。

他の作品に当たっても、京成線の出番はすこぶる多い。**第19作「寅次郎と殿様」（1977年）**では鞠子《まりこ》（マドンナの真野響子《まやきょうこ》）が青砥《あおと》駅に近い青戸団地に住んでいるし、**第22作「噂の寅次郎」（1978年）**では、やはり早苗（マドンナの大原麗子《おおはられいこ》）が京成高砂駅にほど近い友人の家に間借りしている。

ことのついでに一言。この京成電車には、戦前から戦後にかけて、通称〝菜っ葉電車〟と呼ばれる行商専用電車が走っていた。千葉県の農家で育てた野菜を、中間マージンなしで消費者に直接提供していたのである。おばちゃんが自分の背丈より高い籠を背負って。

寅さんは、全作を通して小田急線や西武線に乗った形跡がない。ただ、**第13作「寅次郎恋やつれ」（1974年）**では、都立大学駅付近にある歌子《うたこ》（マドンナの吉永小百合《よしながさゆり》）の家を訪れているから東急東横線には乗っていたかもしれない。

◉西新井大師◉足立区西新井

シリーズの舞台候補地となった門前町
「二日酔いで頭痛ぇや」と大師様門前でバイ

第17作「寅次郎夕焼け小焼け」（1976年）では、関東厄除け三大師の一つに数えられる西新井大師《にしあらいだいし》でバイをした寅さん。おもちゃ、猿の人形などを並べてみたものの、この日はどうも商いに身が入らない。境内は、日傘をさしたご婦人連、お年寄りらで芋を洗うが如き混みようだというのに、「二日酔いで頭痛ぇや」とうつらうつらしてばかり。たまりかねた源公（佐藤蛾次郎《さとうがじろう》）が「兄貴、寝てばっかりいてたら、商売になりまへん」と忠告すると、「お前、ここに来てやれ」と命じて、奥の長椅子にゴロリ。やれやれ、こんな調子では、「地道な暮らし」はいつになることやら。

西新井大師というのは通称で、正しくは五智山遍照院《ごちさんへんじょういん》總持寺《そうじじ》という。空海こと、弘法大師が開いた真言宗の一派である豊山《ぶざん》派の寺だ。「西新井」の地名も、空海が加《か》持祈祷《じきとう》した際、水が湧出したという總持寺の井戸が本堂の西側にあったことに由来する、という。

環状7号線から続く参道には、開運福だるま、干物屋、菓子司などが軒を接している。山門の手前まで進むと、草団子を商う店もあるじゃありませんか。おやおや、ここは柴又の帝釈天参道かしらん。

境内の土産物屋の親父さんに尋ねると、「男はつらいよ」シリーズが始まるにあたって、帝釈天題経寺がロケ地になる前、「西新井大師が舞台の候補に挙がったこともあるんだよ」と鼻をうごめかしていた。道理で下町っぽい店が揃っているわけだ。

天長《てんちょう》3（826）年、弘法大師によって開創されたという寺だけに、本堂左手に「四国八十八箇所お砂踏み霊場」が設けられている。

うつらうつらしながら寅さんがバイをしていた参道。山田監督がシリーズの舞台候補地の一つとしていただけに、どことなく帝釈天参道に雰囲気が似ている。

「お砂踏み」は、四国八十八の各霊場の本尊の写し仏をお祀りし、持ち帰った霊場の砂を踏みながら礼拝することで、四国八十八箇所を巡ったことと同じ功徳をいただけるというわけなのである。

基壇の周囲、石板の下には、四国霊場と高野山の霊砂が撒かれている、という。心を穏やかに保ち、正面で合掌礼拝し、「南無《なむ》遍照《へんじょう》金剛《こんごう》」と唱えながら、左から1周するのが作法。

白衣も着ず、金剛杖もつかない老嬢が、合掌礼拝しては何度となく基壇の周囲を回っている。信仰心の塊《かたまり》とお見受けした。寅さんと同様、神仏にすがるのは馬券を買った時くらいの当方、恥ずかしさがこみ上げてきて、退散することにしたのだった。

帰途、大師前駅から路線長1㎞の東武大師線に乗って西新井駅へ。京成金町線と同じ単線で、駅数も起点駅と終点駅の2駅だけ。間に駅はない。舞台の候補になったという話もうなずける。ふと、駅構内に草団子列車を運行している旨を記した掲示板があることに気づいた。おっ、と思ったけれど、時間帯が合わない。まあ、いいか。草団子列車に乗ったからといって、百と八つの煩悩から逃れられるものでもないし。

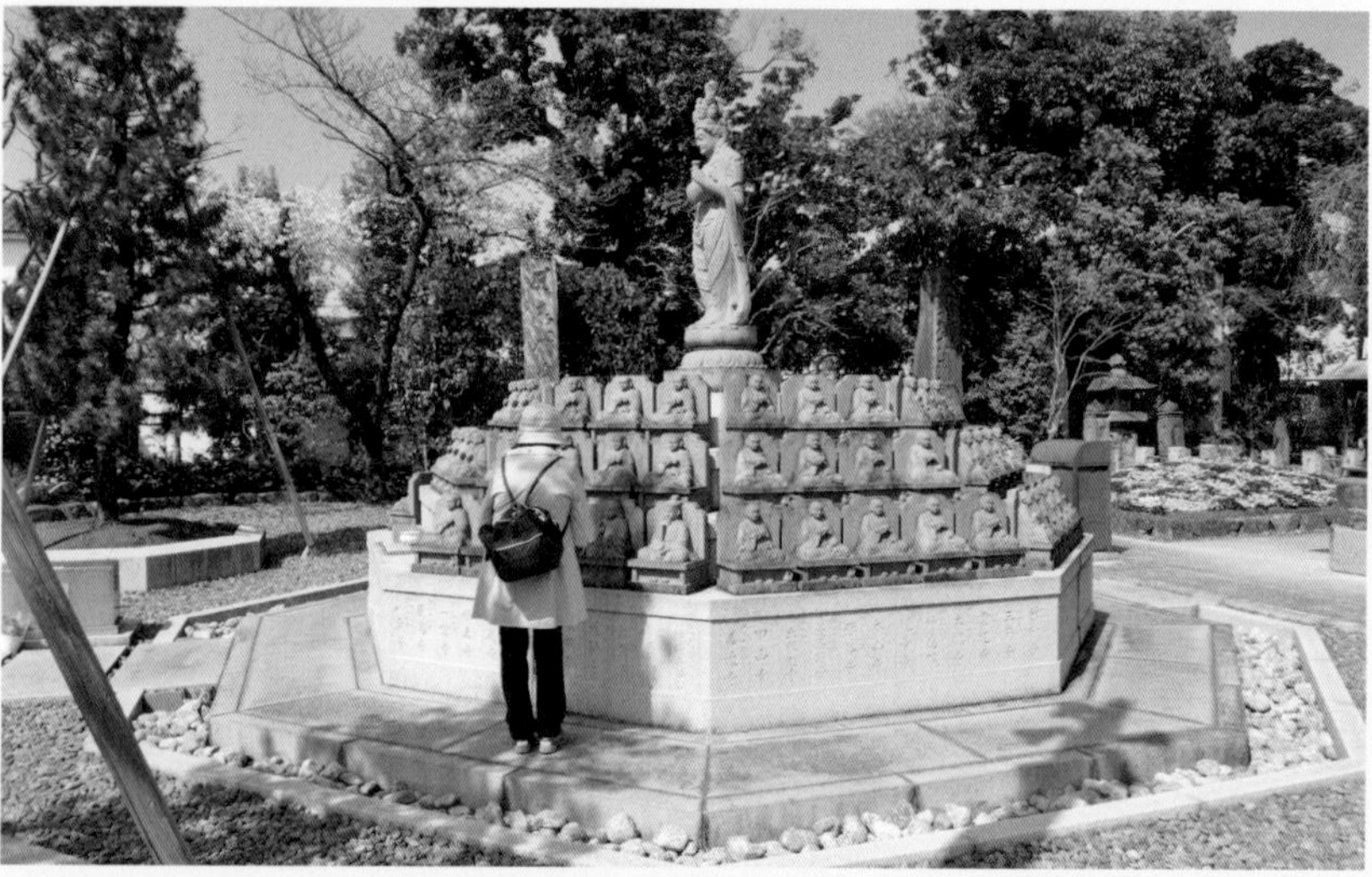

西新井大師の「四国八十八箇所お砂踏み霊場」。本堂の左手、不動堂の横に設けられている。中央に立つのは、十一面観世菩薩像。霊場巡りと同じ功徳が得られる、贅沢なパワースポットである（筆者撮影）。

第3章

東京・山手

寅さんと

下町の申し子のような寅さんだが、まれに山手にも出没する

それでもせいぜいが山手線のエリア止まり

どんなに間違っても

京王線や小田急線には出向かない

※2章と3章の下町・山手は、東京を地勢的な境界で分けています。山手台地、すなわち京浜東北線の西側一帯を山手としました。

風来坊、よく言ってバンカラ よって寅さんは 早稲田の杜に溶けこんだ

「早稲田の杜」のシンボルとして、1世紀近くの歴史を伝える大隈記念講堂（奥に時計塔のみ見える）と大隈重信像（手前）。講堂は、昭和2（1927）年の竣工で、チューダー・ゴシック様式の建築として、国の重要文化財に指定されている。

◉早稲田大学◉新宿区戸塚町

寅さん、満男の受験の下見で早稲田へ
受講中の学生を爆笑の渦に巻き込む

第40作「寅次郎サラダ記念日」（1988年）の主たるロケ地は、信州（長野県）の小諸《こもろ》市だが、東京都新宿区にある早稲田大学も重要な舞台となっている。

　寅さんは、小諸市で孤独な老女の面倒を見たことから、女医・真知子（マドンナの三田佳子《みたよしこ》）と知り合う。その姪の由紀（三田寛子《みたひろこ》）は早稲田大学の学生で、高校生の満男（吉岡秀隆《よしおかひでたか》）に受験することを勧める。そこで満男に代わって、寅さんが大学を下見に行くことに。

　その前夜、「くるまや」（本作から「くるまや」と名称が変わった）では、早大の話でもちきり。

「そこは、どうやったら行けるんだ」

「都の西北《せいほく》っていうから、西北《にしきた》じゃないかい」とおばちゃん。横から満男が「おじさん、三ノ輪橋から滝野川を通って早稲田に行くチンチン電車があるだろ、東京でたった一つの。あの終点で降りればいいんだよ」

　よし分かったと頷いた寅さん、自分の部屋への階段を昇りながら「♪都の西北、チンチン電車〜」と歌う。早稲田大学校歌の歌詞「都の西北 早稲田の森（杜）に 聳《そび》ゆる甍《いらか》は われらが母校……」は、寅さんでさえ知っているほど有名なのだ。同大出身の歌人で書家の相馬御風《そうまぎょふう》が作詞、明治40（1907）年に制定された。

　翌日、大学に出向く寅さん。チンチン電車といわれた都電荒川線に乗って、キャンパスに足を踏み入れる。創立者である大隈重信の銅像を見上げ、3号館の前で、ランニング中の学生・茂（尾美《おみ》としのり）を呼び止め、由紀ちゃんに会いたいと告げる。

　マンモス大学のことだ、由紀ちゃんだけで分かるはずもないが、茂の努力で第一文学部に在籍していることが判明し、西洋近代史の講義がある教室で待つ寅さん。この間、黄葉したイチョウの葉が風に舞い、その下をラフな格好の学生が行き交う場面が差しはさまれ、大隈記念講堂もチラリと映る。

　やがて、教授（三國一朗《みくにいちろう》）による産業革命の講義が始まる。「そもそも、インダストリアル・レボリューションとは……」とごく初歩的な説明から切り出すが、寅さんにはからっきし分からない。インダストリアル・レボリューションを「インドのとうりゃんせって言うの、

教授「きみは産業革命を知らないのか?」、寅「知らない」、教授「あなた、聴講生?」、寅「はい」などのやり取りが出色。寅さんが天ぷら学生(偽大学生)となったのは、この作だけである。

ぜんぜん分かんない」とやって、教室中は笑いの渦。

講義をかき乱された教授は、苦笑しつつ「困った人だなあ、あなた聴講生?」。そこから、産業革命に大きく貢献したジェームズ・ワットに話が飛んで、講義はいよいよ収拾がつかなくなってしまう。犯人は、またしても寅さんだ。

当のワットを知るはずのない寅さんの頭にあるのは、**第20作「寅次郎頑張れ!」(1977年)**に登場した良介(中村雅俊《なかむらまさとし》)の渾名「ワット君」だ。ワット君の自殺未遂事件を面白おかしく語る寅さんの話術に、教室中に笑いが弾ける。初めは困惑の体だった教授までが、反り身になって大笑いする始末だ。

寅さんに通じる早稲田の反骨精神

早大は、大隈重信が創立した東京専門学校を前身とする。開校は明治15(1882)年のことだ。当時、周囲は田圃だらけだった。早乙女《さおとめ》が歌う田植え唄が、田の上を渡っていたのではなかろうか。

佐賀藩士を父として生まれた大隈は、旧弊なことに固執する藩に飽き足らず、蘭学、後には英語を学んで脱藩する。明治初年、大英帝国の公使パークスとの巧みな交

早稲田大学

渉で明治政府に認められ、トントン拍子に出世。財政面でも手腕を発揮、一時は総理大臣に匹敵する権勢を得た。しかし、明治14（1881）年の政変で下野する。野に下ってもおめおめと引き下がらないのが、大隈の真骨頂だ。失脚の翌年には、立憲改進党を立ち上げ、東京専門学校を創設するのである。同校は政治経済、法律、理学、英語の4学科でスタートした。明治政府は失脚した大隈を追い込むため、学校への誹謗中傷を行った。

銀行が融資できないように工作したり、悪評を立てて入学者を阻止するような行動に出た。かくの如き状況下で開学した東京専門学校であってみれば、かえって教師と学生の反骨精神を煽る結果を招いた。この反骨精神こそ、後に早大から政治家やジャーナリストを輩出する源泉となったのだった。

小説家も群がり出た。五木寛之もそのひとり。『青春の門』の主人公・伊吹信介もまた、反骨心が旺盛だ。筑豊から上京した信介は、早大の門を叩いた。信介が立ち寄った「五、六人も坐ればいっぱいになりそうな小さな店で、おでんとシューマイが売りもの」の一杯飲屋のモデル「源兵衛」のノレンをくぐったことがある。店内は、政府批判の気炎を上げる早大生で一杯だった。学生運動華やかなりし頃の体験である。私立大学の一方の雄、慶應義塾大学は、体制容認派が大勢を占めているのとは対照的だ。映画のタイトル「サラダ記念日」は、早大出身の俵万智《たわらまち》の歌集『サラダ記念日』に基づくことは言うまでもないだろう。映画公開の前年昭和62（1987）年に発表され、大ベストセラーとなった歌集である。

早稲田の反骨精神やバンカラ気質は、寅さんの心根に一脈通じるところがあり、「早稲田の杜」にすんなりと溶けこんでいた寅さんであった。

女医の真知子（マドンナの三田佳子《みたよしこ》）に惚れた寅さん。真知子も寅さんのことは、「優しくて、信頼できる、頼れる大人」と感じていた。真知子の姪で早稲田大学に通う由紀は、密かに寅さんの恋を応援していたのだが……。

◉伝通院◉文京区小石川

於大の方の墓前で恋の手ほどき

「お前は嘴の黄色いヒヨコも同然」

シリーズ前半の作品では自分の恋で手一杯だった寅さんだが、中盤以降になると恋する若者同士のコーチ役を買って出る。**第35作『寅次郎恋愛塾』（1985年）**もそうした作である。

寅さんは、長崎県五島列島の中通島《なかどおりじま》で若菜（マドンナの樋口《ひぐち》可南子《かなこ》）と知り合う。数日後、若菜からの便りが届く。気もそぞろの寅さん、礼状の末尾に記された住所を頼りに、若菜のアパートを探し出す。そこで、同じアパートに住む民夫（平田《ひらた》満《みつる》）が若菜にホの字なのを察する。彼は司法試験を目指して猛勉強中のはずが、勉強が手につかない。寅さんは純情な若者に弱い。では、自分が恋の橋渡しをしてやろうとなった。

そして、民夫を呼び出したのが文京区小石川の伝通院である。徳川家の菩提寺であり、増上寺に次ぐ檀林《だんりん》である。徳川家ゆかりの女性の墓が数多く建てられている。

寅さんは持ち前の強引な話術で、若菜に対する民夫の

「お前、若菜ちゃんに惚れてんだろ?」「はい、惚れてます」「よし、そうと決まったら勝負に出よう」と民夫に愛の告白の手ほどきをする。伝通院で背景となった墓は、恐れ多くも徳川家康の生母・於大《おだい》の方《かた》である。

本音を確かめた。

「よし、そうと決まったら勝負に出よう……今度の日曜日、俺がお前と三人で、映画にでも行こうとあの娘《こ》を誘う」

「僕と寅さんと若菜さんとで、ですか?」

「そうよ。当日、俺がにわかの腹痛《はらいた》、行けない。お前とあの娘が、二人でデートする」

「僕は、そんたら、人を欺すようなことはできません。法曹をめざす人間として」

そんな態度なら、俺の知ったことじゃないとばかり、背を向けて立ち去ろうとする寅さん。あわてて引き止める民夫に向かって、大口をたたく寅さんだ。

「それは、お前は秀才かも知れない」。ここで手を大きく広げた寅さん、「法律のことはこんなに知っているかもしれない。しかし、こと色恋の道にかけては、俺の前では、お前は嘴《くちばし》の黄色いヒヨコも同然だよ」。失恋ばかりのくせに、大きく出たねえ。

幕末の志士・清川八郎も眠る伝通院

寅さんが即席の恋愛塾を開講したのは、徳川家康の生母・於大《おだい》の方《かた》の墓の前である。著名人の墓が多い伝通

前頁の於大《おだい》の方《かた》の北側にある2代将軍・徳川秀忠《とくがわひでただ》の子で、豊臣秀頼《とよとみひでより》の妻・千姫《せんひめ》（秀頼没後は姫路新田藩藩主・本多忠刻《ほんだただとき》の妻）の墓。隣には3代将軍・家光《いえみつ》の3男で早世した亀松《かめまつ》の墓が並んでいる（筆者撮影）。

第35作「寅次郎恋愛塾」（1985年）の製作発表記者会見。恋する純朴な若者を演じた民夫（平田満《ひたたみつる》）は、最後に若菜（マドンナの樋口可南子《ひぐちかなこ》）とめでたく相思相愛となるが、恋のズッコケぶりは寅さんに肉薄していた。

院にあって、際だって立派な墓だ。それはそうだろう、元は寿経寺《じゅきょうじ》と呼ばれていた寺を、於大の方の法名「傳通院殿」にちなんで「伝通院」と称されるようになったのだから。

於大の方は三河《みかわ》国（愛知県東部）の岡崎城主・松平《まつだいら》忠広《ただひろ》に嫁いで、家康を産んだものの、戦国の世のならい、実家と松平家が敵対関係に陥り、家康とは別れ別れに暮らさざるを得なかった。それでも、家康との音信だけは絶やさなかった、と伝わる。

同寺には、数奇な運命にもてあそばれた千姫《せんひめ》の墓もある。豊臣秀頼《とよとみひでより》に嫁したものの、徳川家の攻撃によって大坂城が落城、夫は炎に包まれて死んだ。その後、本多忠《ほんだただ》刻《とき》に再嫁したが、またもや夫と死別。「夜ごとの男漁《おとこあさ》り」との事実無根の艶聞が立った。

戦国武将の家に生まれた女性は、想い人に添うことはまずできなかった。政略結婚が当たり前の世の中だったのだ。寅さんの恋愛塾に入ったところで、どうにもならない。

歴代将軍の夫人たちが眠る中に、新選組結成への流れをつくった幕末の志士・清川八郎《きよかわはちろう》、小説『眠狂四郎《ねむりきょうしろう》』シリーズなどで知られる柴田錬三郎《しばたれんざぶろう》の墓もまじる。

◉とげぬき地蔵◉豊島区巣鴨

第1作でタンカバイが炸裂した場所
「もう、ヤケだぞ、チクショー」

シリーズの見せ場の一つは、寅さんが披露する、めっぽう威勢のいい口上のシーンだろう。タンカを切りながら品物を売るタンカバイで、**第1作「男はつらいよ」（1969年）**の本作で早くも炸裂する。

ところは東京・豊島区巣鴨のとげぬき地蔵である。線香の煙が漂い流れる中、舎弟の登（秋野太作《あきのたいさく》）が、あくびをしながら雑誌を売《ばい》している。雑誌を蹴飛ばして割って入った寅さん、「もっとましな売ができねえのか」とばかりに、立て板に水のごときタンカを切った。

「もう、ヤケだぞ、チクショー。ヤケのヤンパチ、日焼けのなすび、色が黒くて食いつきたいが、あたしゃ入れ歯で歯が立たないよと来やがった。角は一流デパート、赤木屋、黒木屋、白木屋さんで、紅おしろいつけたお姉ちゃんから下さい、頂戴《ちょうだい》でいただきますと、五百が六百は下らない品物《しなもん》です……」

いかがです、流暢《りゅうちょう》なもんじゃありませんか。

とげぬき地蔵の名で親しまれているのは、巣鴨地蔵通りにある高岩《こうがん》寺のご本尊・延命地蔵菩薩だ。秘仏とあって、参拝者が直接拝観することはできないが、本尊の御姿を和紙に印じて、開眼法要を済ませた「御影《おみかげ》」や「御守護《おまもり》」をいただくことができる。「御影」を病気の際に飲んだり、痛いところに貼ると治る、という。

寺の正式名称は曹洞宗萬頂山高岩《そうとうしゅうまんちょうざんこうがん》寺。16世紀末、湯島に開山し、明治の半ばに現在地に移転してきた。移転当時は公共交通機関もなく、断絶の危機を迎えたが、門前の商店や露天商らが高岩寺を支え、縁日も毎月四の日（4・14・24日）の3回となり、危機を脱した。今日では「おばあちゃんの原宿」と呼ばれ，年間８００万人を迎える賑わしさ。

巣鴨プリズンで歴史に刻まれる場所

８００ｍ弱の巣鴨地蔵通商店街には約２００軒の商店が軒を連ねる。生鮮品や日用品などを扱う地域密着型の店ではなく、観光客向けの店が多い。

地蔵煎餅、最中、金太郎飴、塩大福などの和菓子系が目立つ。赤パンツ専門店に、おばあちゃんが「これ履くと、若返っちゃうのよねえ」などと言いながら、群がっ

平日でも通りはこの賑わいである。休日や縁日ともなれば、それこそ文字通り「おばあちゃんの原宿」状態となる。とげぬき地蔵は、国道17号に面した商店街の入口から100mほど入った右側にある。

AMERICAN EXPRESS
平井歯科
土・日曜日診療
←入口
3917-0871
巣鴨地蔵
とげぬき地蔵
賃貸マンション
補聴器
←この先
巣鴨 3-17

高岩寺の本堂の脇に置かれた洗い観音にも長蛇の列ができる。観音の石像に水をかけ、病の治したい部分を洗ってやると、快癒するご利益があるとされる。江戸時代から訪れる人が絶えなかった（筆者撮影）。

ている。昨今のおばあちゃんを侮ってはなるまい。

池波正太郎の『鬼平犯科帳』シリーズの一編『女掏摸《おんなすり》お富』に、中山道・巣鴨の往時の様子が描かれている。

「このあたりも当時は江戸郊外であって、北方に広がる田地と木立の田園風景はそのまま王子権現の森へつながってゆく」。

いまだ、「おばあちゃんの原宿」の片鱗すら感じられない。高崎までの中山道は、おおむね現在の国道17号に沿った旧道で、巣鴨地蔵通商店街も入口は17号線に面している。

明治・大正期の社会主義者・大杉栄《おおすぎさかえ》は、その著『獄中記』において「巣鴨行きと言えば、世間では、電車は別として、多少気の触れた人間のことを指すが、僕等の間では監獄行きのことになる」と記した。

「気の触れた」は東京府癲狂《てんきょう》院から改称された東京府巣鴨病院、後者は警視庁監獄巣鴨支所（のち、巣鴨拘置所、巣鴨プリズン）を指している。日本が軍国主義へとひた走っていた時代、ゾルゲ事件の首謀者リヒャルト・ゾルゲと尾崎秀実《おざきほつみ》が巣鴨拘置所に収監され、絞首刑が執行された。延命地蔵菩薩様は、軍国主義が歴史に刺した棘にも効くのだろうか。

◉神田神保町◉千代田区神田神保町

掛け値なし、世界最大の古書店街

大滝秀治が古書店の親父を好演

「お父さん、古本屋のオヤジって、どうしてあんなに威張ってんのかな？　ありがとうも言わずにさ」——帰って来るなり、私の息子が訊ねた。彼がまだ大学生の頃だから、18〜19年前のことだったろう。

第17作「寅次郎夕焼け小焼け」（1976年）を観直すたびに、右のやりとりが脳裏に浮かんでくる。寅さんが、神田神保町の古本屋・大雅堂を訪れる一コマがあるからである。

寅さんは上野の酒場で酒代を肩代わりし、「とらや」に薄汚い爺さんを引っ張り込んだ。したたかに酔っていた爺さんは、「とらや」を宿屋と勘違いし、風呂を沸かせの、ウナギを食いたいだの、わがままの言いたい放題だ。おいちゃん、おばちゃんは、腹を撫でさすって怒りをこらえている。

だが、自分の居場所が宿屋でないと分かって平謝り。詫びのしるしにと、画用紙を出させ、筆でスルスルと絵

毎年開かれる神保町ブックフェスティバル。すずらん通りの横断幕には「世界一の本の街」と掲げられている。街区全体が書店・古書店・出版社で成り立ち、中古のCDやレコードショップも多く、学生の街でもある。

㊤映画では大屋書房の入口に「大雅堂」の金文字を入れて入口のみを撮影している。㊦和本などを扱う大屋書房は、三省堂の近くで現在も営業している。

を描き、神田の古本屋に持っていけば、何がしかの金銭を融通してくれるはず、と言い出した。

　半信半疑の寅さんだったが、爺さんの言うとおり、大雅堂に絵を持ち込んだ。書棚には世界古典文学全集、東洋美術史大系、大八洲図説などが並んでいる。どう見ても、寅さんは場違いだ。

　キョロキョロと書架を眺める寅さんに不審を抱いた店主（大滝秀治《おおたきひでじ》）、分厚いメガネの下からすくい上げるように様子を観察し、「何かお探しかな」。奥の番台のようなレジに陣取って、絶妙な間で声をかけた。目玉のギョロとした海坊主そっくりな風貌である。

　寅さんが、かくかくしかじかと絵を持ち込んだ事情を説明すると、海坊主、いや店主は、ともかく絵を見せなさい、と命令口調だ。

　近頃では、高名な画家の偽作を持ち込む輩《やから》があとを絶たないらしい。現物を一目見るなり、画壇最高峰である池ノ内青観《いけのうちせいかん》（宇野重吉《うのじゅうきち》）の偽作と見当をつけた。なおも真贋を確かめるべく、拡大鏡でためつすがめつ。やっと、本物と分かり、寅さんにいくらなら売るつもりかと訊ねる。

　すると、寅さんは「電車賃を使ったことでもあるし」と指を1本立てる。一千円のつもりだ。それは高い、と今度は店主が指を5本立てて見せた。「半分かぁ」と500円男の寅さんが渋ると、「じゃあ、もう1本」と指6本を立て、奥の従業員に向かって、「吉田、6万円の領収書書いて」。

「6万円」と寅さんが驚愕すると、「気にいらないか。じゃあ、もう1本色つけよう」となって、都合7万円が濡れ手に粟という一幕。昔の古本屋には、こうしたオヤジが居座っていて、値踏みでもするが如き視線を客に投げていたものだ。その感じを巧みに出している大滝秀治

すずらん通りに店を構える虔十書《けんじゅうしょ》林《りん》の店内。映画や詩の関係の書籍が充実していて、「男はつらいよ」関連のパンフレットや資料もご覧の通り充実している（筆者撮影）。

の演技には舌を巻いた。演技陣も達者だが、美術監修者の技量にも感嘆させられた。

実は、大雅堂という古書店は神保町には実在しない。神保町交差点から靖国通りを進んで三省堂書店の手前にある大屋書房の外観だけを撮影し、内部のシーンはセットで撮影したのだという。神保町にはずいぶん足を運んだつもりだったが、ものの見事に騙された。それほど、「らしい」のである。

１５０店舗が軒を連ねる知の迷宮

「寅次郎夕焼け小焼け」は、昭和51（１９７６）年に公開された。古本屋といえばブックオフしか知らぬ息子の世代からすれば、ずいぶんと愛想のない店主と映るだろう。だが、書物の目利きに関しては、ブックオフのアルバイターとは雲泥の差だ。

ブックオフの直営1号店が神奈川県相模原市に出店したのは平成2（１９９０）年。以来30年を超す歳月が経過し、国の内外で７００店舗を数える、という。しかし、ブックオフが近々30年の歴史なのに対し、神保町・古本屋街のそれは厚みを備えている。

古書店密集地としてはパリ・セーヌ河畔も有名だが、神保町のそれは世界最大とされている。古書店数は、優に１５０は超えていよう。

神保町の名は、17世紀後半、幕臣の神保長治《じんぼうながはる》がここに邸地を拝領したことに由来する。明治時代後半には、古書店街としてのまとまりを形づくっていたようだ。出版社、新刊書店を含めて本の町が形成されたについては、神田地区への私立大学の集中、インテリ層の進出があった。町の生命力には端倪《たんげい》すべからざるものがあり、大正12（１９２３）年の関東大震災で全滅したのに、わずか1年後には復旧しているほどだ。

古書といっても、さまざまなジャンルがある。郷土史の宝庫ともいうべき秦川《しんせん》堂書店、自然科学の分野に注力している明倫館書店、法律書の巌松堂図書、音楽愛好家が通う古賀書店、映画・演劇図書が充実している矢口書店、鉄道関係の篠村書店など、特定分野に特化している古書店が目立つ。まさに知の迷宮である。

すずらん通りの虔十書林《けんじゅうしょりん》は、規模こそ小さいが、映画・詩集がよく揃っている。入って左手の棚が映画関係で、小生の書棚にも収まっている『鞍馬天狗のおじさんは聞書アラカン一代』（竹中労／白川書院）を見出して、思わずニンマリ。

寅さん関連の資料はないかしら。ご主人に訊ねたところ、たちどころにパンフレットやスチール写真などが目の前に並んだ。これだから、神保町詣ではやめられない。ほぼ真向かいに、古書店街の案内所も置かれている。

◉胸突坂◉文京区本郷

かつての旅館街の面影残す急坂

光枝に好意を抱かれる寅さんだったが……

東京都区部を自然地形的に分類すれば、東部の下町低地、西部の武蔵野台地に二分できる。武蔵野台地の上に乗っている区部には、「○○台」と呼ばれる地が目立つ。

第28作「寅次郎紙風船」（1981年）には、文京区の本郷台の胸突坂《むなつきざか》の場面が出てくる。光枝（マドンナの音《おと》無美紀子《なしみきこ》）が働いている旅館が胸突坂の途中にある、との設定だ。

本郷台の東端は上野の不忍池《しのばずのいけ》へかけて、南端は神田川へかけてしだいに低くなっており、台地と低地は坂道で結ばれている。不忍池方面へは無縁坂、暗闇坂、切通坂、神田川方面へは潮見坂、団子坂、菊坂、そして胸突

第28作「寅次郎紙風船」（1981年）の製作発表記者会見で行われた「もちつき大会」。マドンナ（音無美紀子《おとなしみきこ》）、寅さんと旅した家出娘の愛子（岸本加世子《きしもとかよこ》）ら一同が揃う。満男はまだ小学生の設定である。

㊤文京区の関口にも同名の坂があるが、そこは階段坂である。本郷の胸突坂は、道幅4ｍにも満たない急坂である。㊧菊坂下から上りきったところに、現在休業中だが下宿屋時代の名残をとどめた鳳明館がある（2点とも筆者撮影）。

胸突坂

坂などがある。小冊子『ぶんきょうの坂』（文京ふるさと歴史館）に掲載されている区内の坂は115。うち二つは今は姿を消したが、実数は115を上回るようだ。

光枝は、寅さんのテキヤ仲間で、福岡県朝倉市秋月（福岡藩の支藩である秋月藩藩庁があった城下町）に住むシッピンの常《つね》（小沢昭一《おざわしょういち》）の女房だったが、死を間近にした常は「俺が死んだら、光枝を女房に貰ってくれ」と言い残したのである。常を見舞うテキヤ仲間が誰一人いないなかにあって唯一、亭主を見舞ってくれた寅さんに、光枝は好意を抱く。

亭主の死後の後始末を終えた光枝は上京し、胸突坂の旅館・章文館で働きだすと同時に、寅さんに便りを寄越したのである。便りを読んだ寅さんは、たちまち舞い上がり、章文館に駆けつけたという次第だ。

「そんなこと言ってくれるの寅さんだけよ」

胸突坂は、菊坂下の交差点から菊坂を登ってすぐ、本郷五郵便局の前で左折する坂。長さ100m足らずの短い坂だが、菊坂が緩やかなのとは打って変わって急坂である。坂沿いには、鳳明館といった古い和風旅館の看板が目立つ。

山田監督は少年時代、旧満州で育った。そこは、ひたすらコーリャン畑が続く平原の荒野であり、箱庭を思わせる起伏の多い日本とは対極的な光景が広がっていた。少年時代の一時期、東京で過ごした山田少年にとって、満州では目にしたことのない山あり谷ありの故郷が憧憬となって、舞台の一つに選んだのではないか。

第35作「寅次郎恋愛塾」（1985年）の若菜（マドンナの樋口可南子《ひぐちかなこ》）が住むアパートは文京区の旧小石川戸崎町との設定だが、アパートへの道筋となる急坂を若菜が登るシーンは、山田監督の嗜好を示唆する。

章文館を探し当てた寅さんが玄関を開けると、浴衣の上に丹前を羽織った客（関敬六《せきけいろく》）が鏡を前に髭を剃っている。意を通じると、掃除中だった光枝が現れ、寅さんに「外で」と言い、女将に断りを入れる。

救急車のサイレンが響く中、光枝は、亭主が大事にしていた財布を「形見よ」と言って手渡す。受け取った寅さんが「何か辛いことねえのか」と聞くと、思いの丈を目に込めて「どうもありがとう。そんなこと言ってくれるの寅さんだけよ」。

2階にいる女将が、当てつけがましく窓掃除をしながら、冷たい視線をふたりに投げるのだった。どうやら、居心地のいい働き口ではないらしい。こりゃ、脈がありそうじゃありませんか。と考えるのは贔屓《ひいき》が過ぎるらしく、寅さんの恋はまたまた空振りに終わるのだった。

本郷は多くの文人に愛された高級下宿街

文京区は昭和22（1947）年、本郷区と小石川区が合併して誕生した。「本郷」「小石川」のどちらの字も入らぬ区名となっているのは、「文教の府」との思いを込めてのことらしい。加賀前田家の屋敷跡に東京帝国大学が設置され、周辺に出版社が集まり、それに伴って文人が多数、移り住んだという歴史を踏まえているわけだ。

文京区が「文教の府」を自認した一因は、本郷に文人ら多数が下宿したことにある。中でも、広く知られているのが、菊坂沿いの高級下宿・菊富士ホテル。開業は明治時代半ばのことだ。利用者には谷崎潤一郎《たにざきじゅんいちろう》、尾崎士郎《おざきしろう》、直木三十五《なおきさんじゅうご》、坂口安吾《さかぐちあんご》、菊池寛《きくちかん》らの作家、大杉栄《おおすぎさかえ》、溝口《みぞぐち》健二《けんじ》、三木清《みききよし》ら著名人の名があげられる。石川啄木《いしかわたくぼく》が下宿した蓋平館《がいへいかん》（のち太栄館《たいえいかん》）の玄関前には、啄木碑が据えられている。

昭和に入ると下宿屋は旅館街となり、修学旅行生のメッカとなっていく。昭和3（1928）年には120軒もの旅館があった、という。

映画公開時はまだ、旅館街としての体裁を保っていた。胸突坂下から坂上をとらえたシーンには、旅館の看板がつらなるように映し出される。だが、平成へと時代が変わると、一軒また一軒と廃業していき現在は数えるほどに数を減じた。章文館もすでに閉館し、現在は本郷倶楽部の看板を掲げる。胸突坂と一つらなりの菊坂下には、樋口一葉の住居跡、近くには彼女が通った質屋が保存されている。本郷の坂道を歩くにあたっては、近藤富江《こんどうとみえ》の『本郷菊富士ホテル』（中公文庫）を携えてゆきたい。

◉ホテルニューオータニ◉千代田区紀尾井町

ホテル御三家と称された名門

「ホテルなんかに驚かされてたまるかい」

旅から旅へのしがない旅烏の寅さんにとって、宿屋をどこにするかは一大事である。

帝釈天参道とはガラス戸一枚で隔てられただけの団子屋に育った彼は、密閉度の高いホテルの部屋に泊まると牢獄に閉じ込められたような気になる。「とらや」で食

胸突坂|ホテルニューオータニ

第1作「男はつらいよ」(1969年)。ホテルニューオータニで見合いをぶち壊したあと、朝日印刷の工員と寅さんは険悪な関係に。思いあまった博は、寅さんと差しで話し合いに臨む。散々悪態をつく寅さんだが、結果は博のさくらへの恋慕を応援することになる。

べつけているのは、ナイフやフォークとは無縁の和風料理ばかりだ。ホテルは大の苦手、どうあっても和風旅館でなければ落ち着かないのである。そんな彼の性向は、**第1作「男はつらいよ」(1969年)**から歴然としている。20年ぶりに故郷に錦を飾ったつもりの寅さんは、一丁前の挨拶をしてのけ、「とらや」一同を安堵させた。それも束の間、たちまち化けの皮が剥がれる事態に。妹・さくらの見合いをぶち壊してしまったのだ。見合いの相手は上流階級の御曹司とあって、席は千代田区紀尾井町のホテル・ニューオータニに設けられた。ホテルに向かうタクシーの車中で、寅さんはホテルに

㊤東京オリンピックの賓客需要を満たすために昭和39(1964)年に開業したホテルニューオータニ。㊦ニューオータニでの結婚式から逃げだしたひとみ(マドンナの桃井かおり)は、タクシーに乗ってそのまま「とらや」に駆け込んだ。

対する敵意を剥き出しにする。

「なあ、さくらよ。ホテルなんて英語にいちいち驚いてちゃいけねえよ。当節はな、ちょいとした連れ込み旅館だって、生意気にホテルだい、ホテルなんかに驚かされてたまるかい」。

だが、タクシーが車寄せにすべり込んだとたん、口をあんぐり。赤坂の谷筋を睥睨《へいげい》するように建つ、堂々たる外観のホテルに気を呑まれてしまう寅さんなのだった。

見合いの席でも、取り返しのつかない失態を演じてしまう。スープはズルズルする、皿の食べ物をフォークで切り損なって御曹司の頭にふっ飛ばす。あまつさえ、「結構毛だらけ猫灰だらけ尻のまわりは糞だらけ」とやってのけ、座はしらけ返ってしまった。当然ながら、見合い話はお流れ、という一席。

このホテルでは、**第23作「翔んでる寅次郎」（1979年）**において、ひとみ（マドンナの桃井《ももい》かおり）と邦男（布施明《ふせあきら》）の結婚式も行われた。このときはひとみが会場から逃げ出して途中で中止に。大団円でひとみは邦男と帝釈天参道にある川千家《かわちや》で再度式を挙行している。

ホテルニューオータニは、東洋一の規模との触れ込みで、日本で最初の1000室級ホテルとして昭和39（1964）年に開業した。帝国ホテル（千代田区内幸町）、ホテルオークラ（港区虎ノ門）と並んで、ホテル御三家と称された名門ホテルだ。

東京オリンピックが開催された年の開業で、その2年前にオープンしたのがホテルオークラである。オリンピックを当てこんで、相次いで大型ホテルがお目見えした時期。第1次ホテルブームの到来と、マスコミを賑わせた。

◉帝国ホテル◉千代田区内幸町

菊が見栄張って泊まった超一流ホテル
バスで小用、ベッドで跳び跳ねる寅さん

ホテル騒動の第2幕は、**第7作「男はつらいよ 奮闘篇」（1971年）**で演じられた。

生みの親の菊（ミヤコ蝶々《ちょうちょう》）が、タクシーで帝釈天参道の「とらや」の店先に乗りつけた。腹を痛めたわが子に会いに来たのだ。あいにく、寅さんは旅の空にあり留守。菊は寅さんへの伝言を頼む。「帝国ホテルに泊まっているので」とくどいほど念押しして、そのままタク

ホテルニューオータニ｜帝国ホテル

シーで去った。

菊は京都でグランドホテルを経営している。ここはご大層な名にふさわしからぬ、連れ込み旅館である。**第2作「続 男はつらいよ」（1969年）**で、寅さんが菊を訪ねる場面の舞台となる。上京して格式高い帝国ホテルに宿ったのは、精一杯の見栄なのだろう。

さくらと共に菊が泊まる帝国ホテルにやって来た寅さん、着いて早々、母親を嘆かせる醜態をさらすことになる。洋式トイレなどない家庭に育った男であるから、トイレとバスが同じ空間に備えてあるスタイルが理解できない。バスで小用を足してしまい、それを得々としゃべり散らすのであった。

㊤現在の2代目帝国ホテル。後ろの茶色い建物がタワー館。㊦明治23（1890）年に竣工した初代帝国ホテルの「ライト館」。解体後に正面玄関が明治村に移設され、登録有形文化財となっている（筆者撮影）。

あまりの情けなさにうつむく菊をよそに、ベッドで飛んだり跳ねたり。堪忍袋の緒がきれた菊は、息子を罵倒するのだった。

数多の海外賓客をもてなした超名門

帝国ホテルは、明治時代の半ばの明治23（1890年）に竣工した。130余年の歴史を持つ同ホテルは、都心一等地の日比谷に4000坪を超える敷地を有し、わが国を代表するホテルと目されてきた。同ホテルの経営には、渋沢栄一《しぶさわえいいち》も深くかかわっている。

「帝国」の文字を冠しているように、国策に沿ったホテルとして外国からの賓客をもてなし続けてきた。投宿した有名人は数えきれない。各国の元首はいうまでもなく、映画人に限ってもチャップリン、ジェニファー・ジョーンズ、ケリー・グラント、シルベスター・スタローン……。そして、マリリン・モンロー、ジョー・ディマジオ夫妻が投宿して話題をさらったのは、昭和29（1954）年のことだった。

ホテル建築の歴史上でも、帝国ホテルの名をはずすことはできない。2代目となる建物を手がけたのが、世界的な建築家フランク・ロイド・ライトである。

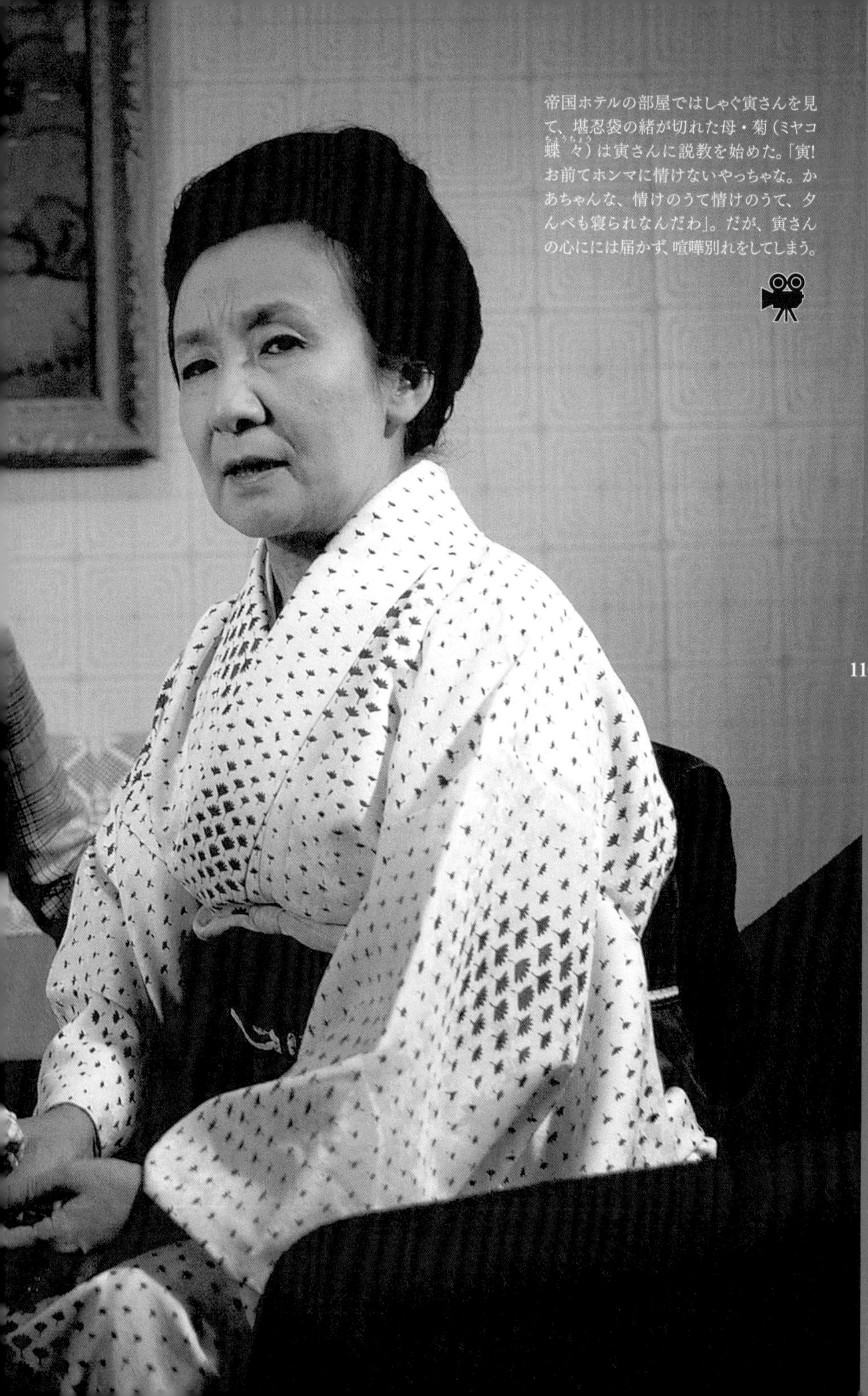

帝国ホテルの部屋ではしゃぐ寅さんを見て、堪忍袋の緒が切れた母・菊（ミヤコ蝶々《ちょうちょう》）は寅さんに説教を始めた。「寅! お前てホンマに情けないやっちゃな。かあちゃんな、情けのうて情けのうて、夕んべも寝られなんだわ」。だが、寅さんの心にには届かず、喧嘩別れをしてしまう。

大正12（1923）年に竣工した2代目は、特異なデザインが注目を集め、設計者ライトの名にちなみ、「ライト館」と呼ばれた。昭和42（1967）年に惜しまれつつ取り壊され、現在は愛知県犬山市の明治村に一部が保存されている。

現在の本館は、昭和45（1970）年に開業（タワー館は1983年）。すでに半世紀を超えているところから、2036年度までに建て替える予定、という。

◉東京駅◉千代田区丸の内

日本最大のターミナル駅
寅さんには東京駅はどうにも似合わない

空港を別とすれば、東京という大都会は二つの玄関口を備えている。西に開かれた東京駅と、北へ向かう上野駅である。

東京の玄関口という点では同じであっても、二つの駅は正反対の雰囲気をたたえている。上野駅には北の匂いが満ちているのに反し、東京駅には西の香りがしないのだ。時代をさかのぼればさかのぼるほど、両駅の差異は明らかとなる。

昭和35（1960）年前後、東京に居住する新婚さんの場合、新婚旅行の典型的プランは、伊豆か箱根へ2泊するというスケジュールであった。熱々のカップルのために、専用の列車が仕立てられ、「新婚列車」と呼ばれた。東京―伊東・修善寺間の準急「いでゆ」が代表的な列車だ。時代の風潮を読むことにたけた松本清張は、すかさず「いでゆ」を作中に取り込む。『黄色い風土』だ。

3時には伊東行きの「いでゆ」が出るのだが、周知のように、これは新婚組のために、ロマンスカーが連結されている。その見送り人のために、列車が出るまでは、いくつもの披露式場の雰囲気がこのホームに重なり合い、ぶつかり合っている。そして、カップルは「万歳、万歳」「行ってらっしゃい」の歓呼に送られて旅立っていくのである。

では、「男はつらいよ」の場合はどうか。シリーズ最終盤、寅さんの甥っ子・満男（吉岡秀隆《よしおかひでたか》）の出番が多くなる**第42作「ぼくの伯父さん」（1989年）**に至るまで、東京駅から旅立つケースは皆無と言ってもいいほどなのである。旅稼ぎの寅さんは、京成金町線柴又駅の上りホームから京成電車に乗り、上野駅から旅に出るとい

巨大ターミナル東京駅。駅舎の復原工事は、平成24（2012）年に完了。八重洲口に庇のように突き出たグランルーフが誕生したのは、平成25（2013）年であった。この空撮写真は、グランルーフ竣工直前の様子を写している。

平成24（2012）年、東京駅の復原工事が完了し、両翼にドームを持つ竣工当時の姿を取り戻した。ここは東京の西の玄関口で、昭和40・50年代の夜行全盛期には、数十本のブルートレインや夜行列車が発着していた。

うパターンを繰り返す。ふところ具合の寂しい彼に、準急や急行、ましてや新幹線に乗る余裕などはない。煤けた地下食堂で妹・さくらから旅費を用立ててもらわねば、旅立つことすらできない。おのれの不甲斐なさに、ただただうつむくばかり。やはり、寅さんは東京駅よりも上野駅のほうが似合うのである。

東京駅からブルートレインに乗って九州へ

第40作「寅次郎サラダ記念日」（1988年）などで、スルメを肴に安酒を口にしつつ鈍行列車に身を預けているのが常態の彼にも、ついに寝台特急に乗車する日がやってきた。**第43作「寅次郎の休日」（1990年）**での話。東京―西鹿児島（現・鹿児島中央）を結んでいたブルートレイン「はやぶさ」に乗車したのだ。無断で家を飛び出した満男を探し出すためである。行く先は大分県の日田《ひた》市。その間、艶っぽい泉の母・礼子（マドンナの夏木《なつき》マリ）と同伴する寅さんだったが……。

赤レンガ造りの東京駅が開業したのは、第一次世界大戦が始まった大正3（1914）年のことだ。明治16（1883）年開業の上野駅から30年ほど遅れての出発だった。設計者は辰野金吾《たつのきんご》。有名な鹿鳴館《ろくめいかん》を設計したジョシア・コンドルの一番弟子である。

開業当初の東京駅周辺のたたずまいを、俳人の高浜虚子《たかはまきょし》は次のように記した。

「今の三菱村がまだ原であった時分、その原の一隅に今の東京駅が出来た。その頃の東京駅はただ広くって、旅客があちらに一人こちらに一人、駅員も尋ね廻らねば見当らぬという状態であった」

「三菱村の原」とあるのは、三菱財閥の総帥・岩崎弥之助《いわさきやのすけ》が買い取った原っぱの土地の意。現在の丸の内だ。弥之助がこの土地を買った時には世間の物笑いになったが、彼は「竹でも植えて虎を放し飼いにする」と豪語した、という。

平成24（2012）年、東京駅を戦災前の姿に戻す復原工事が成った。乗車人員が1日平均46万人強、ホームが在来線、新幹線合わせて11面、22線、それに大規模な地下街などが加わる。こんなばかでかい駅舎に虎ならぬ寅さんを放ったのでは、迷子になること必定だろう。

新1万円札が令和6（2024）年に発行されるが、新札の表面はNHKの大河ドラマ「青天を衝け」の主人公・渋沢栄一、裏面には東京駅が印刷されることに決まっている。

◉渋谷駅◉渋谷区道玄坂

待ち合わせ＝ハチ公前の時代があった

ロケ地の変遷に世相が映し出される

小生、幼少期は東京の世田谷区で育った。区のほぼ真ん中あたりである。当時の子供らの行動範囲は狭く、西は多摩川、東は三軒茶屋あたりまで。両親に手を引かれて渋谷まで出ると、たいそう晴れがましい気分になったものだ。柴又という土地の名は耳にした覚えさえない。生活圏域がまったく異なっていたのだ。ひるがえって、柴又の住人にとって、渋谷、世田谷、杉並、目黒などに出向く折は、ごく限られていたに違いない。都内でも随分、稼いでいる寅さんにしてからが、前記の4区に足を踏み入れた形跡はない（第13作「寅次郎恋やつれ」を除く）。

けれども、満男の世代になると、ぐっと行動範囲は拡大している。満男が通う大学は、東京の西端に位置する八王子市にあるのだ。

第32作「口笛を吹く寅次郎」（1983年）を観てみようか。主たるロケ地は岡山県の高梁市。寅さんが、寺の住職のバツイチ娘・朋子（マドンナの竹下景子《たけしたけいこ》）にぞっ

住職からも信頼され、地域の人にも親しまれ、本気で寺の跡取りを想像する寅さん。朋子（マドンナの竹下景子《たけしたけいこ》）も寅さんに惚れているのが、しっかりと伝わってきた。

㊤6・7年程前のハチ公前。写真奥に見える東急の5000系電車「青ガエル」は、現在、ハチ公の故郷・大館に移設されている。㊦平成12(2000)年当時の東横線のホーム。モダンな波形の屋根が、一時代を語る（2点とも筆者撮影）。

こんとなり、出家を志してひと騒動が……というストーリー。朋子の弟・一道《かずみち》（中井貴一《なかいきいち》）は、恋仲のひろみ（杉田《すぎた》かおる）を残して上京してしまう。写真家になりたいのだ。心配になったひろみも、後を追って上京、渋谷駅のハチ公前で待ち合わせる。

ハチ公前は、待ち合わせの名所だ。ひろみを含め、多くの若者が相手を待っている様子をとらえたカメラは、ハチ公の銅像からパンして、駅前の交差点、谷底に位置する繁華街・渋谷の立地上の特性を映し出す。

現在、渋谷の街は大規模再開発が進行中だ。平成12（2000）年に渋谷マークシティが開業したのを皮切りに、相次いで高層ビルが建設され、街の様相は一変しつつある。スクランブル交差点を写真におさめようと、シャッターを切る外国人をあまた見かける。

懐かしい東横線ホームやハチ公前

昭和58（1983）年公開の本作は、再開発前の渋谷の佇まいをとらえる。約束の時間に現れない一道を待ちくたびれたひろみは、彼の仕事場に電話する。もちろん、携帯電話ではなく、赤電話を使ってだ。場所は、今は渋谷ヒカリエに変貌している東急文化会館の前からである。

もし寅さんが登場したらどんな展開になっていただろうか。映像には東急東横線の特徴的なホームが映しこまれているが、これまたすでに解体されている。今どき、どこそこで何時に待ち合わせようなどと約束する若者もいまい。スマホさえあれば、事足りるご時世なのだ。

歳月、人を待たず。ロケ地めぐりも、手がかりが失われて難儀する。

◉五反田新開地◉品川区西五反田

再開発で消えた三角地帯の歓楽街

「お店で私の名前なんか出さないで」

初めてリリー（マドンナの浅丘《あさおか》ルリ子）が顔を見せる**第11作「寅次郎 忘れな草」（1973年）**には、彼女の不幸な生い立ちが暗示されている。

久方ぶりに母親（利根《とね》はる恵《え》）を訪ねるシーンがある。無心されていたお金を届けに来たのだ。ところは品川区の西五反田1丁目。JR山手線の五反田駅、東急池上線五反田駅、目黒川に挟まれた三角地帯、「新開地」と通称されていた飲み屋街である。

五反田新開地の目黒川沿いを歩くリリー。すると飲み屋をやっている母親が、店の2階から顔をのぞかせた。下へ降りると、「で、持ってきてくれたのかい」。リリーは何枚かの紙幣を渡すと、素っ気なく去って行った。

飲み屋街を歩むリリーの姿を追ってカメラが移動するにつれ、澤之鶴、大関、菊正宗などの看板を掲げた店舗が映し出されていく。トルコ、サウナの看板に寄りかかって立ち話をしている女性たちも、どことなく自堕落な雰囲気をまとっている。お上品な飲み屋街ではないらしい。

その一軒の窓から顔をのぞかせた母親は、「清子、いますぐ行くからね」と言っている。そうか、リリーの本名は清子というのか――。そして、母親は片手で頬を押さえ、「歯が痛くて」とこぼしながらリリーに歩み寄る。どうも店の経営が芳しくないらしく、生活に疲れ切っている様子だ。

「で、持ってきてくれたのかい」

リリーはふくれっ面《つら》のままハンドバッグから1万円札を数枚取り出し、母親に手渡すと、

「どうもありがとう、助かるよ」

「あっ、そうだ。お前、こないだそこのサクラメントで歌うたってただろ。どうして、寄ってくれないんだよ。池田さんって不動産会社の社長さんだけどね、リリー松岡って私の娘だって言ったら、わざわざ見に行ってくれてさ。とっても、ほめてたよ……」

するときつい調子で、

「お店で私の名前なんか出さないで、って言っただろ」

「だって親娘なんだから、いいだろ」

「親のつもりなの、それでも……はっきり言うけど、あたし、あんたなんか大嫌いよ。あたし、あんた、いなくなればいいと思ってんの」と言い放つリリー。

「なんてこと、そんな。あたしだってね、あんたに言えないような辛いことだってあるんだよ」

そして、黄濁した目黒川沿いを駅の方へ去っていくリリーの背に、「バカ!」と叫ぶのであった。

池上線を走る戦前製造の旧型車が登場

母と娘の関係は、このまま疎遠になってしまうわけではない。**第48作「寅次郎 紅の花」(1995年)**では、八王子の特別養護老人ホームに入所している母親(女優は変わり千石規子《せんごくのりこ》)を見舞う場面がある。

当時、リリーは奄美大島に住んでおり、「お母ちゃん、島に来る? 一緒に暮らしてもいいんだよ」と、態度を軟化させている。

五反田駅西口のこの飲み屋街は、周辺の再開発によって、「新開地」改め「五反田第一商店街」に変わったが、

1980年代以降、徐々に移転を余儀なくされた。

現在、その大部分はビジネスホテルのホテルロイヤルオーク五反田に入居している。同地が飲食店街であった形跡はホテル内に残り、地下1階から2階までが「ふれあい飲食店街」として、代替わりを繰り返しながら存続している。

新開地はホテルに変貌したが、隣を流れる目黒川が岸を洗っている点だけは変わらない。取材時、名所となっている目黒川の桜並木は満開時期を過ぎ、桃色の花片を川面に浮かべていた。花片を押し分けるように、お花見クルーズの船が通り過ぎて行った。

本作では、池上線、山手線の走る姿が何度となく映し出される。1970年代、池上線の主力車両は戦前に製造された旧型車だったのだが、それが捉えられているのは鉄道ファンを喜ばせる。西島三重子《にしじまみえこ》歌うところの「池上線」がヒットしたのも同じ70年代、正確には昭和51（1976）年のことだった。

このシングルレコードが発売された際、関係者が東急電鉄にプロモーションをかけたところ、歌詞に「古い電車」「すきま風に震えて」とあったため、協力を断られたとのエピソードも伝えられている。

◉羽田空港◉大田区羽田空港

「とらや」も利用した空の玄関口
大の飛行機嫌いで「いやだっ、つーの」

名古屋競馬で大穴を当て、その足でタクシーをすっ飛ばして凱旋した寅さん、殊勝な心を起こして、おいちゃん（森川信《もりかわしん》）、おばちゃん（三崎千恵子《みさきちえこ》）をハワイに連れていくことに――とストーリーが進むのは**第4作「新男はつらいよ」（1970年）**。テレビ版を演出した小林俊一の監督作品だ。

本作が公開されたのは昭和45（1970）年のこと。前年にアポロ11号が月面着陸したとはいえ、月旅行など夢のまた夢、航空機ですら庶民の乗り物とは言いがたかった。おばちゃんにいたっては、「箱根の西へは行ったことがない」と言っているほどである。

東京オリンピックが行われた年に海外旅行が自由化されたとはいえ、日銭稼ぎのつましい暮らしの柴又住人にとって、ハワイ旅行は一生の間に実現できるかどうか。なにせ、寅さんの持ち歌のひとつが「憧れのハワイ航路」なんですから。

第24作「寅次郎春の夢」(1979年)の宣伝用写真。この作では、アメリカ人のマイケル(ハーブ・エデルマン)が薬のセールスに日本を訪れ、「とらや」に下宿。さくらに惚れるというサイドストーリーが展開される。帰国の飛行機から江戸川上空が映し出されるなど、何かと飛行機に縁のある作だった。実は寅さん、このツーショットで仁義を切る写真をアメリカで撮影している。大の飛行機嫌いの寅さんは、アメリカに渡っていたのである!?

羽田空港

昭和40年代の羽田空港の観光絵はがき。日本航空の尾翼には5本のブルーラインに日の丸が描かれる。ハワイに行けずデッキでうなだれる「とらや」一家の背景にも、このDC-8がタキシーイングしていた。

この快挙には柴又中が上を下への大騒ぎとなり、御前様までが寸志を包んで持って来た。博（前田吟《まえだぎん》）が羽田空港（正式名称は東京国際空港）まで朝日印刷の車で送っていく段取りなのだが、車の周囲は人並みで埋まっている。めかしこんだ三人が、いざ出発となったところで、旅行会社の社長が金を持ち逃げしたことが発覚した。だが、ことここにいたっては引っ込みがつかない。

そのまま、万歳三唱の声に送られて羽田へ。しかし、代金を払っていないのだ。どうにもならない。寒空の下、吹きっさらしの送迎デッキで自分たちが乗るはずだった飛行機を見守るばかりだった……。この悪夢のような騒動にめげず、「とらや」一同は**第12作「私の寅さん」（1973年）**において、羽田を飛び立って九州旅行を果たした。

片や、寅さんはといえば、相も変わらず飛行機がらみの騒動の渦中にあった。**第25作「寅次郎ハイビスカスの花」（1980年）**でのことだ。入院したリリーを見舞うため、一刻も早く沖縄に駆けつけねばならないのだが、飛行機が怖くて乗れない。とらや一家が総がかりで説得、どうにかこうにか送り出したのだった。

飛行機に乗るのは「いやだっ、つーの」とのたまわっ

第12作「私の寅さん」(1973年)。「とらや」一家は、羽田空港から熊本空港に飛んで温泉巡りへ。だが、留守番を託した寅さんのことが心配で、行楽気分にひたることができず、早々と柴又へ帰ってしまった。

ていた彼が、ウィーン観光に飛び立っていったのには、心底驚いた。**第41作「寅次郎 心の旅路」(1989年)**でのことだ。公開は世が「平成」と改まった年である。

戦後、海外渡航は大きなステイタスだった

大正5(1916)年、わが国における最初の民間飛行学校が羽田に創立された。ここに、羽田と飛行場の縁が始まった。やがて、国営民間飛行場を設置しようとの機運が高まって、約16万坪の土地を買収。昭和6(1931)年、羽田空港がオープンした。羽田が選ばれたのは、都心から近く、京浜国道との便もよく、海に面しているため水陸両用として利用できるという点にあった。正式名称は東京飛行場。8月25日、一番機が離陸していった。〝乗客〟は、旧満州の大連へ送られる6千匹の鈴虫と松虫だった。

戦雲ただよい始めると、軍用航空基地へと変貌、戦後にはアメリカ軍に接収され、拡張されていく。拡張は戦勝国の命令だ、あらがうことはできない。周辺住民1200戸に向けて48時間以内の撤去が命じられた。かくして、戦前の約3倍、79万坪の飛行場が出現した。昭和22(1947)年のことであった。

戦後、われわれ日本人は敗戦国民に転落、外国へ行くことは大変な特権となり、憧れの的となった。市川崑監督の「億万長者」（1954年）には、日本人が貿易のために外国へ行くことが許されて間もない時期、商社マンたちが歓呼の声に送られながら、飛行機に乗り込んでゆく姿が喜劇的に描かれていた。

当時は飛行機の下まで歩き、タラップを上り、機体の入り口で振り返って見送り人に手を振ったものである。これが、正しい飛行機の乗り方という次第。

小津安二郎監督の「お茶漬の味」（1952年）にも、社用で南米の小国に出張することになった佐分利信《さぶりしん》が、多くの知人に見送られて羽田を出発するシーンがある。知人が見送り専用のバルコニーに鈴なりとなって華やかな気分を醸している。なにせ、外国へ出張することは、彼が重要人物であることの証明であり、出世が約束されたようなものだったのだ。

その後、激烈な反対闘争の末に成田国際空港が開港。いったんは移管されていた国際線も羽田に戻って来た。正式名称は東京国際空港である。乗降客数は世界で5番目に多い、24時間運用の大空港となった。

映画公開時との半世紀の隔たりは大きい。京浜急行空港線の天空橋駅に近い羽田イノベーションシティの屋上に上ると、時代の移り変わりを実感させられる。ゾーンEの屋上にある足湯スカイデッキだ。B滑走路が目の前にあり、足湯と飛行機を同時に楽しめると知ったら、「とらや」一家は腰を抜かすのじゃないかしら。

「羽田発7時50分」（歌・フランク永井）が最終便だった時代は、すでに遠く去った。

◉調布飛行場◉ 調布市西町

新島などを結ぶアイランダーの拠点

求婚された悩みを打ち明ける真知子

寅さんが東京の三多摩地域に足跡を印したのは、おそらく**第36作「柴又より愛をこめて」（1985年）**が最初で最後ではないか。深大寺でもなければ、神代植物公園でもない、舞台は調布飛行場だ。

朝日印刷のタコ社長（太宰久雄《だざいひさお》）の娘・あけみ（美《み》保純《ほじゅん》）が家出中だったところを静岡県の下田港で探し当てた寅さんは、あけみの希望で伊豆七島・新島の東南に位置する式根島に渡った。

航

調布飛行場から帰島する前、寅さんに好意を抱いていた真知子は、寅さんに恋の悩みを相談する。酒井のプロポースの件である。自分に関係がある話ではないとわかり、がっかりする寅さんだったが、「お話の様子じゃ、その男の人は、きっといい人ですよ」とアドバイス。すると真知子は「そお?」、寅さんは「はい」と返す。じれったい男である。もしここで、逆に寅さんがプロポーズしていたら、真知子の心はきっと寅さんに傾いていたに違いない。

調布飛行場のターミナル。新中央航空は調布飛行場を拠点として、調布と大島、新島、神津島、三宅島の各島間を結ぶアイランダーである。新島までの所要時間は40分。式根島へは新島から連絡船で約30分である。

式根島への船中、島の小学校で行われる同窓会に出席するグループと意気投合した寅さん、港に同窓生を出迎えた真知子先生（マドンナの栗原小巻《くりはらこまき》）と知り合う。「島のマドンナ」といわれる独身教師だ。故郷が葛飾区堀切だったこともあって話は弾み、彼女の虜《とりこ》に。

30代半ばをすぎた彼女は、そろそろ身を固めるべきか悩んでいた。たまたま東京に帰り、すでに亡くなった親友の夫・酒井（川谷拓三《かわたにたくぞう》）、その娘と会食中、その酒井からプロポーズを受けた。亡き親友の娘はなついてくれているが、夫はハンサムとはほど遠い男。誠実さだけが取り柄の地味な男である。

煩悶した真知子は、帰島する前日、寅さん宛の相談の手紙を「とらや」に託した。真知子は、翌日の午前10時、調布飛行場からの新島行き飛行機で帰島する予定だ。相談の中身は書いてなかったが、見送りに駆けつける寅さん。真知子は言いにくそうにしていたものの、求婚の件で悩んでいると打ち明けた。

「身を焦がすような恋の苦しみとか、大声で叫びたいような喜びとか、胸がちぎれそうな悲しみとか、そんな、そんな感情は胸にしまって鍵をしたまま、一生開けることはなくなってしまう。そんな悩み、寅さんならどう答えてくれるかと思って、ね」

もしかすると、真知子の真意は、ここで寅さんの気持ちを確かめることにあったのかもしれない。

東京の三多摩地区は飛行機と縁深い

でもねえ、恋だの愛だのに関して優柔不断な男にとって、真知子の相談は「私のことは、あきらめて」という宣告に等しい。押して、押して、押しまくって女性を口説き落とせる男であったなら、とうに**第10作「寅次郎夢枕」（1972年）**の千代（マドンナの八千草薫《やちぐさかおる》）とどうにかなっていたはずだろう。いや、リリー（マドンナの浅丘《あさおか》ルリ子）と所帯だって持てたはずだ。セスナ機に身を預けた真知子は、窓越しに「お正月には、きっと帝釈天に行くわ」と声をかけていたが、正月には寅さんの姿は「とらや」にはないだろう。

映像に写し出されるのは、のどかな飛行場風景である。しかし、ここにも戦時中の記憶が刻まれている。調布飛行場は、太平洋戦争の戦端が開かれる直前の昭和16（1941）年4月に開設。もっぱら陸軍が使用していた。東京が空襲を受けるようになると、B29爆撃機を迎撃するための戦闘機隊が配備されるようになる。付近に高射砲陣地も築かれた。迎撃はさほどのダメージを与えられず、調布地域は何度となく空襲にさらされた。飛行場近くに「椎の実子供の家」と名付けられた幼稚園がある。その路地への曲がり角には、「太平洋戦役首都防衛高射砲陣地記念碑」と書かれた標識が建立されている。

東京の三多摩地域は、飛行機との縁が深い。大正11（1922）年の立川飛行場を皮切りに、調布、横田、福生《ふっさ》と相次いで飛行場が開設された。いずれも軍事施設という点で共通している。調布飛行場は戦後、米軍に接収され、全面返還されたのは昭和48（1973）年のことだ。そして、新中央航空が調布—新島間に不定期路線を開設、定期路線となったのは、本作公開の前年だ。

調布市は、〝映画のまち〟を標榜し、市のイメージアップを図っている。大正時代の初年から撮影所を構える日活、数多くの特撮映画を世に送り出してきた角川大映のスタジオ、浅丘ルリ子らが所属していた石原プロモーションなど、映画関係の企業・施設が集まっている利点を生かそうというわけだ。映画に関わる催しもひんぱんに企画し、中央図書館には映画資料室も設けている。資料の充実ぶりには目を見張るものがあり、寅さんや山田監督の関連本も揃っている。

「男はつらいよ」東京MAP

※番号は本書収載順、ポイントは概略です。

下町

①上野駅——台東区上野
②不忍池——台東区上野公園
③水元公園——葛飾区水元公園
④亀戸天神——江東区亀戸
⑤浅草——台東区浅草
⑥小岩——江戸川区南小岩
⑦金町——葛飾区金町
⑧京成関屋——足立区千住曙町
⑨西新井大師——足立区西新井

山手

⑩早稲田大学——新宿区戸塚町
⑪伝通院——文京区小石川
⑫神田神保町——千代田区神田神保町
⑬胸突坂——文京区本郷
⑭ホテルニューオータニ——千代田区紀尾井町
⑮帝国ホテル——千代田区内幸町
⑯東京駅——千代田区丸の内
⑰渋谷——渋谷区道玄坂
⑱五反田——品川区西五反田
⑲羽田空港——大田区羽田空港
⑳調布飛行場——調布市西町

第4章

京都・小京都

寅さんと

寅さんは昔気質の人間である

口におは通っていないが、曲がったことは大嫌い

そんな寅さんが雪駄を鳴らしながら古都の路地裏を歩く姿は

堂に入っている。そもそも、古いものが似合う男なのである

寅さんと京都・小京都

黒板塀やなまこ壁が続き 商家が軒を連ねる町並みに タンカバイが冴え渡る

第2作「続 男はつらいよ」(1969年)。寅さんの恩師・散歩先生(東野英治郎)とその娘・夏子(佐藤オリエ)は、京都観光をしている。音羽山清水寺の本堂を訪れ(写真は清水の舞台から京都市内を遠望する2人/舞台の右隅)、哲学の道を散策した後に、渡月橋の袂で易断の本をバイしている寅さんと出会った。

◉京都◉京都府京都市

実母が安井毘沙門町でホテルを経営

「人並み以上の身体、人並みに近い頭」

寅さんが、幼くして生き別れとなった実母・菊（ミヤコ蝶々《ちょうちょう》）と再会を果たすというストーリーを骨子とするのが第2作「続 男はつらいよ」（1969年）だ。

旅に出ようとした寅さんは、葛飾商業時代の恩師・散歩先生（東野英治郎《とうのえいじろう》）とその娘・夏子（マドンナの佐藤《さとう》オリエ）と再会。酒盛りのさ中、胃けいれんを起こして入院。しかし、病院を脱走、無銭飲食のカドで警察沙汰に。恥じた彼は旅に出る。

場面は一転、京都旅行中の散歩先生と夏子の姿が映し出される。二人は清水寺の舞台から京都市中を一望した後、哲学の道に足を伸ばす。桜並木が続く道のかたわらを琵琶湖疏水が流れている、京都きっての観光スポットである。

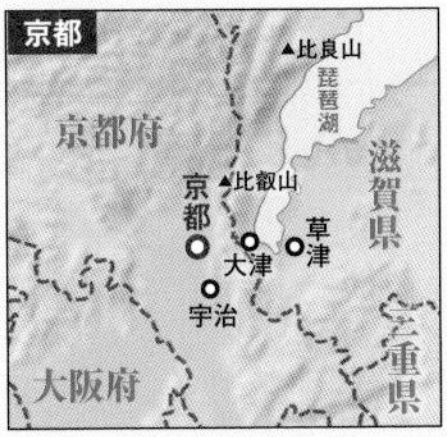

散歩先生は若き日を思い出したのだろうか、京都大学の前身である旧制第三高等学校の寮歌「逍遥《しょうよう》の歌」を高歌放吟する。「♪紅萌ゆる丘の上 狭《さ》(早)緑《みどり》匂ふ岸の色 都の春に嘯《うそぶ》けば 月こそ懸かれ吉田山……」。

京都・渡月橋のほとりでバイしてる寅さんの前に、ひょっこり夏子があらわれた。「父も来ている」と誘われて、橋を見渡せる料亭へ。喜んでもらえるかと思っていたところ、お説教を喰ってしまう寅さん。正業に就けと諭すのだ。

「お前はね、人並み以上の身体と、人並みに近い頭を持っとるんだ。まともな仕事の一つや二つ、ないわけないだろう」

ここで寅さんが、実は菊が東山区の安井毘沙門《びしゃもん》町でホテルを経営していると打ち明ける。二人は彼の身の上を知っている。いますぐ会いに行けとせかされ、夏子と一

トロッコから眺める渓谷美

若い頃は京都でバイしたあと、山陰本線の嵯峨駅から丹波・丹後を目指したもんさ。もう30年も前になるかな。新線が開通して、保津《ほづ》峡《きょう》沿いの旧線は、嵯峨野観光鉄道がトロッコ列車を走らせ始めた。それが今、嵯峨野観光の目玉になっているんだよ。嵯峨駅も、トロッコ嵯峨駅と名前が変わった。紅葉や新緑の季節もいいが、雪景色も絶景だよ。

寅さんからひと言
嵯峨野観光鉄道

緒に建仁寺近くのホテルにたどり着く。「グランドホテル」という大層な名を冠してはいるが、なに実はラブホテルだ。

最初は、ホテルの女性従業員（風見章子《かざみあきこ》）を菊と勘違いしたが、すぐに誤解は解けた。寅さんのエラの張った四角い顔をしげしげと見ていた菊は、幼い頃の面立ちを見て取ったものの、堅気とはほど遠い風体に、けんもほろろの態度だ。

「今頃、何の用や？　ああ銭か、銭あかんで、そんなもん。親子でも、銭、関係あらへん」

生みの親に一目でも、との寅さんの願いは消し飛んでしまった。怒り心頭の彼は、さんざんに悪態をついて別れることに。このあたり、山田監督の念頭にあったのは、芝居や映画でおなじみの「瞼の母」だろう。

ずいぶん後味の悪い場面だが、ラストシーンに救いが用意されている。散歩が亡くなったあと、医者（山崎《やまざき》努《つとむ》）と結婚した夏子が、新婚旅行に京都を訪れ、鴨川に架かる三条大橋で寅と菊を見かけるのだ。またもや銭をめぐるやりとりを交わしている親子ではあるが、仲直りしている気配を感じさせて映画は幕となる。

この第2作での寅さんの旅先は京都。**第1作「男は**

喧嘩別れしたはずの母・菊（ミヤコ蝶々）と寅さんは、ラストシーンで肩を並べながら三条大橋を渡っていく。下駄の修理代を母に無心すると、「（親子でも）金の話はまた別じゃ！」と軽くいなされた後のシーンである。

哲学の道を散歩しながら、機嫌よく旧制第三高校の寮歌を歌う散歩先生。琵琶湖疏水に沿って2kmほど続くこの哲学の道は、もともと疏水の管理用の道路であった。道の桜は日本画家・橋《はし》本関雪《もとかんせつ》とその妻の尽力で植樹されたため、「関雪桜」と呼ばれている。

つらいよ」（1969年）が奈良市や天橋立である。名の通った観光地ばかりだ。ローカル線のひなびた駅で夢から覚めたり、野焼きの煙が漂う田舎道を歩くのは3作以降である。

明治時代、京都を賦活させた琵琶湖疏水

ところで。寅さんの恩師に、人名らしからぬ「散歩」と命名しているのは、哲学の道を登場させる呼び水なのではなかろうか。あるいは、その逆かもしれない。「哲学の道」は、20世紀初期の哲学者で、京都大学で教鞭をとった西田幾多郎《にしだきたろう》にちなんで名づけられた。西田はこの道を散策しながら思索にふけった、というのだ。この故事を踏まえて、散歩先生に「逍遥の歌」を歌わせた。手前勝手な推測だけれど。

哲学の道が格好の散歩道なのは、かたわらに琵琶湖疏水のせせらぎが寄り添っていればこそだろう。水は、人の心を和ませる要素を抱えていることを実感させてくれる。南禅寺あたりから銀閣寺までの、およそ2㎞の距離もまた手頃だ。

琵琶湖疏水は、明治維新の東京遷都によって沈滞していた京都に活力を呼び戻すために、舟運・発電・上水道・灌漑《かんがい》などを目的として造られた。

第一疏水は明治時代半ばに完成。本邦初の事業用水力発電所である蹴上《けあげ》発電所から電力の供給が始まった。これにより、新しい工場が生まれ、路面電車が走るなど、京の町は活力を取り戻した。20年後には、第二疏水が造られ、水道と市営電車が開業し、今日の京都の街づくりの基礎ができあがったのだった。疏水の主たる目的は市内への浄水の供給だが、農業用水の役目も負っている。「山科《やましな》なす」や、「田中とうがらし」といった京野菜を恵んでもいる。

南禅寺境内にある水路閣をまず見学し、それから哲学の道を歩くことをお薦めする。

◉津山◉岡山県津山市

津山藩10万石、美作地方の中心地

満男が起こした「卒業」ばりの花嫁略奪

ふだんはおとなしい満男（吉岡秀隆《よしおかひでたか》）が〝暴挙〟に及んだのは、**第48作「寅次郎紅の花」（1995年）**でのことだった。ところは岡山県内陸部に位置し鳥取県に接す

京都|津山

泉のことが忘れられない満男は、泉の結婚式・披露宴が行われる津山まで出向いた。そして新郎新婦を乗せた車の進路を妨害。車のフロントガラスを叩きながら、「結婚なんかやめろよ!」。これで結婚はご破算に。

る津山市だ。古くは美作《みまさか》国の国府が置かれていた津山藩10万石の城下町である。「西の京都」と呼ばれてきたこの由緒正しい町で、思いあまった満男は泉の結婚式をぶち壊す挙に出た。

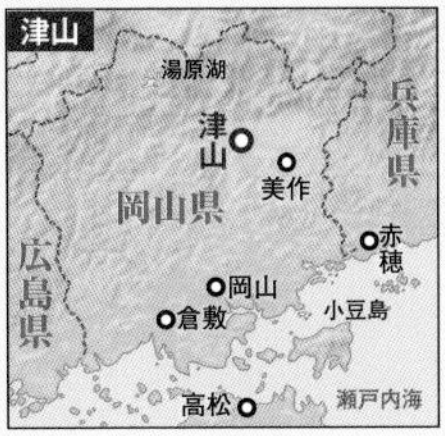

婚礼を取り仕切っている花婿側の親族代表（笹《ささ》野《の》高《たか》史《し》）は、結婚式場へ向かう車の中で、

「津山いうとこはなぁ、10万石の城下町ん時から、貧乏じゃいうのに、プライドばーか高い言われたもんじゃ。実際わしらは、ふだんはお互い悪口言うたりケンカしたり、角突き合わせて付き合うとるけど、東京や大阪へ行ったら、津山の悪口はぜったい言いやせん。とことん、庇《かば》います。それが、津山人の気質じゃな」と、津山気質を口にする。

そうした津山人が住み暮らす町には、今もって古くからのしきたりが守り通されている。花嫁を乗せた車は、どんなことがあってもバックしてはならない。それがたとえ1cmであろうと。戻るというのはゲンが悪いといって嫌うのである。

そんな話をしていた直後、津山人が忌み嫌う出来事が突発した。ダスティン・ホフマン主演の映画「卒業」（1967年）そこのけの花嫁略奪事件だ。泉をあきらめきれない満男が、細い道で花嫁の車列を阻止する挙に出たのだ。

道幅は3mにも満たないだろう。その細い道にレンタカーを乗り入れて妨害したのである。もちろん車同士がすれ違うことなどできない相談だ。

親族代表が満男にバックしてくれと頼むのだが、耳をかそうとしない。さらに直進して、先頭の車に体当たり。そして、フロントガラスをバンバンと叩きながら「泉ちゃん、結婚なんかやめろ！　結婚すんなよ」と叫び上げるのだった。だが、怒った親族に塀ぎわの側溝に押し込められ、ボコボコにされてしまう。泉は黙って満男を見つめ続ける。

寅さんからひと言
津山機関区

国鉄黄金時代の車両たちがずらり

津山といえば鉄道の町だよ。因美線、姫新線、津山線の交差点に位置するんだ。中国地方最大の線形車庫（日本で2番目だって）があって、今では「津山まなびの鉄道館」として、ここに国鉄黄金時代の気動車や蒸気機関車が保存されているんだ。いわゆる鉄道遺産さ。おれは鉄道旅が多いからね。保存車両はみんな乗ってるよ。

重伝建にタンカバイの声が響いたが……

伯父さんの気質を受け継いで、女性には及び腰となっている満男にしては、思い切った行動に出たものだ。彼の一挙は、泉の心を大いに揺さぶり、結婚そのものをご破算にすることに成功する。赤子の頃から見守ってきたファンのひとりとして、「でかした、満男！」と叫んだ一幕だった。もっとも、実際は略奪ではない。結婚を中止させたのはいいが、略奪はできずに失意の満男は、鹿児島県瀬戸内町の加計呂麻《かけろま》島へ旅立つ。泉も怒り狂った母の元を離れて満男を追いかける。そして、加計呂麻島で満男と泉は再会を喜び合う。

当然、二人はゴールインしたはず、と思わせる48作のラストであったが、**第50作「お帰り 寅さん」（2019年）**を観賞したところ、予想は裏切られた。その経緯は各人でお確かめのほどを。

この事件が勃発したのは、かつて下級武士や足軽が暮らす武家町だった上之町だ。白壁がつづく町並みが今も残っている。お伴の者に槍を持たせた武士が登城するのに行き会うのじゃないかしら。そんな光景がふさわしい佇まいなのである。

重要伝統的建造物群保存地区に指定されている津山市の城東地区周辺の町並み。江戸時代末期から近代の建物が軒を連ねる。中国地方最大の津山盆地に発展した城下町・津山は、美作（岡山県北部）の中心地として、古代には美作の国府が置かれていた。

一方の伯父さんはといえば、城東町の重要伝統的建造物群保存地区（重伝建）にある「作州城東屋敷」の前で、消火器を売ろうとして差し止められてしまった。作品の冒頭である。なまじっか「日本防災協会認定品」などとの触れ込みでバイするから、こういうことになるのだ。

城東地区は、出雲街道に沿った町人町だ。平入りの低い軒、なまこ壁、格子戸の家がおよそ1㎞にわたって連なる。東新町の旧梶村家が「城東むかし町家」と命名されて公開中である。

◉津和野◉島根県津和野町

津和野川のほとりで悩みを打ち明ける

旅先の津和野で歌子と再会する寅さん

山間《やまあい》に白壁と赤い石州瓦《せきしゅうがわら》の家並みがつづく城下町に、SLの汽笛がこだまする――島根県の小京都といわれる津和野町を舞台としたのが**第13作「寅次郎恋やつれ」（1974年）**である。マドンナは2度目の吉永小百合。

津和野の町の食堂でウドンをすすっている寅さん。嫌いなナルトをはじき出したところで、文化講演会のポス

ターを貼らせて欲しいと妙齢の女性が入ってきた。図書館に勤めているらしい。顔が合って、びっくり。第9作「柴又慕情」（1972年）でいきさつのあった歌子なのだ。結婚して岐阜県の多治見市に住んでいるはずではなかったか。図書館を早退した歌子は、津和野川のほとりで事情を打ち明ける。夫は病にかかり、歌子とともに故郷の津和野に帰ったのだが、すでに手遅れだったという。力になりたいとは思うものの、どうしていいか分からない寅さんだ……。

津和野のメイン・ストリートと目されるのが殿町通り。JR山口線と津和野川にはさまれた城下町の真ん中にある通りである。寅さんと自転車をひいた歌子が、話をしながら歩いていた通りだ。まっすぐの一本道である。中央に石畳の道があり、それを挟むように歩道と堀割、なまこ壁が両サイドにつづいている。堀割には色とりどりの鯉が泳ぎまわっていて、初夏にはハナショウブが咲いて目を楽しませてくれる。

殿町通りには、かつて藩校・養老館があった。養老館は、藩士子弟に学問を身につけさせる学校だ。4万3千石の津和野藩は、小藩の例に漏れずずいぶんと学問に熱心だった。軍事面では大藩に太刀打ちしがたい、されば学問で見返してやろうというわけだろうか。

養老館からは小説家の森鷗外、オランダに留学し「万国公法」を翻訳した西周《にしあまね》らを輩出している。NHKの

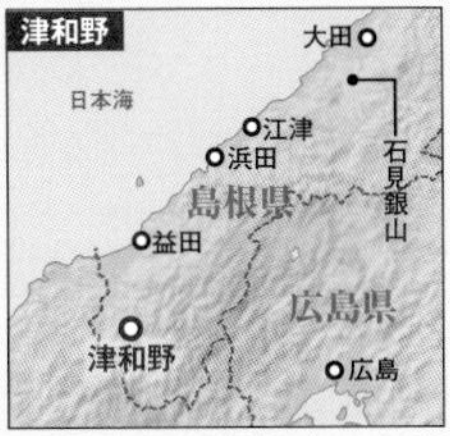

寅さんからひと言
津和野城趾

津和野の町を一望にできる

津和野盆地の南西部の霊亀《れいぎ》山山頂に石垣が残る津和野城。典型的な山城だが、平和な江戸時代、藩主は麓の屋敷に住んでいたらしい。山麓に櫓などの遺構があって、歴史的価値は高いんだろうけど、俺の目当ては城趾からの眺望（次頁写真）。津和野川に貫かれた城下が広がっていて、本当に絶景なんだな。天空の城だよ。

㊦津和野藩の藩校として、多くの賢人を輩出した養老館の建物（写真は武術教場）。槍術や剣術を教えた武術教場や御書物蔵の建物が当時のまま残り、県史跡に指定されている。㊨養老館の武術教場の入口で撮影された宣伝用の写真。亡夫の郷里で健気に生きる歌子の心に、寅さんは再び心を動かされた。

霊亀《れいぎ》山山頂に残る津和野城趾から眺めた津和野盆地。中央に津和野川が流れ、盆地の底にこぢんまりと古い町並みが広がっている。藩校・養老館などが残る重要伝統的建造物群保存地区は、津和野川の下流左岸（写真の左）。主なロケが行われた場所である。

津和野川のほとりで撮影されたシーンのメイキング写真。夫の病、郷里での死別、現在の心境を訥々と語る歌子。寅さんは言葉少なにこれを聞き、「あんたもつらい思いをしたんだね」。小郡行のバス停では別れ際、「幸せかい? 何か困ったことはないかねぇ? 何かあったら葛飾柴又のとらやを訪ねていきな。悪いようにはしないから」と励ました。

津和野

大河ドラマ「徳川慶喜」では、将軍のブレーンとして、その秀才ぶりが描かれていたのが西周でしたっけ。映画での養老館跡は、歌子の勤め先である町立図書館として出てくる。現在、図書館は移転し、建物の一部は民俗資料館として使用されている。

津和野には、鎌倉時代に蒙古襲来に備えて城が築かれた。関ヶ原の戦いの後、坂崎出羽守直盛が入城し、時代に即応した城に築き直した。しかし、豊臣秀頼の未亡人・千姫の再婚を阻止しようとした事件で改易となり、亀井氏が入った。以来、11代にわたって亀井氏が津和野領を支配した。

藩の行政を切り回しつづけたのは、家老の多胡家である。多胡家の門もまた、殿町通りに面して保存されている。時は移って明治時代、津和野カトリック教会が創立された。ステンドグラスの窓から差し込む色の美しさに魅せられた観光客の人気の的となっている。

「SL山口号」で津和野に入るのが人気

歌子が寅さんに悩みを打ち明けたのは、津和野川のほとりだった。津和野大橋の近くである。先生に引率されて橋を渡っていく幼稚園児の姿が愛らしい。

津和野の出身者で最も有名なのは森鷗外だろう。代々、津和野藩医を務めた家の嫡男として生まれた。陸軍軍医のかたわら、『山椒大夫』『高瀬舟』などの小説を相次いで発表した。彼の旧宅に隣接して「森鷗外記念館」が建立されている。

鷗外の墓は東京都三鷹市の禅林寺にある。彼は日本文学史に名を残す一方、陸軍軍医総監、帝室博物館総長などを歴任している。功成り名遂げたわけだが、「余ハ石見《いわみ》人　森林太郎トシテ死セント欲ス」と言って死んでいった。肩書きや名声などいらぬ、ただの石見人として死ぬ——と覚悟していたわけだ。墓碑に経緯が刻まれている。

寅さんが歌子と別れるシーンは、町を見下ろす高台にある石見交通のバス停だった。寅さんは、そのバス停から後ろ髪引かれる思いで山陽本線小郡駅行きのバスに乗った。小郡駅は平成15（２００３）年、山陽新幹線の停車駅となったのを機に新山口駅と改称した。山口線を走る観光列車「ＳＬ山口号」の起点駅だ。山口号の先頭に立っているのは、「貴婦人」の愛称を持つ蒸気機関車Ｃ57型の1号機である。おおかたの観光客は、この列車に乗って津和野入りするのが望みのようだ。

古い町並みが若者の心を癒やす

◉倉吉◉鳥取県倉吉市

白壁土蔵の町で寅さんと語り明かす泉

倉吉市や鳥取市など鳥取県一円を舞台に繰り広げられるのが、**第44作「寅次郎の告白」（1991年）**。鳥取市河原町で料理屋を営む聖子（マドンナの吉田日出子《よしだひでこ》）が登場する。寅さんと聖子は昔話に花が咲き、酒を酌みかわすうちにいい感じとなる。どうやら昔、お互いに好意を抱いていたらしい。

それはともかく、物語の主調は泉と満男である。満男が思いを寄せる泉（後藤久美子《ごとうくみこ》）が名古屋の家から姿を消した。母（夏木《なつき》マリ）の再婚問題に悩んで家出したのである。姿を現したのは、鳥取県の倉吉市。玉川沿いに白壁土蔵が続く一画の駄菓子屋でパンを食べていたところ、店のお婆さん（杉山《すぎやま》とく子）から豆腐を買ってきてと頼まれた泉。ホーロー鍋に入れた豆腐を後生大事に抱えて戻ってくる途中で、寅さんにバッタリ。駆け寄って寅さんに抱きついた拍子に、鍋を玉川に落としてしまう。鍋はプカリ、プカリと流れて、川で魚を捕っていた少年に拾われ事なきを得た。

二人が出会ったのは、玉川に架かる小さな石橋だ。白壁土蔵群の入口にあたる地点だ。家出した事情を聞いた寅さんは、泉ともどもお婆さんの店の厄介になる。夜、寅さんのおだてに乗ったお婆さんは、鳥取県を代表する民謡「貝殻節」を披露したりする。本シリーズにおいて、杉山はさまざまな役どころで出演しており、いぶし銀のような演技を見せている。

津和野同様、山陰らしい独特の町並み

ありがたいことに、この駄菓子屋は今も篤志家の手で保存されている。行政に頼っているだけでは、おそらく残らなかっただろう。その感想は、白壁土蔵の町並みを歩いているうちに、いよいよ強くなってきた。

土蔵の外壁は腰廻りが杉焼き板の縦目板張りで、その上部が漆喰壁で統一されている。黒い板張り、白い壁、さらに赤みがかった屋根瓦があざやかなコントラストを形作っている。土蔵の戸口には、ゆるやかな反りを持つ一枚石の石橋が架けられており、色彩のコントラストともども特有の景観を醸し出している。

白壁土蔵群は、江戸時代から明治時代にかけて建てら

れたものが多い。玉川沿いの白壁土蔵群が倉吉観光のハイライトであることは、衆目の一致するところである。ここに土蔵が集中しているのは、玉川を行き来する船で農機具などの荷を運び、蔵に出し入れしていたからだ。つまり、本町通りに連なる商家の裏手に当たるのが土蔵群となるわけだ。表の町並みも眺めておかねば、片手落ちとなろう。

本町通りの伝統的町並みは、石州（島根県西部）に産する赤茶色の桟瓦《さんがわら》が用いられていて、津和野同様いかにも山陰の町を歩いていると実感させてくれる。切妻づくりの平屋、中2階、2階建ての商家が軒を並べている。年代物の看板を昔

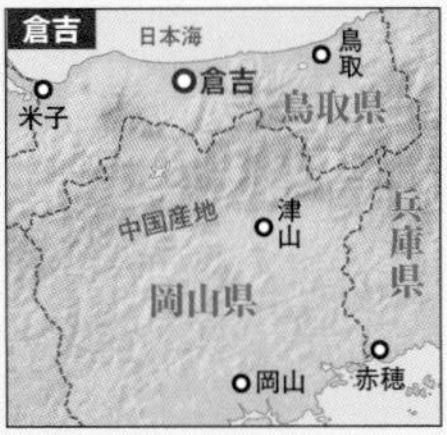

倉吉市民が誇る打吹山

この写真は倉吉のシンボル、打吹山《うつふきやま》から眺めた市街だよ。標高わずか204mの丘みたいに小さな山だけど、ここには天女伝説が伝えられ、戦国時代には打吹城があったらしい。今は倉吉博物館や歴史民俗資料館が開館して、サクラの名所になっている。何より自然が豊かなのがいいね。ハイキングコースも整備されている市民の憩いの場所さ。

寅さんからひと言
打吹山

聖子の店に泊まった翌日。日ノ丸バスの出会い橋前バス停で、鳥取駅行のバスを待つ一行。昨夜、満男は中庭の池に落ちて負傷。飲み明かした寅さんと聖子の間には何かがあったようで、どうも怪しい。

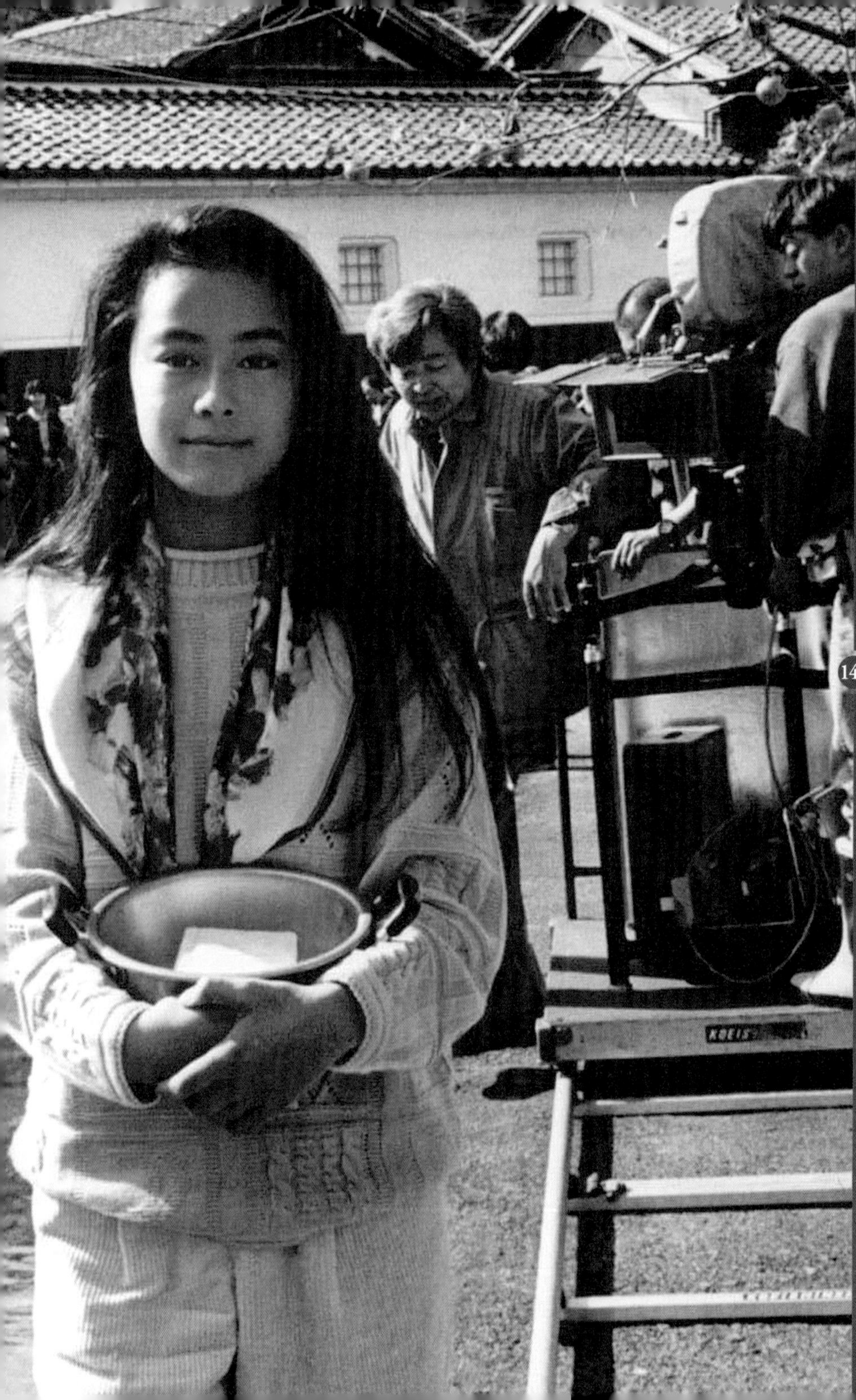

㊧寅さんと再会したうれしさで、泉は頼まれた豆腐を玉川に架かる石橋の上から落としてしまった。「どうした? 何があったんだ」「会いたかった! おじちゃまに」
㊨このシーンのメイキング写真。美しい白壁土蔵、倉吉のファンたちが見守る中、泉（後藤久美子）は、悩み多き乙女の心境を見事に演じて見せた。「おじちゃま!」「泉ちゃんか!」と、川の対岸から駆け寄る二人。「どうしてこんなところにいるの?」といいながら泉は、寅さんに抱きつき、泣き崩れてしまったのである。

のままに立てている店もある。

主屋の背後には中庭を設け、中庭の両側に便所、風呂、炊事場などの付属物、背後に土蔵を構える構造となっている。外観を観察してみよう。一階の軒桁を支える腕木は、倉吉の伝統的建造物を特徴づける細部意匠の一つだ。

「赤瓦○号館」と銘打たれた建物群を右に見ながら本町通りを進んで、「久米郡倉吉驛」の道標を右折、玉川を渡ると大社湯《たいしゃゆ》に行き当たる。明治40(1907)年創業、国の登録有形文化財の銭湯である。一通り見物が終わったら、地元の人と背中を流し合うとしますかな。きっと、耳寄りな話が聞けるに違いない。

大社湯の近くには、市内に現存する最古の町家建築である「倉吉淀屋」がある。宝暦10(1760)年築というのだから、年季が入っているの何の。大坂きっての豪商「淀屋」と密接な関わりを持つ店、といわれている。

ところで、倉吉が滝沢馬琴《たきざわばきん》の『南総里見八犬伝』ゆかりの町であるとは、まったくもって意外だった。曹洞宗の名刹「大岳院《だいがくいん》」に、小説のモデルとなった里見安房守《さとみあわのかみ》忠義《ただよし》公と八人の家臣の墓があるのだ。

鉄道ファンには、旧国鉄倉吉線(1912~85年)の廃線跡散策をお勧めしておこう。倉吉駅から山守駅までの約20㎞を結んでいた路線。廃線からすでに35年以上を経過しているが、レールやホーム跡などの遺構が残っている。泰久寺《たいきゅうじ》駅跡から終点の山守駅間には、竹林の中を線路が一直線に伸びている区間があり、その先にはトンネルが口を開いている。随時、トレッキングツアーも開催される。

◉龍野◉兵庫県たつの市

寅さんとぼたん、絆深める似た者同士

いい味を出していた接待役の寺尾聰

シリーズ中、屈指の傑作と評価の高い**第17作「寅次郎夕焼け小焼け」(1976年)**。芸者のぼたん(マドンナの太地喜和子《たいちきわこ》)と、寅さんとの掛け合いが存分に楽しめる。主たるロケ地は兵庫県龍野市(現・たつの市)である。

寅さんが龍野の町との因縁を深めるきっかけをつくったのは、日本画壇の大家・池ノ内青観(宇野重吉《うのじゅうきち》)。龍野が彼の故郷だったのだ。青観の描いた絵を寅さんが神田神保町に売りに行くシーンは、第3章「神田神保町」に譲って、ここでは龍野の町に焦点を当てよう。

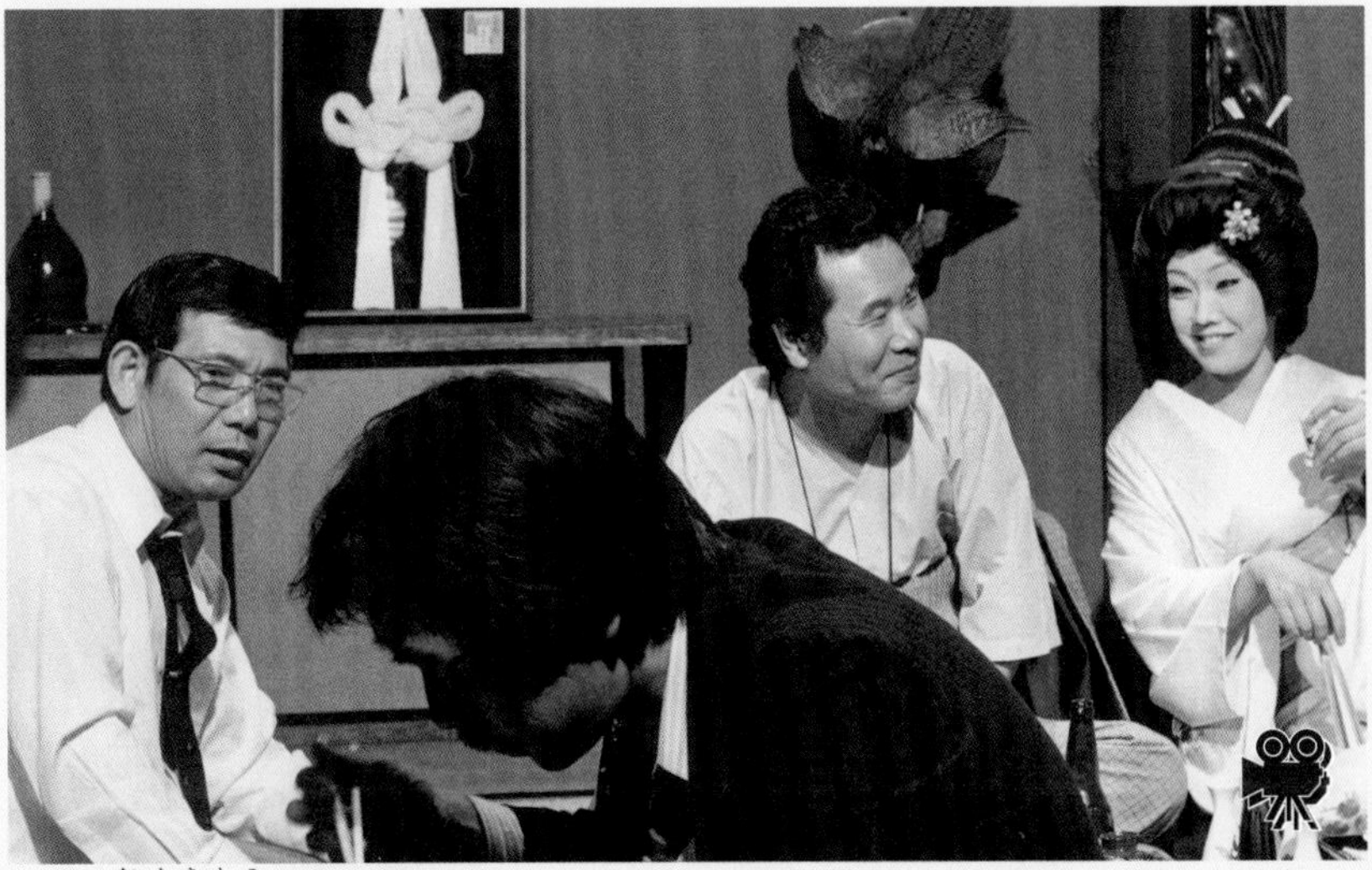

ぼたん（太地喜和子《たいちきわこ》）は真っ直ぐな飾らない女性である。宴席で寅さんと意気投合した。左の2人は接待役の市役所職員。観光課長（桜井《さくらい》センリ）は、大飯ぐらいで気が利かない部下（寺尾聰《てらおあきら》）を叱責するばかり。

龍野市から、故郷の風景を絵にしてくれと頼まれた青観は、渋々ながら龍野を訪れる。市差し回しの車で市役所に向かう途中、寅さんとバッタリ。車に乗せられた寅さん、青観ともども市長に面会し、「先生」と呼ばれて市役所の歓迎会にまでしゃしゃり出る。

宴席には市の要人が居並んで、きれいどころが花を添えている。ひときわ、あでやかなのが芸者のぼたんだった。たちまち、彼女と意気投合してしまった寅さん、宴がひけたというのに、深夜まではしゃぎにはしゃいだ。

翌朝は、枕も上がらぬ二日酔いである。市の観光課長（桜井《さくらい》センリ）とその部下が車で迎えに来た。この大飯ぐらいで気が

寅さんからひと言
揖保川

揖保川流域の特産素麺を忘れないでね

俺の母なる川は江戸川だけど、たつの市に住む人にとってそれは揖保川だろうな。どうってことのない川なんだけど、播州平野をさ、ゆったりと流れていて、鷹揚な感じがいいね。忘れてはならないのは、流域の特産品。日本三大素麺の一つに数えられる「揖保乃糸」だな。生産の中心はたつの市、太子町などで、たつの市には資料館があるのでぜひ。

第17作「寅次郎夕焼け小焼け」（1976年）の宣伝用スチール。「東京はどっちだ?」と聞く寅さんに、ぼたんは「こっちゃ」。方角を確かめながら無理な願いを叶えてくれた東京の青観に、醤油樽の上から手を合わせた。

利かない部下役の寺尾聰《てらおあきら》が、実にいい味を出していた。車で引き回すのは、市内を巡り画題を決めてもらおうとの腹なのだ。気が進まない青観は、寅さんにお役を押しつけ、雲隠れしてしまう。

課長らは、童謡「赤とんぼ」の作詞家・三木露風《みきろふう》の生家、赤穂義士の首領・大石内蔵助も通った山崎街道などを案内した上、揖保《いぼ》川に架かる龍野橋に車を停める。橋から揖保川越しに眺める鶏籠《けいろう》山が最も美しいと強調する。けれど、前夜の乱酒で眠くてならぬ寅さんの耳に届くはずもなかった。

ファンならばぜひ「竹しぼの宿 梅玉」へ

昼食の席でぼたんと再会した寅さんは、別れ際「所帯を持とう」と冗談を飛ばして柴又に帰った。その、後を追うようにしてぼたんが上京。寅さんはまんざらでもない気分だったのだが、実は鬼頭という男（佐野浅夫《さのあさお》）に貸した200万円を取り戻すための上京だった。

鬼頭は善人ばかりが登場するシリーズにあって、ただ一人の悪党だ。人のいい柴又住人の歯の立つ相手ではない。彼に軽くあしらわれて、貸金は取り戻せない。

窮した寅さんは、青観に絵を描いてもらい200万円を捻出しようとするものの、青観に断られてしまった。

ぼたんが心配な寅さんは、ふたたび龍野の町へ。すると、青観は寅さんに内緒で、彼女に絵をプレゼントしていた。すると、「東京はどっちだ」と醤油樽《しょうゆだる》に乗った寅さん、かしわ手を打って青観に感謝の念を捧げるのであった。

龍野は、市内中央を流れる揖保川が多くの生業《なりわい》をもたらし、しっとりした町並みが美しい城下町である。JR姫新《きしん》線の本竜野《ほんたつの》駅が最寄り駅で、駅前に「夕焼け小焼け」の親子像が建てられている。

細い路地が入り組んだ城下町には、白壁土蔵、うす口醤油の資料館、武家屋敷資料館、昭和レトロ情景館などが散在。情景館をバックに、和服姿に着飾った若い女性が、記念写真におさまっているのに出くわした。

寅さんが醤油樽に乗ったのは、旧ヒガシマル醤油第二工場があったあたりだ。龍野がうす口醤油の産地となったのも、揖保川があったればこそである。かしわ手を打って、感謝せねばなるまいて。

ロケ隊のスタッフが宿泊した老舗旅館「竹しぼの宿 梅玉」前の通りを、忘れず歩いていただきたい。ロケ時のエピソードを聞けるかもしれない。旅館内には、作品ゆかりの品々を展示している「寅さんコーナー」もある。

露風の「赤とんぼ」には、「♪夕やけ小やけの赤とんぼ　とまっているよ竿の先〜」との詞が付されている。仮の宿にとまっているとんぼ君に、安住の地はあるのか。〝極楽とんぼ〟のお兄さんに尋ねてみることにしよう。

ソメイヨシノと枝垂れ桜の饗宴

◉角館◉秋田県仙北市

江戸川堤の桜が寅さんの原風景

寅さんが毎年、必ず商売の旅に出るのはお正月。彼の稼業は、「テキヤ殺すにゃ刃物はいらぬ、雨の3日も降ればいいってね」というくらい季節や天候に左右される。黙っていても人が出盛る正月は、最大の稼ぎ時なのだ。その正月、寅さんはどうやら南国でバイするのが常らしい。澄み渡った新春の空の下、晴れ着姿の娘さんを相手に口上を述べ立てる。雪深い北国の寺社の片隅で、というケースは皆無に等しい。

新年を南国で迎えた寅さん、以降の旅程については、**第3作「フーテンの寅」（1970年）**において、自ら次のように語っている。

寅さんからひと言
内陸縦貫線

マタギの里をゆく
日本一の渓谷鉄道

武家屋敷もサクラもいいけど、俺が必ず足を向けるのは、秋田内陸縦貫鉄道さ。新緑や紅葉、特に冬がいい。なかなか経営は厳しいらしいが、掛け値なしに日本一の渓谷鉄道だろうな。マタギ資料館・ふるさとセンターなど、マタギ文化を体験できる阿仁マタギ駅で降りてみるといい。これは何としても残って欲しい秘境路線の一つだな。

「そうよな。次に鹿児島に帰ってくんのは3月の頭、桜の花もポチポチ咲こうって頃よ。それから熊本、小倉、尾道と、ずーっと下って4月は関東、5月は東北、6月は北海道。俺たちの旅は桜の花と一緒だ。花見の旅だい」

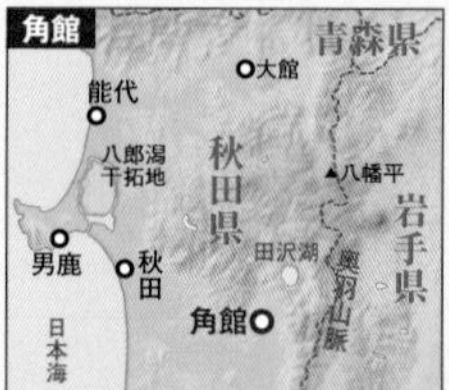

渡世人を気取る寅さんにとって、身だしなみも粋であることが必須条件だ。寒いからといって、着ぶくれたままバイするのはいかにも野暮ったい。で、オーバーやコートを羽織るような真似はしない。薄着で通してはいるものの、やはり寒いことは寒い——という次第で、冬は南国、夏は北国でのバイとなる。

シリーズが正月、お盆の年2回公開に定着したのは昭

㊤第38作「知床慕情」（1987年）の冒頭シーン。桧木内《ひのきない》川の堤や川原に繰り出した花見客が映し出される。㊦ほぼ同じアングルで撮られた現在の様子。賑わいは変わらない。㊨角館では武家屋敷の枝垂れ桜も見逃せない。ソメイヨシノとは異なる趣がある。

和47（1972）年以降だ。同年のお盆には**第9作「柴又慕情」（1972年）**、正月には**第10作「寅次郎夢枕」（同）**が封切られた。ということは、お盆公開作の地方ロケは初夏、正月公開作の場合は晩秋という計算となる。「俺たちの旅は桜の花と一緒だ。花見の旅だい」と見得を切った寅さんだが、見頃となった桜が映し出されているシーンがほとんどないのは右のような事情なのだろう。そう考えると、**第38作「知床慕情」（1987年）**は、すこぶる貴重である。冒頭で、秋田県仙《せん》北《ぼく》市角館《かくのだて》を流れる桧木内《ひのきない》川の桜並木を拝めるからだ。

雪をいただいた山々を背景に、ひとすじの青い帯となって流れる川沿いをピンクに染めるソメイヨシノを映しながら、寅さんの独白が重なる。

「思い起こせば親父と大ゲンカした16の春、これが見納めかと涙をこぼしながら歩いた江戸川の土堤は、一面の桜吹雪でございました。今では一本も残っておりませんが、私がガキの時分、江戸川堤は桜の名所だったのでございます。毎年春になると、両親に連れられ、妹さくらの手を引いて、花見見物に出かける時の、あのワクワクするような楽しい気持ちを、今でもまざまざと思い出します」

映像もまた、桜見物の浮かれ気分を前面に押し出す。琴の音が漂う中、提灯を連ねた築堤上を日本髪を結い上げた和服姿の女性が行き交い、河原ではビニールや緋毛《ひもう》氈《せん》を敷いた一団が車座になって酒盛りの最中である。手拍子に合わせて踊りを披露している者もいる。

1カ月ほどかけて「旅」をする桜前線

築堤上に約400本ものソメイヨシノが並ぶここは、「日本さくら名所100選」に名を連ねている。国指定の天然記念物に指定されている「角館・武家屋敷通りのシダレザクラ」(約160本)と並んで、角館を代表する景観だ。桜の咲く時期を迎えると、しばらくは桜の話題で持ちきりとなる。お陰で、「桜前線」といった新造語がすっかり耳になじんでしまった。南北に長い日本列島を、桜前線が南は沖縄から北は青森、北海道へと北上するのだ。1カ月ほどをかけて。

人は桜が咲くといってはときめかし、散るといっては心を波立たせる。桜の咲く時期は寒暖の繰り返しがあるので、咲きそうになっても足踏みすることがしばしば。にもかかわらず、満開期間はせいぜい2～3日。「三日見ぬ間の桜かな」で、あっという間に見頃が終わってしまうのだ。気をもたせるんですなあ、桜という花は。しかも、だ。地球温暖化のせいだろう、最近の桜前線は前よりも早く津軽海峡を渡ってしまう。各自治体で「桜まつり」を担当する職員は、さぞ時期設定に頭を悩ませていよう。

当方の学齢期には、桜が満開となるのは4月上旬の入学式の頃と決まっていた。それが今や卒業式の時期には散ってしまいかねないありさま。桜吹雪の刺青をしたお奉行様は、いったいどんな心境でいることだろうか。

◉萩◉

藩政時代の地図がそのまま使える
香具師のバックヤードを垣間見る

第37作「幸福の青い鳥」(1986年)の導入部は、〝古地図で歩ける町〟と評される山口県萩市を舞台としている。毎年11月の第2日曜日に行われている「萩時代祭り」

の行列が、平安古《ひやこ》地区を練り歩くシーンが映される。この行列は、長州藩5代藩主・毛利吉元《もうりよしもと》が金谷八幡宮の社殿を修復したことに端を発する。当初は「手廻備《てまわりそなえ》の行列」と称し、手廻り調達品、武具、衣装を平安古地区などの4町に下げ渡し、秋の例祭日に奉納させたのである。

武家使用人の姿に扮装した住人が行列を組み、「イ〜サ〜ヨ〜シ」の掛け声とともに、長柄の槍を投げ渡し、道具類の持ち手を交代しながら独特の足拍子で練り歩く。沿道の要所では、草履《ぞうり》を持って踊る「草履舞」も披露する。

行列が水路に架かる石橋を通り過ぎたところでバイしている寅さん。「若者よソウルをめざせ!」をうたい文句に運動靴を

寅さんからひと言
長州弁

標準語になった「〜であります!」

「バイしちょる」「雨じゃのんた」「せんないのぉ」なんて、長州弁は響きがいいね。そういえば、俺もたまに使う「〜であります!」。これも長州弁。長州藩出身の元勲・山縣有朋《やまがたありとも》が明治初期、長州弁を強引に「標準語」として、軍隊に定着させたんだとか。長州弁を学ぶなら、テレビ山口の「山口弁エコかるた」(写真)が楽しいぜ。

「萩時代祭り」で運動靴などをバイする寅さんとポンシュウ(関敬六《せきけいろく》)。耳かきを槍に見立てて行列のまねをする寅さん。それにしても「次期ソウルオリンピック認定」とは……。もちろん「ソウル」は「ソール」の洒落である。

バイし、隣では商売仲間のポンシュウ（関敬六《せきけいろく》）がコンピューター占いの品を売っている。槍の投げ渡しを目にした寅さんは、ポンシュウに向かって耳掻きを投げ、素早く投げ返されたそれを受け取っていた。人の話を受け売りするのが得意とは承知していたが……。この描写の後、香具師《やし》の撤収の様子が映され、寅さんの日常生活のバックヤードを見るようで興味深い。

武家屋敷の土塀からあふれる夏ミカン

「明治は遠くなりにけり」――今日、城下町を標榜する自治体は数あれど、その実態はお寒い限りである。安っぽい復興天守ばかりが目立つ〝似非《えせ》城下町〟と一線を画すべきは萩の町だろう。

山陰の西端近く、交通の便がよろしいとは言いかねる土地が城地として選ばれたことが、かえって幸いした。町には銭湯以外の煙突がないといわれた土地柄だ。工場の煙突から煤煙が吐き出される図を目にする心配はない。町並みは、おおむね昔のままである。藩政時代の城下絵図が、そのまま利用できるほどなのだ。

長州藩の政庁だった萩城（指月《しづき》城）はガイドブックに譲って、映画の舞台となった平安古地区に的を絞ろう。

藩政期、重臣の屋敷は堀内地区にあったが、堀内が手狭になったので、平安古地区に下屋敷を求めた。その屋敷を守るため、左右を高い土塀で囲み、道を鍵の手（直角）に曲げた鍵曲《かいまがり》を設けた。

屋敷の内側に植えた夏ミカンの黄色い実が、土塀から道にあふれそうになっている。夏ミカンは明治10（1877）年前後、没落していく士族授産のために植えられた、という。5月の末には、白い花が咲いて、馥《ふく》郁《いく》たる香りが市内を覆う。黄色い実、白い花、そして漂い流れる香りは、なによりのもてなしである。

藍場川沿いに残っている武家屋敷もぜひ見ておきたい。ことに、旧湯川屋敷は旧城下の暮らしぶりを知る格好のよすがとなる。川沿いに長屋門が口を開け、やや反った石橋を渡って中へ入る。屋敷内部には、川の水を取り入れ、流水式庭園に注ぐようにしてある。さらに、その水を〝ハトバ〟や風呂水に使った上で川に戻す仕組みだ。家族が水を汲んだり、野菜を洗ったりする場が〝ハトバ〟である。一滴の水も無駄にしない循環式になっているのである。

藍場川沿いには、桂太郎旧宅もある。3回も総理大臣を務め、拓殖大学を創設した大立て者だ。

第5章

寅さんと

宿場町

他人様と襖1枚隔てた座敷で眠り、繁忙期には相部屋も辞さない
ときには布団部屋に甘んじる夜さえある
雨露さえしのげれば、とは思うものの
さすがにそんな夜には柴又が恋しい

寅さんと宿場町

古来、さまざまな人生が交錯してきた宿場町 寅さんの半生がここにある

中山道34番目の奈良井宿は、江戸時代に「奈良井千軒」といわれるほど繁栄した木曽街道最大の宿場である。昭和58(1978)年、重要伝統的建造物群保存地区に選定され、町並みは奇蹟のように守られてきた。併走する国道から完全に隔絶していため、景観は江戸時代とほとんど変わらない。旅籠行灯に灯が入れられると、宿場風情はいやます。

◉奈良井◉長野県塩尻市

宿場の情感が寅さんの心を映す

「このきれいな女性、奥さんけぇ」

シリーズ中、江戸時代に整備が行き届いた中山道の宿場町・奈良井宿が2度にわたって描かれた。**第3作「フーテンの寅」(1970年)**と**第10作「寅次郎夢枕」(1972年)**である。

奈良井宿は、木曽街道11宿中もっとも繁華な宿場だ。天保《てんぽう》年間(1830~44年)には、旅籠・茶屋などを合わせて39軒に及んだ。一帯は国の重要伝統的建造物群保存地区に選定され、妻籠《つまご》宿などと並んで町並み保存運動に大きな影響を与えた。

狭い街道の両側には、長い軒先を突き出した家屋が連なる。2階をせり出した出梁《だしばり》造りで、潜《くぐ》り戸《ど》、蔀戸《しとみど》のある家屋も多い。千本格子が町並みの遠近感を醸し出している。

「木曽の奈良井か薮原《やぶはら》流か、麦もとらずに飯をたく」と俗謡にうたわれた。他地区の人々が、白米を口にする奈良井宿の人々を羨んでいるわけだ。

街道の風情を濃厚に漂わせているのは、本陣、上問《かみとい》屋《や》、枡形の石積み、鍵の手などの施設だ。なかでも、上問屋で庄屋も兼ねた手塚家は上問屋資料館(国指定重要文化財)として公開され、隣接する旅館「ゑちご屋」や「伊勢屋」などとともに、江戸そのままの景観を形づくっている。「問屋《といや》」とは江戸時代に制度化されていた主要街道の伝馬(宿場に一定数置かれた宿駅の馬)や人足たちを管理していた家のことである。宿場の束ね役のような一種の行政官的な役割も担っていた。

その「ゑちご屋」を舞台としたのが**第3作「フーテンの寅」(1970年)**。風邪っ引きの寅さんが泊まっていた旅館だ。18世紀後半から続く老舗旅館である。館内では結婚式が行われていて、歌い踊る参列者でたいそう賑やかだ。一方、布団部屋のような狭い部屋に垂れ込めている寅さんは、ふだんの陽気さはどこへやら。風邪を引いているらしく、マスクをしてしょぼん。

係の仲居(樹木希林《ききききりん》)が慰め顔で話し相手になっている。寅さんが家族の映っている写真を見せると、さくらを指差して「このきれいな女性《ひと》、奥さんけぇ」。うんう

ん、とあいまいに頷く寅さん。彼女が去った後、咳込みながら「いくら可愛くっても、妹じゃしょうがねえや」とポツリ。宿場の情感（一種のわびしさ）は寅さんの心を映す鏡のようである。

寅さんは宿屋の一人酒が絵になる男

第10作「寅次郎夢枕」（1972年）のロケもまた旅館である。JR中央本線・奈良井駅前の「かぎや旅館」だ。かつては、駅前で「奈良井館」として営業していた。駅前から集落へと続く階段を上がると、置いてけぼりをくった寝ぼけ眼《まなこ》の登（秋野太作《あきのたいさく》）が、SLを見送った景色が広がる。

中央本線を上下する列車の汽笛が響く中、寅さんは銚子を傾けている。ここでもまた、彼は一人ぼっちである。

寅さんからひと言
鳥居峠

旧道の峠越えで気分は旅人

中山道っていえば、昔の大動脈だがな。木曽路は難所が多くて大変だった。とくに奈良井宿と薮原宿を結ぶ鳥居峠越えは、旅人泣かせさ。でも、今は石畳が整備されて風情があり、ハイカーたちに人気らしい。途中に句碑などが建ち並ぶ円山公園（写真）てのがあって、近くの展望台からの眺めも最高だよ。でも、熊鈴は必ず提げてけよ。

「かぎや旅館」で登と再会し、飲み明かした翌朝。2人は信州のひなびた街道を歩き、小さな神社の縁日でバイをする。再び、駅前旅館に投宿。だが、翌朝、寅さんは「足を洗え」と置き手紙を残して去った。

泊まった宿屋の結婚式の宴会が騒がしく、布団部屋に移った寅さん。破れ障子の布団部屋である。薄幸そうな仲居（樹《き》木《き》希《き》林《りん》）に身の上を心配されるが、「とらや」の家族写真を見せて、さくらを妻、満男を子と話して胸を張るのであった。仲居が去ってぽつねんとしていると、蒸気機関車が破れ障子を揺らしながら爆音とともに通過していった（直後、障子が外れて落ちてくる）。

酒が回っているはずなのに、酔えない。浮き草暮らしの行く末を案じているのだろう。こうした宿屋の一人酒が絵になる男である。

　隣室がばかに賑やかなのも気に触る。仲居衆の朗らかな笑い声が届く。と、聞き覚えのある声が聞こえてきた。「もう何年も帰らねえなぁ……おいちゃん、おばちゃんはどうしているかなぁ」。自分の口真似をして、仲居の人気取りをしているのは舎弟の登ではないか。パッと起き上がった寅さん、隣室の襖《ふすま》をガラリと引き開けた。驚いて振り返る登に向かって、「それじゃあ、フーテンの寅という、色男のお兄さんですか」。さっきまでの怒りの表情は一変し、満面の笑み。泣いたカラスがもう笑うた——感情の振幅が大きい寅さんらしい場面だった。

　木曽街道は中山道の一部を形作り、さまざまな階層の人々が往来しただけにトラブルも相当数あったろう。なかでも、沿道住人にとっての〝大事件〟は和宮《かずのみや》の降嫁行《こうかぎょう》列《れつ》だった。和宮（静寛院宮《せいかんいんのみや》）は、孝明《こうめい》天皇の妹。朝廷と徳川幕府の融和を図るため、心ならずも14代将軍・家茂《いえもち》に嫁いだ。いわゆる公武合体である。

　文久《ぶんきゅう》元（1861）年秋、和宮の一行は京都を出立、道を中山道に取った。これが空前絶後の大行列。警護や人足まで含めると約3万人というのだから桁違いの大部隊だ。行列は延々、50㎞にわたった。

　降嫁に反対する攘夷派の襲撃も噂され、渡河が少なく、東海道に比べて警備が楽な中山道を選択した経緯もある。それでも警戒は厳重を極めた。街道の家から行列を見ることは厳禁、犬すら遠ざけられ、墓所や雪隠《せっちん》（トイレ）は目隠しされた。行列は、木曾街道を3泊4日で通り抜けた。京都方面から上松《あげまつ》、薮原《やぶはら》、本山《もとやま》の各宿場で泊まり、奈良井宿は小休止のみだった。

　和宮は「宿りする里は いつこそ越えて ゆけともふかき木曽の山みち」と詠んだというが、道路や橋の改修、人足として駆り出された住人の迷惑はひとかたならず。島崎藤村の小説『夜明け前』の第1部6章は、行列通行の前後の情況に筆を費やしている。

　木曽路は、山田監督のお好みと見え、**第22作「噂の寅次郎」**（1978年）、**第44作「寅次郎の告白」**（1991年）にも登場する。前者は、志村喬《しむらたかし》扮する博の父親が『今昔物語』を引き合いに出しながら「人生の儚《はかな》さ」を諭した。後者では、作品の冒頭、旧奥恵那峡下り乗船場（最寄り駅はJR中央本線落合川駅）で、寅さんが相棒のポンシュウと一緒に船に乗っていた。

◉勝山◉岡山県真庭市

舟運が盛んだった出雲街道の要衝

山田監督が好む観光地化されていない場所

岡山県には、岡山市を流下する旭川《あさひ》と、吉井川《よしい》、高梁《たかはし》川の3本の一級河川水系が瀬戸内海に注ぐ。この3河川は、いずれも河川舟運の先進地域であった。岡山県の北部に散在する中小都市の形成史を尋ねてみれば、そのおおかたは河川舟運のお陰をこうむっている。旭川が岸辺を洗う真庭市勝山町も、そのひとつだ。

長いシリーズの一区切りとなった第48作「寅次郎紅の花」(1995年)の舞台に選ばれた町である。「紅の花」は、同じ旭川沿いの津山市でもロケが行われたし、高梁川が流れる高梁市は、第8作「寅次郎恋歌」(1971年)、第32作「口笛を吹く寅次郎」(1983年)の2作のロケ地となった。

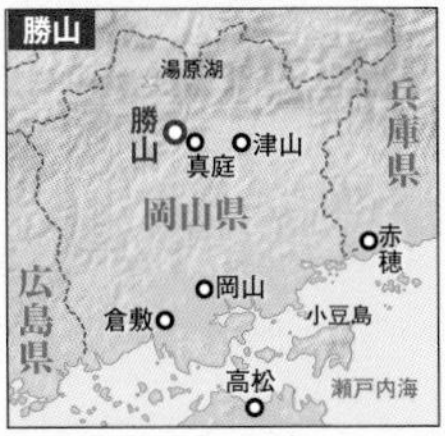

シリーズのロケ地は、「古きよき日本」をほうふつとさせる場所を主眼として選ばれているよ

勝山の町並みは路地裏１本入っても、出雲街道の宿場町の風情が色濃く残っている。写真は江戸期を通して藩主であった三浦氏にちなんだ三浦坂。坂上には三浦氏の菩提寺・安養寺がある。

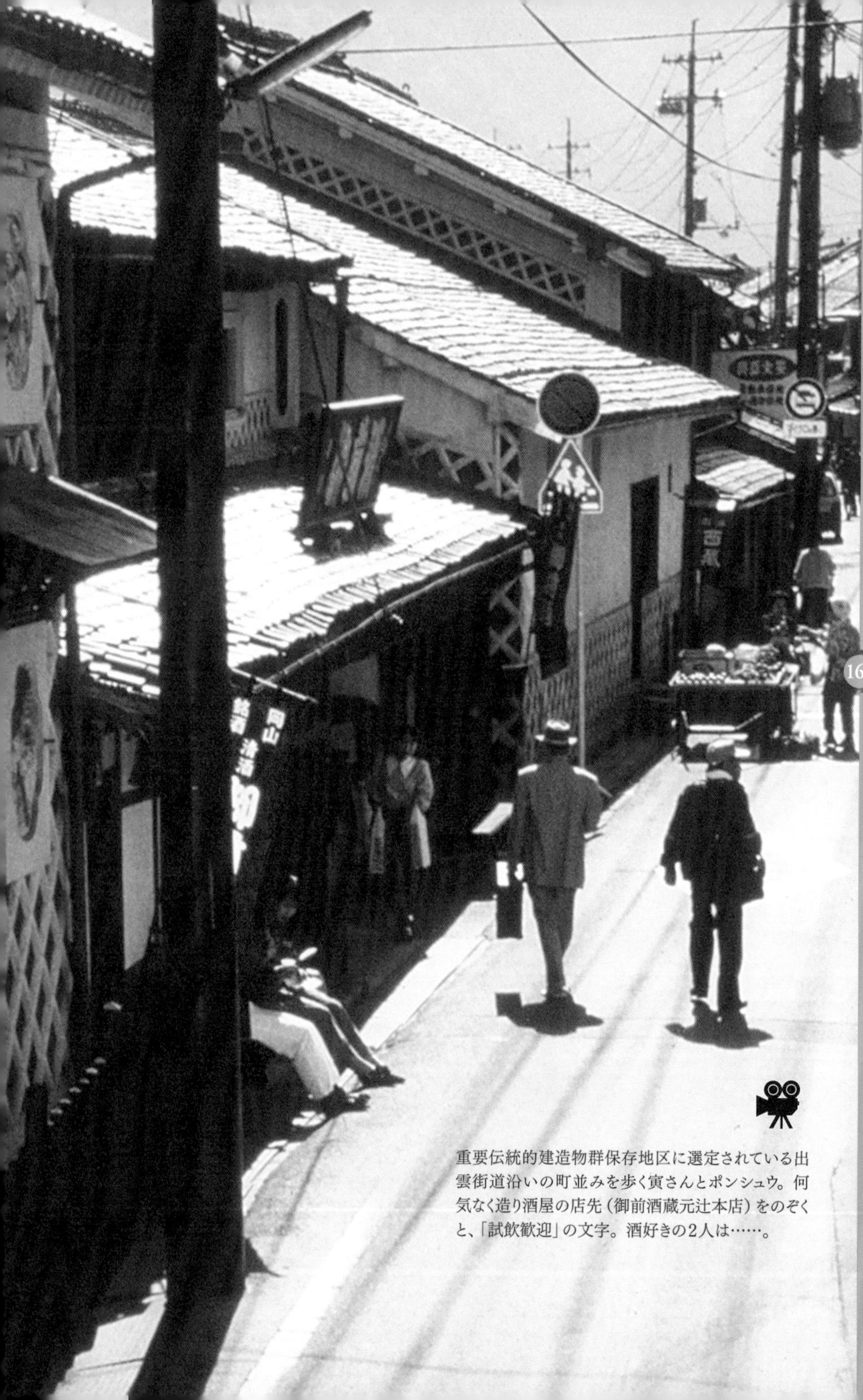

重要伝統的建造物群保存地区に選定されている出雲街道沿いの町並みを歩く寅さんとポンシュウ。何気なく造り酒屋の店先（御前酒蔵元辻本店）をのぞくと、「試飲歓迎」の文字。酒好きの2人は……。

㊤勝山祭り（喧嘩だんじり）で消火器をバイしていたが、消火器を売る許可は得ているのか怪しむ消防団の人に何やら質問されて、しどろもどろになる寅さん。㊦御前酒蔵元辻本店で試飲が過ぎて、足元がおぼつかなくなった寅さんとポンシュウ。店の女子従業員（後ろの女性）が心配になって後を追いかけてくる始末である。

うだ。**第8作「寅次郎恋歌」(1971年)**から**第44作「寅次郎の告白」(1991年)**まで助監督を務め、『寅さんの旅「男はつらいよ」ロケハン覚え書き』(日本経済新聞社)の著作もある五十嵐敬司さんは、「観光地化されていない場所を中心にロケ地を探した」と語っている。

勝山の町を歩いていると、その方針が貫徹されていることを実感する。旭川中流に位置している勝山は、古くからタタラ鉄や木材などを運ぶ舟運の川港として発展してきた。江戸時代には、三浦藩2万5千石の城下町となって幕末に至った。城下町時代の武家地は高台にあって、路地や茶垣、井戸跡などを見ることができる。その一画に家老格、御用人を務めた渡辺家が「武家屋敷館」として公開されている。

勝山は城下町であると同時に、出雲街道に沿う商人町でもあった。出雲街道は、播磨《はりま》国・姫路を起点に出雲《いずも》国・松江に至る街道だ。街道沿いには、連子格子《れんじごうし》に白壁の町並みが続き、商家の軒先には、色・デザインに工夫を凝らしたノレンが風に揺れる。造り酒屋の建物を転用した工房で染められているという。

街道の両脇にところを得た商家は、ふすま・建具の店であり、履き物を商う店であり、呉服店であり、硯《すずり》製造の店である。写真館は「写真場」のノレンを掲げている。正面に貼ってあるポスターはセピア色に変色し、風に吹かれてカサコソと音をたてた。

寅さんとポンシュウ、試飲酒に酔う

まるで大正時代に迷い込んだような錯覚を楽しみながら、街道を北へ進むと、県内有数の酒造家・御前酒蔵元《ごぜんしゅくらもと》辻本店《つじほんてん》。軒を漆喰《しっくい》で塗り固めた衣装蔵は見逃せない。「紅の花」のロケが行われたのはこの店だ。寅さんと相棒のポンシュウ(関敬六《せきけいろく》)が試飲酒を楽しんだ。「試飲歓迎」の看板に誘われたのだろう。棚には「美作《みまさか》」などの地酒がズラリ。つまみまで出してくれるサービスに、ついつい度を過ごしてしまった。

酒も恋もほどほどということを知らない男のことだ。「どうぞお試し下さい。ただし、あまり飲みすぎないように」の但し書きなんぞ何の役にも立たない。商売道具の入ったトランクを置き忘れるほどのていたらく。

満男に酒の飲み方について、延々と講釈を垂れたのは、**第42作「ぼくの伯父さん」(1989)**年。つい先年のことではなかったか。

二人してフラフラ、ヘロヘロとなり、足元も定まらないまま、店の外に出た。その様子を見て心配になった女子従業員が追いついたのが、旭川に架かる神橋だった。勝山町の核心部である。

　神橋から新庄川との合流点をめざして下っていくと、大きな中洲が広がる。その中洲へはいくつもの板橋が架けられていて、初老の男性が板橋にかがみこんで包丁を使っている。さばいているのは、日本海で釣ってきたサバだ。唐揚げにして食す、という。

　男性は中洲を指差し、「旧盆には、この中洲で灯籠を流すんですよ」。川面にぼうっとした光を投げかけながら、あっちにひっかかり、こちらで沈みそうになって流れていった灯籠を見たのはいつの日だったろうか。

　幼い頃の記憶をまさぐっているうちに、男性が教えてくれた旧遷喬《せんきょう》尋常小学校を見たくなった。柴又尋常小学

高瀬舟が行き交った石巻護岸

勝山は舟運が盛んで、江戸時代には旭川を高瀬舟が行き交っていたんだ。川に面して石巻護岸が組まれ、船着場がたくさんあった。今でも700mにわたってそのまんま残っている。家からはガンギと呼ばれる石段で下りていくんだ。中国地方の内陸と瀬戸内海を結ぶ動脈だったんだな。運ぶのは、下りが鉄材や炭。上りは塩や乾物だったらしい。

寅さんからひと言　船着場

第47作「拝啓車寅次郎様」(1994年)。満男も社会人となって、酒を飲む姿も板についてきた。これも寅さんの酒に関する蘊蓄のおかげである。写真は飲みながら、鉛筆のバイを披露してみせる寅さん。

校での寅さんの悪童ぶりを偲んでみたくなったのだ。
JR姫新《きしん》線を津山へひと駅寄った久世《くせ》駅が最寄り駅。明治40（1907）年築の学校である（前身は明治7〈1874〉年開校）。国の重要文化財。平成2（1990）年に小学校の役目を終え、現在は一般に開放されている、と教えられた。

正面から眺めると、完全なシンメトリー（左右対称）のデザインで、威風あたりを払うばかりの校舎である。正面玄関の下駄箱に草鞋《わらじ》を見出し、木目の通った廊下、教室に掲げられた習字、制服などを見学。堂々たる外観とはうらはらに、生徒の体温が感じられるホッコリした気持ちに誘われたことだった。映画「ALWAYS三丁目の夕日」（山崎貴監督／2005年）のロケもここで行われた。

教室の黒板には、給食のメニューが貼り出されている。サンマのかば焼き、コッペパン、牛乳……と続いて、最後に「みなさん、残さずに食べましょうね」とあった。奥へ、奥へと一直線につづく板張り廊下に佇んでいると、雑巾掛け競争をした頃の腕白時代がまざまざと蘇ってきたことであった。

日が西山に隠れた。今夜は、地酒で温まろうと思う。

◉花輪◉秋田県鹿角市

文化庁「歴史の道百選」の宿場町

死に場所を郷里に求めた秀才を捜索

葛飾柴又の「とらや」ばかりが寅さんの〝舞台〟ではない。鉄道、それも鄙びたローカル線や駅もまた彼の重要な〝舞台〟となってきた。寅さんは、**第35作「寅次郎恋愛塾」（1985年）**で、JR花輪《はなわ》線（好摩《こうま》〜大館《おおだて》間）という舞台に帰ってきた。**第33作「夜霧にむせぶ寅次郎」（1984年）**の冒頭、花輪線の東大更《ひがしおおぶけ》〜大更間の踏切を渡って以来のことだ。

寅さんからひと言
藤七温泉

白濁した露天風呂
ありがたいご来光

花輪から下がった八幡平には、御生掛《ごしょがけ》温泉、安比《あっぴ》温泉、松川温泉とかたくさんの温泉があるけどね。足を運んでもらいたいのは、藤七《とうしち》温泉かな。大きな一軒宿でな。標高約1400m、東北地方で高いところにある天然温泉だよ。白濁した広〜い露天風呂があって、ここから眺めるご来光は格別の美しさ。ご利益があるぜ。

勝山｜花輪

水晶山スキー場（鹿角花輪駅から車で10分）のリフトを稼働させて、死に場所を探して八幡平に入った民夫を探す寅さんと若菜（マドンナの樋口可南子《ひぐちかなこ》）。3人目の男性は地元で造り酒屋を営む民夫の父親である。

奥羽山脈を横断する花輪線は、紅葉の美しさで知られ、岩手山の格好のビューポイントを擁する。寅さんお気に入りの路線。だというのに、車中で一升酒が過ぎて、鹿角《かづの》市の中核駅である陸中花輪《りくちゅうはなわ》駅に着いた時には、足元も定まらない始末。紅葉、岩手山ともに見過ごしてしまったのだろう。花輪は鹿角街道の宿場で、現在は鹿角市に町名を残す。陸中花輪駅は平成7（1995）年、鹿角花輪駅と改称している。

寅さんは、長崎県の中通《なかどおり》島で知り合った若菜（マドンナの樋口可南子《ひぐちかなこ》）と司法試験をめざす民夫（平田満《ひらたみつる》）との仲を取り持ったのだが、民夫は振られたと勘違いして、故郷の秋田県鹿角市に帰ってしまった。

自殺でもしないかと心配した寅さんは、若菜と民夫の恩師（松村達雄《まつむらたつお》）とともに新幹線、在来線と乗り継いで、鹿角にやってきたという次第。車中で酒を飲み過ぎたのは、酒好きの恩師が同行したためである。

もともと登山が趣味という民夫は、慣れ親しんだ地元の八幡平《はちまんたい》の懐に抱かれて死のうと思ったのか、山に入り沢を遡上し、沢水で睡眠薬自殺を試みようとしたが、薬を川に流してしまって果たせなかった。結果、山中を彷徨し、水晶山スキー場のゲレンデに出てきたところを保護された。父親や地元の友人たちで編成された捜索隊は山道を登り、若菜や寅さんたちはスキー場のリフトを稼働してもらい捜索したのである。民夫を発見すると、寅さんは声をかけて励まし、リフトの上から若菜が「好きです」と民夫に告白して、ハッピーエンドとなった。

「大湯環状列石」が世界文化遺産に登録

民夫の生家は、旧鹿角街道沿いの酒造店との設定。撮影は堂々たる押し出しの「松風酒店《まつかぜさけてん》」で行われたが、ロケ後に解体され、現在はレンタルビデオ店に変わっている。この無念さは、街道を少し南に寄った「旧関善酒《せきぜんさけ》店《てん》」の見学で晴れた。ここも酒の製造は停止しているが、幸いなことに、特定非営利活動法人によって保存・公開されている。

明治時代の商家としては日本最大級の吹き抜け木造架構の町家で、国の登録有形文化財である。安政《あんせい》3（1856）年創業の造り酒屋で、明治38（1905）年の大火により類焼したが、同じ年に再建された。街道に沿って長々と伸びている店舗の大きさに度肝を抜かれ、提灯をつらねた〝こもせ〟が設けられているのに嬉しさがこみ上げてきた。これは軒から庇《ひさし》を長く出して通路にした造りで、雪国に特有の工夫である。仮設の店舗としたり、積雪時の通路として利用されてきた。

法人の方に案内されて建物を一巡、吹き抜け構造にしてある理由、生活用具、商家の格式、奉公人の暮らしぶりなどをレクチャーしていただいた。

地方の造り酒屋はおおかたが名家である。若菜は、民夫の元に嫁入っても不如意な暮らしとなるまい。寅さんよ、安心して柴又にお帰り下さいな。

旧関善酒店と街道を挟んで「菅江《すがえ》真澄《ますみ》の道」がある。真澄は江戸時代後半の紀行家で、生涯の半ば以上にわたって東北地方を歩き回り、膨大な旅行記を残した。総称して『菅江真澄遊覧記』と呼ばれる。彼が3度、鹿角の土を踏んでいることにちなんで、通りの名としたのである。

紫紺染め、茜染めは鹿角の特産物だが、真澄は、その色の良い理由を「この地の水が清いからだ」と記した。鹿角街道は、南のはずれに枡形が設けられており、近くには一里塚もある。枡形は、道がカギ型に造られている場所で、見通しを悪くして城下を守ろうとした工夫だ。

真澄が往来しただろう鹿角街道は、奥州街道を盛岡城下から分かれて西に向かい、現在の秋田県に入って大館で羽州街道に合する津軽街道のうち、秋田県内を通る部分をいう。文化庁の「歴史の道百選」の一つである。「道」は、人の歩くところにできる。「道」はまた、人の往来を誘い、文化や技術を伝播させた。戦国武将や兵士も駆け抜けた。「道」には、歴史が刻み込まれているのだ。

ところで鹿角市内の「大《おお》湯《ゆ》環状《かんじょう》列石《れっせき》」は、今年7月、「北海道・北東北の縄文遺跡群」として世界文化遺産に登録された。昭和6（1931）年に発見された遺跡で、円形に石を並べた、いわゆるストーンサークルだが、周囲には縄文人の集団生活を偲ばせる遺跡も多数点在する。

鹿角市北部の十和田大湯に残る大《おお》湯《ゆ》環状《かんじょう》列石《れっせき》は、縄文時代後期（約4000年前）の遺跡である。

◉海野◉長野県東御市

北国街道の宿駅として隆盛を誇る

肩で風を切るように宿場町を歩く寅さん

再度、第35作「寅次郎恋愛塾」（1985年）。この作品の主たるロケ地は、長崎県の五島列島だが、冒頭のシーンは長野県東御《とうみ》市の海野《うんの》宿で撮影された。

海野は、戦国時代の豪族・真田《さなだ》家の故地である。真田一族の本家筋とされる名族・海野一族の本拠地だった。長野市などの「北信《ほくしん》」に対し、「東信《とうしん》」と呼ばれる地域。真田昌幸《さなだまさゆき》が上田城築城の際、海野の庄から寺社や町を上田に移している。

その後、北国街道の宿駅となり、海野宿として栄えた。宿の開設は寛永《かんえい》2（1625）年で、19世紀初頭には、旅籠23軒、伝馬屋敷59軒を数えるほどの隆盛を誇った。

北国脇街道、善光寺街道ともいわれる北国街道は、軽井沢の追分で中山道と分かれ、善光寺を経て直江津で北陸道に合流し

ていた街道だ。善光寺に詣でる人々の参拝路、佐渡金山に産した金銀の運搬路、大名の参勤交代路として大いに賑わった。近代となり宿場機能が失われてからは、養蚕《ようさん》村に変貌している。

作品での宿場を映す映像は、街道の中央を走る用水路のアップで始まり、次いで宿場全体の外観を捉える。街道の両側に連なる家並みの中を、寅さんが肩で風を切るように歩いて行く。町家の軒下には、ツバメが巣を作っている。巣の中では、子ツバメが口を開いて餌を催促し、親ツバメがせわしそうに出入りする。

宿場を出はずれると、街道の両側は田圃である。すでに田植えは終わっていて、まだ頼りなげな稲が風に揺れている。大樹の陰で休んでいる寅さんの前を、ひとりの雲水（梅津栄《うめづさかえ》）が通りかかる。寅さんが雲水と共に歩き出すと、日傘を差し、手に花束を提げた妖艶な女性とすれ違った。通りすぎる女性のうしろ姿に見惚れている雲水に気づいた寅さん、彼をからかう。セリフは聞こえないけれど、「坊さんのくせに、一目惚れかい」とでも言っているのであろう。

白鳥河原は木曽義仲挙兵地

海野宿の入り口に鎮座する白《しら》鳥《とり》神社。ここは真田家ゆかりの神社で、境内には樹齢700年といわれるケヤキの御神木がある。神社の前は千曲川さ。この河原は白鳥河原と呼ばれていて、平家討伐のために木曽義仲が挙兵した場所だよ。『平家物語』で語られる「白鳥河原の勢揃」さ。

寅さんからひと言 白鳥神社

河原に立つと、軍馬の嘶きが聞こえてきそうな気がするぜ。

「俺みたいな奴を〈勇士〉だなんて……」

5年ほど前、本作に触発されて海野宿を訪ねた。列車が碓氷《うすい》峠を越えると、雨は雪に変わっていた。軽井沢駅でしなの鉄道に乗り換え、田中駅で下車。海野宿をめざした。半鐘が吊され、道の中央を用水路が走る家並みを進み、海野宿歴史民俗資料館を訪ねた。寛政《かんせい》2（1790）年前後に建てられた旅籠屋造りの建物だ。

海野宿の町家は、小屋根に「気抜き」と呼ぶ窓が取り付けられているのが特徴。蚕《かいこ》を飼育するため室内で火を焚き、煙出しの窓を取り付けていたのである。

用水路のかたわらに建てられている重要伝統的建造物群保存地区の標柱を撫でながら、「北国の春は遅いなあ」――雪空を恨めし気に見上げていたところ、老婦人に「あいにくの上雪《かみゆき》ですね」と声をかけられた。

日本海型気候の北信とは異なり、この辺りに降る湿っ

千曲川の河岸段丘の上、北国街道に約500mにわたってかつての海野宿の一部が残され、約100軒の建物によって歴史的な景観が保たれている。近世・近代と養蚕が盛んだった地域だけに、旅籠屋造りに堅牢な蚕室造りの建物が交じり、藁葺きの民家も残されている。

た雪を「上雪」と呼んでいるとの仰せだ。こうした表現を耳にすると、旅のただ中にある喜びが兆し、背筋がゾクリとする。

海野と真田氏の因縁の深さは、真田十勇士の一人に海《うん》野《の》六郎《ろくろう》の名が挙がっていることからもうかがえよう。「立川文庫」によると、その真田十勇士を手足の如く使って徳川家康を追い詰めたのが、戦国武将のなかでも抜きん出た人気を誇る昌幸の子・幸村《ゆきむら》（信繁《のぶしげ》）だ。

海音寺潮五郎の小説『真田幸村』は、若き日の幸村を描く。ある日、幸村は海野付近で雉を仕留めた折、赤吉と名乗るむさくるしい少年を見知った。彼は漁労、狩猟、竹細工などで生計を立てているサンカの子だった。赤吉は本作のキーパーソンとなる少年で、猿飛佐助を思わせる活躍を見せる。個性豊かな十勇士にあって、ナンバーワンの勇士だ。

十勇士といえば、小諸市を舞台とする**第40作「寅次郎サラダ記念日」（1988年）**のエピソードが思い浮かぶ。小諸で女医・真知子（マドンナの三田佳子《みたよしこ》）と知り合った寅さんは、彼女が間借りしている家に招かれる。寅さんの稼業を聞かされた真知子と姪っ子は、島崎藤村の詩「小諸なる古城のほとり雲白く遊子《ゆうし》悲しむ……」を口にし、「遊子って、寅さんのような方を言うのね」。すっかり照れてしまった寅さん、とんでもない、俺みたいな奴を「勇士」だなんて……。と応じて真知子を笑わせていましたっけ。

海野宿のほど近くに、18世紀後半の相撲界を席巻《せっけん》した雷電為右衛門の生家がある。谷風、小野川らの名力士と江戸大相撲の全盛期をしょって立った人物である。黒星がたった10回という、とてつもない強豪力士だ。東御市滋野に復元保存されている生家には稽古土俵、見学用の桟敷が設けられている。

小諸などでロケされた第40作「寅次郎サラダ記念日」（1988年）。女医・真知子（マドンナの三田佳子《みたよしこ》）は、寅さんの優しさにほだされたマドンナの一人である。

第6章 さくらもまた 旅をする

さくらの旅は物見遊山ではない
清男を心配し、寅さんの尻ぬぐいのために車中の人となる
所在なく車窓を見やる横顔には憂いがあるが
眼差しには限りない愛、そして希望の光を宿している

さくらもまた旅をする

さくらは、なぜいつも寅さんを甘やかすのか? 本作のテーマがそこにある

背景写真はJR五能《ごのう》線の轟木《とどろき》駅。日本海に臨む無人駅で、国道101号が通るほかは周囲に何もない。上の写真は、第7作「奮闘篇」(1971年)で轟木駅に降り立つさくら。寅さんが「俺はもう用のない人間だ」と自殺をほのめかすような手紙を寄越したことから、さくらは寅さんを探しに青森県深浦《ふかうら》町へ。花子(マドンナの榊原《さかきばら》るみ)が仕事をしている学校の最寄り駅がここで、「兄はきっとここを訪れたはず」と、すがるような気持ちが伝わってくるシーンである。現在の駅はロケ当時の駅から建て替えられているが、雰囲気は同じだ。

◉深浦・鰺ヶ沢 ◉青森県深浦町・鰺ヶ沢町

冠雪した雄大な岩木山が美しい
弘前駅で乗り継ぎ、海を望む無人駅へ

本来なら兄が妹の面倒を見るのが普通だが、寅さんとさくらの場合は逆である。さくらの亭主・博（前田吟）は印刷工場の職工であり、裕福というわけではない。にもかかわらず、さくらはやりくり算段して金銭面でも兄を助けることがしばしば。さらに負担なのは、旅先での寅さんの失態の尻ぬぐいのためにかかる旅費だ。

第7作「奮闘篇」（1971年）は、寅さんが立ち回ったと思われる青森県深浦《ふかうら》町や鰺ヶ沢《あじがさわ》町をさくらが訪ねる。都合5回となる尻ぬぐいケースの初回だ。

寅さんは、静岡県沼津市でちょっとばかり知的障害がある花子（マドンナの榊原《さかきばら》るみ）を見知る。同情した寅さんは、迷子札代わりに、「とらや」の住所を書いて渡す。寅さんが柴又に帰ってみると花子が「とらや」で世話になっていた。花子は何くれとなく面倒をみてくれる寅さんになついてしまう。だがある日、花子の故郷である青森県鰺ヶ沢町から身元引受人の福士先生（田中邦衛《たなかくにえ》）が訪ねてきて、寅さんが留守の間に連れ帰ってしまった。

俺の手助けがなくて、花子は生きてゆけるのか――心配でならない寅さんは、花子が仕事をしている田野沢小学校（現在は廃校）を訪ねて行った。彼女が生き生きと働いていることに安堵した寅さんは、「とらや」にハガキをよこす。「花子も元気にしていたし、俺はもう用のない人間だ」と不吉な文面だ。

まるで遺書みたいだと不安になったさくらが、兄の後を追ってJR五能線（東能代～川部間）の驫木《とどろき》駅（深浦町）へやってきた。田野沢小学校の最寄り駅である。

さくらの旅の様子は、奥羽本線の弘前《ひろさき》駅から映し出さ

岩木山は最強の郷土富士

花子が元気でやってるか、気になってな。五能線に揺られて驫木駅で降りたのはいいけど、最果てって感じだな。でもそのあたりからは、どこからでも岩木山（写真）が見えた。津軽富士と呼ばれている通り、雪を被った姿は本物の富士山に負けないくらいきれい。いかにも「神様がおわす」って感じだね。「郷土富士」のなかでも一番だと思うよ。

寅さんからひと言 岩木山

JR五能《ごのう》線の車中。さくらが「すいません、あの、驫木《とどろき》は鰺ヶ沢《あじがさわ》の前ですか?」と尋ねると、年配の女性2人が「あ、むこうです、前、先です、前」などと教えてくれるのだが、津軽弁のようでよく聞き取れない。

れる。さくらは木造の跨線橋《こせんきょう》を渡って列車を乗り換える。五能線に直通する列車の起点が弘前駅なのだ。弘前駅を出た気動車は、最初は6合目あたりまで雪をかぶった岩木山方向へ、リンゴ畑を眺めながら進む。やがて、列車は右手に日本海を望んで走る。

さくらにとっては初めての路線だ。相席したおばあちゃんに驫木駅は、鰺ヶ沢駅の前かと尋ねた。おばあちゃんは津軽弁で話すので、よく聞きとれない。鰺ヶ沢駅の先であることを確認して、安心するさくらだった。驫木駅は、日本海の白い波頭が間近に寄せくる木造の無人駅。下車して周囲を見回しても人家はない。籠を背負い、頬かむりした地元女性客が二人降りただけだ。

海のとどろきだけ、駅前には人っ子一人いない

小学校のある田野沢までは、だいぶ距離があるようだ。何度か道順を尋ねながら、小学校を探し当てた。周囲の民家は茅葺《かやぶき》屋根が目立ち、軒下に燃料用の薪が積み重なっている。狭い校庭で体育指導していた福士先生がさくらを認め、職員室に招じ入れる。確かに寅さんは小学校を訪ねて来、その晩は福士の家に泊まった、という。新鮮な海の幸を肴に酒がすすんだらしい。翌朝、寅さん

はバスで弘前へ出発したようだ。

花子も元気で働いている。花子が無事であるからには、寅さんも早まったことはすまい。胸を撫で下ろすさくらだった。福士に礼を言い、さくらもまた弘前方面行きのバスに乗ったところ……。この先、さくらが寅さんと出会う場面は、第10章でどうぞ。

五能線の全長は147km強と、ローカル線にしては長大である。うち、およそ80kmほどは日本海とつかず離れず走るとあって、日本一の「海列車」と評してよかろう。千畳敷海岸を初めとする海岸美を堪能でき、黄金崎不老ふ死温泉など、名の通った温泉もある。深浦にある北前船の資料館も訪れたい。しかし、海ばかりに目を奪われていたのでは、お宝を見逃すことになる。海の反対側の山々、つまりは平成5（1993）年、日本初の世界自然遺産に登録された白神山地が横たわっているのだ。

20年ほど前になろうか、驫木駅を訪れた。雨もよいの一日で、風も強かった。聞こえるのは海のとどろきばかりで、駅前には人っ子一人いない。田野沢集落に足を伸ばす腹だったけれど、天候が悪く気持ちが萎えてしまった。次の列車までは3時間以上ある。

致し方なく、駅に備えつけの旅ノートをめくって時間をつぶした。すると、「驫木」を何と読むか知らずに下車した若者の文章にぶつかった。兵庫県の大学生だ。彼はノートに書きつけていた。「車」の字が3つ並んでいるのだから、「さんりんしゃ」とでも読むのだろうと（轟木と勘違い）。誰もいない駅舎に私の笑い声が響いた。

◉網走（卯原内）◉北海道網走市

さくらの2回目の尻ぬぐいの旅

「2階（貝）の女が気（木）にかかる」

「男はつらいよ」シリーズは、チョンマゲのない股旅映画である。異郷の地をさすらう渡世人が主人公の股旅映画には、母や妹が重要な役目を負って登場する。恋人や女房が描かれることもないではないが、その場合でも、主人公の彼女たちに寄せる思いは、母や妹への思いに似ている。母的なるもの、妹的なるものを故郷という言葉に置き換えることができるかもしれない。旅のさなかにある主人公は、故郷を、

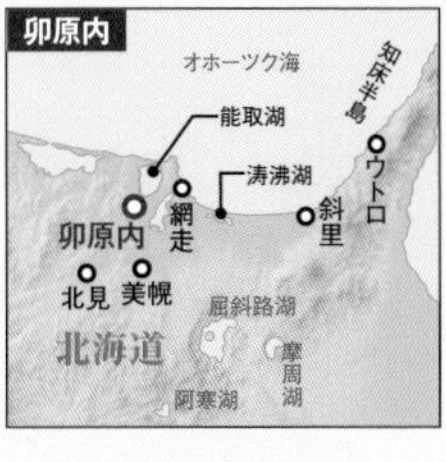

そして母や妹をなつかしく瞼の裏に思い描く。

それらの映画は、村祭りをいとも楽しげに描き出す。風に乗って流れてくる笛や太鼓の音は、主人公の望郷の念を具象化したものだろう。シリーズの**第1作「男はつらいよ」（1969年）**において、寅さんは、「泣くな妹よ」の歌詞でおなじみの「人生の並木道」を歌ってもいるのだ。こう考えると、本シリーズは股旅映画の条件をすべて満たしている。

妹のさくらは、不肖の兄を懸命にかばう。**第7作「奮闘篇」（1971年）**では、寅さんの実母・菊（ミヤコ蝶々）が兄をののしったことに憤然と抗議していた。そして、寅さんが20年ぶりに故郷の土を踏んだのは、帝釈天題経寺の例祭「庚申の日」だったのである。

さくらは、寅さんと同じ血肉を分けた兄妹かと疑いたくなるほどのしっかり者だ。家事や育児はそつなくこなし、「とらや」の精神的支柱ともなっている。浮き草暮らしの兄に耳の痛い意見もしはするが、最後の最後には甘えさせてしまっているのではないか。

ま、それはともかく、さくらの名は戸籍上は「櫻」であるらしい。第1作「男はつらいよ」において、さくらの見合いの席上、同席した寅さんは「この〝櫻〟という字が面白うござんしてね。木ヘンに貝ふたつでしょう。それに女ですから、二階（貝）の女が気（木）にかかると、こう読めるんですよ」と、相手方を煙に巻いていた。

一念発起するも三日坊主に終わりダウン

さくらは、旅先での兄の不始末の尻拭いをするため、なんと5度にわたって旅をしている。**第11作「寅次郎忘れな草」（1973年）**において、北海道網走《あばしり》市郊外の栗原牧場へ出向いたのが2度目の尻拭いだった。

いきさつは、こうである。のちのち深～い因縁でつながることになるドサ回り歌手のリリー（マドンナの浅丘《あさおか》ルリ子）と網走港で出会った寅さんは、互いの身の上を語り合ううち、香具師《やし》稼業のあてどなさを痛感。一念発起して、職安の紹介で栗原牧場で働くことに。給料はいらない、3度の食事だけで結構と、自ら申し出たのであった。

殊勝だったのはここまで。フーテン暮らしが身に染みついている男に、酪農家の仕事はきつすぎた。初日こそ機嫌良く働いていたが、早くも3日目には軽い熱射病でダウンしてしまった。うわごとでさくらの名を呼んでいるので、牧場の主人（織本順吉《おりもとじゅんきち》）がさくら宛てに便りを

網走

卯原内の牧場に寅さんを迎えに行ったさくら。丘の草の上で休んでいた寅さんは、「てーへんなんだぞ、お前。朝の4時におきてよ～」と転げるようにさくらのもとに駆け下り、さくらの足元にくずおれてしまった。

寅さんからひと言
能取湖

真っ赤な絨毯
能取湖のサンゴ草

札幌、小樽、函館、江差、千歳、釧路、根室、斜里、ウトロ、そして網走。ずいぶんと北海道でバイさせてもらったけどな。牧場で働いたのは初めて。北海道ってのはでかいから、小さい自分を振り返ると、内省的になってな、真面目に地道に働きたくなるんだ。それにしても能取湖のサンゴ草（写真）は見事だった。日本一の群生地だってな。

寄越したという次第である。

博が賛成してくれ、兄を迎えに牧場への旅に出立。移動シーンは、JR石北本線（新旭川～遠軽《えんがる》～北見～網走間）の車中から始まる。網走から近い空港は、網走郡大空《おおぞら》町の女満別《めまんべつ》空港だが、当時は羽田からの直通便は就航していない。旭川まで空路、そこから石北本線のSLに乗り込んだのだろうか。それとも、上野から在来線を乗り継いでたどり着いたのか――。車窓には網走湖、能《の》取《とろ》湖などが映し出され、車内アナウンスが網走駅到着を知らせる。櫛を取り出して、髪を整えるさくら。

栗原牧場は網走郊外、能取湖を望む卯原内《うばらない》にある。実在する牧場だが、たたずまいはかなり変わっている。さくらは牧場までタクシーを利用した。未舗装の道はもうもうたる砂塵が舞い、対向車の上げる土煙で先が見えないほど。牧草地を縫って続く道は、どこまでも一直線だ。いかにも北海道らしい大陸的な景色である。

牧場主と面会したさくらは、兄の様子を訊ねる。すると、今は草畑に散歩に出かけているとの返答だ。さっそく出向いてみると、草地の間に麦わら帽子を被った寅さんを見出した。放し飼いにされている牛たちが思い思いに草を食んでいる。

気付いた寅さんが、駆け寄りながら大声で叫ぶ。「朝四時に起きてよ、まだ星が出ている……それからずっと昼寝もしないで、働きづめに働いてよ。晩飯食う時はもうフラフラ、食い終わると、すぐパタンと寝ちゃうんだよ、すごいとこなんだぞ」と言って、さくらのかたわらにへたり込んでしまう寅さん。

結局、さくらとともに柴又へ帰った。それで、おのれの不甲斐なさを恥じるかといえば、さにあらず。パチンコで景品を稼いできたおいちゃん（松村達雄《まつむらたつお》）に向かって、「おいちゃん、ええ、昼ひ中からパチンコ玉弾いてよ、北海道の開拓部落の人に顔向けできねえ」とほざくのだから始末が悪い。そして、「もういっぺん、北海道へ行って、自分を鍛え直してくるよ」と放言し、ラストシーンで栗原牧場に現れる寅さん。その決意が功を奏したか否かは問うまでもない。

酪農家の苦渋は、**第38作「知床慕情」（1987年）**になると、さらに深刻となる。斜里《しゃり》町の獣医に三船敏郎《みふねとしろう》が扮した作（マドンナは竹下景子《たけしたけいこ》）だ。彼は、日本農政のあり方について一席弁じ、さらに土地を離れる離農家族から「離農だけはしたくねえと、精一杯がんばってきたんだけど」と涙ながらに訴えられていた。

◉別所温泉◉長野県上田市

寅さんにとって留置場は宿泊施設？
500円札1枚で6人に大盤振る舞い

ひいきの旅回り劇団・坂東鶴八郎《ばんどうつるはちろう》（吉田義夫《よしだよしお》）の一座に長野県の別所《べっしょ》温泉で出くわした寅さん、旅館に一座6人を招いて大盤振る舞いしたのは、**第18作「寅次郎純情詩集」（1976年）**である。

寅さんが旅芸人の一座に肩入れするのは、同じ身の上だからだ。寅さんのような香具師《やし》、瞽女《ごぜ》といった門付芸《かどづけげい》、あるいは地方回りの芝居などで生計を立てている芸人は、定住している者に比べ低い身分とされていた。常設小屋を持たず、地方巡業の一座は「ドサ回り」と呼ばれて差別されていた。渥美清すら、自身を「河原乞食」と規定していたほどだ。

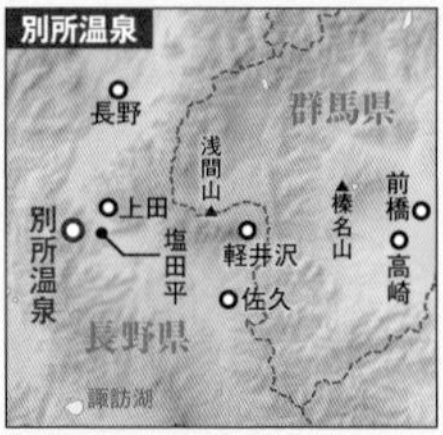

寅さんの財布は、500円札1枚きりが常。自分を含めて7人で騒いだ代金を払えるわけがない。結局、〝無銭飲食〟の科《とが》でブタ箱入り。別所警察から「と

別所温泉観光では外せない北向観音堂《きたむきかんのんどう》は、天台宗の常楽寺の境内にある。縁結びの巨木として有名な神木「愛染《あいぜん》かつら」は、樹齢600年とも1千年とも言われる。

すべての支払いを済ませ、世話になった警察官に駅まで送ってもらった別れのシーン。さくらの顔はにこやかだが、反省の色を見せずに調子に乗る寅さんに対し、心のなかでは「お兄ちゃん、もう、知らない!」。

らや」に連絡が入ったが、代金さえ支払ってもらえば、大事《おおごと》にするつもりはないらしく、さくらが別所温泉へ。

さくらは、刈り取りが終わった田圃を走る丸窓電車に乗っている。上田交通（現・上田電鉄）別所線のシンボルともいえるミニチュアのように可愛らしい電車だ。昭和2（1927）年に3両が製造され、昭和61（1986）年に引退。本作が撮影された10年後のことである。

別所警察署ではナベさんという警察官（梅津《うめづ》栄《さかえ》）が、当人は銭湯に行っていると言う。留置中の男を銭湯？と思う間もなく、寅さんが遊山気分でご帰還となった。

「いい雰囲気の警察でしょ。え、あと2、3日泊まっていこうと思ってんだ、俺」

「何、言ってんのよ、心配で飛んで来たのよ」

こんなことぐらいで驚いてはいけない。ナベさんが未

古刹が残る「信州の鎌倉」

別所温泉に行くんだったら、近くに広がる塩田平（写真）は外せない。上田電鉄線の南側一帯にあたる場所さ。「信州の鎌倉」といわれていてな。風光明媚な田園地帯に、鎌倉時代から室町時代に創建された古刹がたくさん残ってるんだ。行くならやっぱり秋だな。刈り取りが終わった田圃の先に静かに時を刻む伽藍。夕景が心に染みるんだな～。

寅さんからひと言
塩田平

払いの明細書をさくらに見せる。旅館への支払いのほかに、警察の食事は口に合わないと、寿司、ウナ重、ざるそばの出前料金も含まれていた。規則なので、支払って欲しいとのこと。さらに、さくらが明細書に目を通して、「コーヒー、八杯？」と不審そうな声をあげた。あわてたナベさん、「あ、それはですね、われわれ署員に、いえ、もちろん固くお断りしたんですが、どうしてもご馳走してやると……」と弁明しきり。というような一幕があった末、寅さんはめでたく釈放とは相成った。

4回目で怒り心頭に発するさくら

温泉気分を味わう間もなくトンボ帰りのさくらに代わって、温泉案内を少々。撮影当時の風情は薄れたものの、大正10（1921）年に建てられた木造の別所温泉駅は当時のままである。一座と大宴会をやらかした旅館の建物（実際は土産物店）も残っている。共同浴場（外湯）の一つである石湯は、真田幸村の〝隠し湯〟と言われている。有島武郎《ありしまたけお》、川端康成《かわばたやすなり》、吉川英治《よしかわえいじ》、池波正太郎《いけなみしょうたろう》ら文人も多数訪れた東日本有数の温泉地だ。

親切なナベさんは、パトカーで別所温泉駅まで送ってくれ、「寂しくなるね、あんたがいなくなると」。これに答えて、寅さん曰く「東京へ出て来たらよ、家、寄んなよ、恩返しするから」。反省の色などこれっぽかしもない。さすがに腹に据えかねさくらは兄を無視してとっとと駅舎へ。まずい——、さくらの背に向かって「さくらさん、満男のお母様、諏訪博の奥さん」と、ご機嫌を取り結ぼうとする寅さんであった。さくらのお迎えは今度が4回目。仏の顔も三度までと言いますよ、さくらさん。

◉温泉津温泉◉島根県大田市

結婚！ だが、喜びは失望に変わった夫が蒸発中の女性に温泉津で惚れる

第3作「フーテンの寅」（1970年）において、三重県の湯の山温泉で番頭となった寅さんだったが、第13作『寅次郎恋やつれ』（1974年）で再び番頭に化けた。ところは島根県大田市の温泉津《ゆのつ》温泉だ。

温泉津に居ついたのは、町の窯場《かまば》で汗みずくになって働き、子供を育てている絹代（高田敏《たかだとし》

江《え》）に同情してしまったからだ。聞けば、夫は蒸発中というではないか。同情は、いつしか恋心へと変わった。

苦労人の絹代と所帯を持とうと（持てると一人合点）、「とらや」に帰り、家族に相談を持ちかける寅さん。驚いたさくらとタコ社長（太宰久雄《だざいひさお》）が、この縁談をまとめるべく温泉津へ出向いた。旅の様子は、山陰本線の車中から始まる。車内販売の売り子が回ってくると、寅さ

㊤一人相撲をとって、一方的に絹代と所帯を持つと決めた寅さん。さくらと引き合わせるために、タコ社長を伴い温泉津焼の窯場を訪れた。だが、蒸発していた絹代の亭主が帰っていて、寅さんの夢は絶たれた
㊦夕闇迫る温泉津温泉。左は共同浴場となっている源泉の薬師湯（もう一つ元湯もある）。寅さんはこの道で、顔なじみの芸者に「寅さ～ん!」と声をかけられた。このシーンはいかにも寅さんらしい。

温泉津温泉

んはかに弁を三つ注文する。お代は1290円。だが、寅さんが財布を開けると千円札が一枚きり。代わって財布を出そうとするさくらを押しとどめて、タコ社長が支払った。

目的地の温泉津駅に着くと、駅長に気軽に話かけているところから推して、ツーカーの仲らしい。駅長を指差して「あっ、おい、さくら、いつもこれに世話になってるからな、よろしく礼を言っといてくれ」とスタスタ歩を進める寅さん。さくらが「兄がいろいろお世話になっております」と挨拶すると、駅長は敬礼で返すのだった。

駅からタクシーで絹代が働く窯場へ。途中、温泉街へ入ると屋根に赤い瓦を置いた建物が連続する。石州《せきしゅう》（島根県西部）に特有の石州瓦だ。狭い通りに温泉街らしい建物が並び、年増芸者からは「寅さ～ん！」の声。ここまでは良かったのだが、その先がいけない。蒸発していた絹代の亭主が戻っており、寅さんの恋は一巻の終わり。

寅さんからひと言
温泉津港

銀山の積出港で北前船の寄港地

古くから賑わってきた温泉津港（写真）は、深～い天然の入り江を利用している。江戸時代は石見《いわみ》銀山の積出港として、石見地方の人々の生活を支えたらしいな。北前船の西回り航路の寄港地さ。今も船をつなぎ止めるために使っていた鼻ぐり岩がたくさん残ってるよ。温泉津温泉ってのは、この入り江の奥の山襞に開湯しているんだ。

ケンカ友達のタコ社長も寅さん思い

本作の寅さんは、歌子（マドンナの吉永《よしなが》小百合《さゆり》）にも振られていたから、さんざんのていたらくとなった。翌朝、まだ眠っているさくらの枕元に寅さんの走り書きが置かれている。ぶざまな姿を見せたのが恥ずかしいのだろう、「ひと足先に旅に出る」との内容だ。

場面は移って、温泉津駅のホーム上。タコ社長に無駄足を踏ませたことを詫びるさくらに、「それを言うなって。大阪にどうせ用があるんだから」と気を遣わせまいとするタコ社長。寅さんとは年中、取っ組み合いのケンカをしているタコ社長だけれど、互いに助けたり、助けられたりのケンカ友達といったところだ。

二人がやりとりしている間、駅裏にある学校の校庭からブラスバンドの演奏が聞こえてくる。温泉津小学校だ。民家と同じく、学校の屋根もまた石州瓦で葺《ふ》かれている。むろん、木造校舎である。同校の校舎はそのまま残されているが、学校そのものは隣の石見《いわみ》福光《ふくみつ》駅近くの小学校に統合された。

◉田の原温泉◉熊本県南小国町

「先生」に祭り上げられた寅さん

色紙に書かれた「反省」にさくらは赤面

額に汗して働くことができない性分の上、計画性までない寅さんは、財布の中身が軽いのは常態だ。しまいには、宿代にも事欠く事態となる。そんな時、尻ぬぐいするのが妹のさくらである。寅さんのピンチが近くでの出来事ならまだしも、おおかたは柴又からはるかに離れた地でのことだ。さくらの負担は大きい。

今度は**第21作『寅次郎わが道をゆく』（1978年）**を例にとろう。さくらの同級生でSKDのスターとして活躍している踊子の紅奈々子《くれないななこ》（木の実《きのみ》ナナ）がマドンナであるが、準主役級の武田鉄矢が扮する留吉の故郷で事は起こった。ところは、熊本県南小国町《みなみおぐにまち》の田の原《たのはる》温泉だ。

寅さん、いつものように「天からお金が降ってくる」とでも思ったのか、太朗館《たろうかん》という旅館に長逗留。なに故の長逗留なのか。付き合っていた女性に振られた留吉に、もっともらしい人生訓をひとくさりし、村人から尊敬されていい気になったのであった。

そうとは知らぬさくらは、「金を貸して」という寅さんからの便りに応えて、辺鄙の地まで足を運んだ。東京からブルートレイン、バスと乗り継いで、南小国町と境を接する小国町の杖立《つえたて》温泉に到着（**第12作「私の寅さん」〈1973年〉**で、「とらや」一家が訪れている）。そこで、留吉の出迎えを受けた。彼が運転する小さな四輪駆動車（ジムニー）で小国杉が天を突くような道をひた走って、ようよう田の原温泉にたどり着いたのである。

留吉当人はいうまでもなく、彼の母親（杉山《すぎやま》とく子）、宿の主人（犬塚弘《いぬづかひろし》）までが寅さんを「先生」と崇め奉っている。

寅さんからひと言
夫婦滝

二つの滝が出合い頭に合流

小田川と田の原川が、2つの滝で合流する神秘的な場所。朝は特に神々しいぜ。悲しい悲恋伝説も語られてきたらしい。滝は2つ合わせて夫婦滝《めおとだき》（写真）と呼ばれ、左が男滝《おだき》、右が女滝《めだき》っていうんだ。縁結びのご利益があるっていうが、俺にはご利益はないな〜、まだ。この川は合流して筑後《ちくご》川に注ぎ、有明海に流れ込んでいるんだ。

田の原温泉

留吉を同道してきた母親は、息子を前にして、さくらにもくどくど礼を言う。

「どげんもこげんもならんバカたれでございましたが、もう先生にお会いしてから別人のごつ立ち直りまして……あなたさまも立派なお兄さんばお持ちで、ほんにお幸せだなあ」。

そこへ、宿の主人が村人多数から預かってきたサイン帳を広げて、寅さんに「サインを」と低頭。さくらは兄の恐ろしいまでの金釘流をいやというほど思い知らされている。あわてて辞退するのだが、主人は壁に飾ってある色紙を指差して頼むのだ。麗々しく飾られた色紙には「反省」と記されていた。

思わず赤面するさくら。金を投じ、時間を割いて遠路はるばる来た地で、さくらは兄の恥に直面させられたのだ。まったくもって、同情に堪えません。

麗しい兄妹愛といえなくもないけれど、さくらは兄を甘やかしすぎている。仏の顔も三度までと言うが、さくらが兄を遠くまで迎えに行くのはこれで5度目（全部が全部金がらみではないが）だ。寅さんが前非《ぜんぴ》を悔いて、「♪偉い兄貴になりたくて　奮斗努力～」することは望み薄である。やはりここは、泣いて馬謖《ばしょく》を斬る覚悟をすべ

田の原温泉で宿賃が払えないという寅さんの尻ぬぐいで、さくらは九州の熊本へ。バスを降りたところで出迎えてくれたのは、寅さんに心酔している地元の純朴な青年・留吉（武田鉄矢）である。

第21作「寅次郎わが道をゆく」(1978年)。バス停でさくらを留吉（武田鉄矢）が迎えるシーンの撮影現場。留吉がキョロキョロしながら、「諏訪さくら様、諏訪さくら様、諏訪さくら様」と連呼するシーンである。左の山田監督はここのとき47歳であった。山田監督は1977年に公開された高倉健主演の名作「幸福《しあわせ》の黄色いハンカチ」で武田鉄矢を起用。この名演が認められて武田鉄矢は、俳優として新境地を拓いた。

BUS CO. LTD

きではなかろうか。もっとも、寅さんが世間並みの常識人になったのでは、シリーズの魅力が半減してしまいかねない。う〜ん、前言を引っ込めるべきかどうか。さてさて、「困ったぁ」。

ロケ地となった大朗館には記念コーナーも

田の原温泉は、筑後《ちくご》川の上流にあたる田の原川沿いに立地する温泉だ。寅さんが泊まった太朗館をはじめ、五軒の湯宿がある小じんまりした温泉である。一軒あった共同浴場は閉鎖中とか。

同じ川沿いの黒川温泉が全国屈指の人気を誇っているのとは打って変わって、知名度はさほどではない。尻を光らせながら夏の夜空を舞うホタルぐらいが取り柄といっては叱られようか。今も健在の太朗館には、玄関横に寅さんの顔抜きボードがあり、宿泊客の記念写真撮影スポットになっている。館内には、映画のポスター、ロケ写真を展示する。

開湯は鎌倉時代と古い。地内から縄文時代の遺跡が発見されているのだから、古くから人が住み着いていたのだろう。江戸時代には湯治場として栄え、熊本藩士も利用し、効能を評価した文章を記しているそうな。昭和39（1964）年、黒川、満願寺の両温泉ともども、国民保養温泉に指定されている。

田の原川にまつわる村娘と侍の悲恋伝説を一つ。田の原川は小田川と合流するのだが、合流点付近のそれぞれの川に滝がかかっている。娘は身分差を悲観したのだろう、小田川の滝に身を投げた。一方、侍は田の原川の滝壺に吸い込まれた。以来、小田川の滝は女滝《めだき》、田の原川の滝は男滝《おだき》、二つ合わせて夫婦滝《めおとだき》と呼ばれたげな（前頁コラム）。別れ別れに死んだ二人を憐れんだ村人が、あの世では添い遂げさせてやりたいとの思いから、夫婦滝と名付けたのだろうか。ああでもあろうか、こうでもあろうか、とりとめない思いに駆られる温泉ではある。

本シリーズが始まる前、渥美清はすでに多くの映画で主役を張っていた。東映の「喜劇 列車」シリーズなどだ。昭和42（1967）年から翌年にかけて、「急行」「団体」「初詣」と続くシリーズである。

渥美扮する青木吾一は、国鉄（現・JR）のベテラン車掌で、東京と長崎を結ぶ寝台特急「さくら」に乗務していた。車掌という仕事に誇りを持つ彼は、長女に「さくら」、次女に「つばめ」、三女に「ふじ」と名付けるほどなのだった。

第7章 寅さんの人生訓

葛飾商業を早めに〝卒業〟。その後は学問とは縁遠い寅さん

世知に長けていそうに見えるが、段取りばかりで詰めが甘い

しかし、のたまう人生訓や処世術には

人を引きつける不思議な説得力がある

表も裏もない ダイヤの原石 のような寅さんの 言葉には、飾り物でない 本物の「強さ」がある

蒸発男たちは寅さんの言葉に人生を悟った

シリーズ第1作「男はつらいよ」（1969年）に、のちにパターン化される芽はほぼ出そろっている。その第一は、兄と妹の間に流れる交情である。

「男はつらいよ」は映画化される前、すでにテレビドラマとして26回分が放映されていた。主演はもちろん渥美清、さくら役は第5作「望郷篇」（1970年）でマドンナとなった長山藍子《ながやまあいこ》である。このテレビドラマ、脚本を練っている段階の仮題はストレートに「愚兄賢妹《ぐけいけんまい》」。映画もこの主題を踏襲している。

遊び人だった父・平造が、酒に酔ったあげく芸者の菊（ミヤコ蝶々《ちょうちょう》）に産ませたのが寅さんだ。父にイヤというほど頭をなぐられてグレ出し、中学を中退。腹違いの妹・さくらが、賢くてしっかり者であるのとは好一対である。その兄が寄ってたかって笑い者にされるのを妹が懸命にかばう——というのがシリーズを貫くテーマといっていい。

第18作「寅次郎純情詩集」（1976年）の宣伝用写真。

全篇に底流する第二のテーマは、無垢な魂をひそめた純情男が身のほど知らずな恋をしてはことごとく失敗する恋愛遍歴だ。観ているこちらが歯痒くなる純情ぶりだが、および腰がたたって彼の恋は実らないままである。

第三のテーマが、「定住者」と「漂泊者」の葛藤である。「定住者」とは、地道に生きる「とらや」夫婦のことであり、金策に走り回るタコ社長（太宰久雄《だざいひさお》）であり、油まみれになって働く博（前田吟《まえだぎん》）とさくらの夫婦である。彼らは、寅さんという風来坊をもて余しつつも、「風に吹かれるタンポポの種みたいに、自由で気まま」な生き方に、内心ひそかに憧れを抱いているのだ。

わが身が、どう動かしようもない巨大な社会の、小さな歯車にすぎないと悟らされた者は、索漠たる思いに沈む。そんな無力感にさいなまれている者にとって、風まかせの旅暮らしは、時にまばゆい光を放つ。そして寅さんが何気なく口にする、己の人生に対する反省や弱者への励ましの言葉にほだされるのである。寅さんの言葉には裏も表もない。まるでダイヤモンドの原石のようで、そこには飾り物ではない本物の「強さ」がある。

それだからこそ、第15作「寅次郎相合い傘」（1975年）、第34作「寅次郎真実一路」（1984年）、第41作「寅次郎心の旅路』（1989年）では、3人の蒸発男が寅さんに心酔し、寅さん〝語録〟に自分を見い出した。観賞者は、管理社会にからめとられたサラリーマンの奥底をのぞき見るような思いにさせられるのである。

旅人、渡り鳥はどこにもどどまることがない

マドンナの多くも「定住者」なのだが、ここに例外が一人。第11作「寅次郎忘れな草」（1973年）で寅さんが初めて出会ったリリー（浅丘《あさおか》ルリ子）だ。彼女はドサ回りの歌手であり、寅さんと同じく、旅から旅への浮き草稼業の女である。

二人は北海道の網走で、妻子が待つ港に帰って来る漁船を目にしながら、放浪者の悲哀を語り合う。人生を共にする伴走者を持たぬ、渡り鳥同士の会話は、観客の胸底に深々と届くのである。

山田洋次監督は、車寅次郎という人物造形に関して、次のように語っている。

「柴又の人々が、〈夕べ、寅がいなくなったよ〉〈ああ、そうか。夕べ強く風が吹いたが、あの風に吹かれて行っちゃったか〉と噂しあう。そんな言い方が不自然でないような寅さんでなくてはなりません」

どこでも生きていける渡り鳥は、どこにもとどまることなく、風の果てまで歩いて行く。永遠の旅人は、「人間の運命よ、おまえはなんと風に似ているだろう」という言葉を、苦い反省のうちにかみしめるのである。

「じいさん、冷たいビールでも飲むか」

「男はつらいよ」は喜劇映画である。「生きててよかった」と、晴ればれとした気分にいざなう場面がなくては、骨法にはずれてしまおう。手練れの山田監督は、ラストシーンに救いを用意しておく。

第29作「寅次郎あじさいの恋」（1982年）。京都は鴨川のほとりで、寅さんは見るからに風采の立派な老人を助ける。散歩中につまづいた老人が、下駄の鼻緒を切ってしまったところをすげ換えてあげたのだ。

喜んだ老人、「冷たいビールでも」と寅さんを酒席にさそう。高級料亭に入り込んだ寅さんは、したたかに酩酊。翌朝、老人の家で目が覚める。そこで初めて、弟子（柄本明《えもとあきら》）の口から、老人（片岡仁左衛門《かたおかにざえもん》）が人間国宝の陶芸家・加納作次郎であると聞かされる。しかし、ここで態度が豹変しないところが寅さんらしい。相変わらず、加納先生を「じいさん」呼ばわりしたままなのだ。

人の尊卑は身分や権威とはかかわりがない。相手が人間国宝だからといって、取り入ろうとしたり卑屈になったりする気配がない。出処進退が清潔なのである。だからこそ、寅さんは人間国宝の信頼をかち得たのだ。

加納先生の寅さんへの信頼の厚さは、ラストシーンに浮かび上がる。ところは滋賀県の彦根城下。ここで寅さんは商売のまっさい中である。台の上に置きならべてあるのは焼き物。それをつかみ上げ、人間国宝・加納作次郎の作と口からでまかせのタンカをきって、

「さぁ、1万円でどうだ」

群れになった客の間から、間髪を入れず

「もう一声！」の声がかかった。

声の主はと見れば、そこにいるのは加納先生ではないか。とたんに相好を崩した寅さん、手早く店をたたみ、

「じいさん、冷たいビールでも飲むか」

欲得を離れて飲む冷たいビールは、さぞやうまいことでしょうなあ。こうした寅さんの柔軟な対応力は、誰にも真似できない天賦の才能なのである。

本章では、「男はつらいよ」ワールドを堪能していただく一助として、寅さん流の人生訓、処世術をいくつか紹介しておこう。

寅さんの人生訓❶漂泊の心得

風に聞けるのは若いときだけ!?

はた目には気楽そうに見えるけど、
たとえば冬の寒い夜なんかね、
なぜか寝つかれないようなときがあるだろ、
心の中を冷たい風が
音を立てて吹きすぎて行くような
気持ちになったりすることもあるよ。

●

第21作「寅次郎わが道をゆく」(1978年)

「そうですねえ、風の奴が……」

フーテンの寅は、お見かけどおりの渡世人。家出してから20年間、生まれ故郷には帰らなかった。**第1作「男はつらいよ」(1969年)**で、家族と再会し、温かく迎え入れられたが、その後もめったに寄りつかず、旅から旅へのしがない稼業を続けた。

堅気になって正業に就こうと思ったことは数あれど、「旅暮らし=寅さんの人生」は、家族にも己の心にも定着してしまった。シリーズも数えて**第42作「ぼくの伯父さん」(1989年)**になると、寅さんは旅人としてとっておきの名台詞を吐く。

佐賀県の旧家にワラジを脱いだ彼とその家の主婦(檀ふみ)が別れ際にかわす会話である。

「寅さん、これからどちらへ?」

「そうですねえ、風の奴が……」

と中空を見つめ、唇で湿らせた人差し指を立てて、

「東から西へ吹いていますんでね、西の方へでも行きますか」

「わあ、私もそがん旅がしてみたか」

若いころの寅さんであれば、ここは肩で風を切って立ち去る場面だろう。内心、次のようにつぶやきながら。

——男と生まれたからにゃ、額に汗して働くなんざ愚の骨頂、その日その日を面白おかしく生きてゆくのよ。妻子? そんな面倒なもんは、持ち合わしちゃあおりません!

しかし、彼はもう初老といっていい年齢にさしかかっている。あてどない旅暮らしの表も裏も知りつくしている寅さんは、つけ加えずにはおれない。

「へへっ、もののたとえですよ。早い話が根無し草みたいなもんですからね」

「恥ずかしきことの数々」に居たたまれず、「もう二度と帰っちゃこねえよ」

第1作「男はつらいよ」(1969年)で、寅さんは柴又の土を踏み、さくらと再会。「とらや」一家も寅さんの帰郷に胸をなで下ろしたが、一家の苦労はこの時から始まった。

と飛び出した柴又ではあるが、異郷の空にあって、しきりに思い出すのは故郷のことである。さくらと博は仲よくやっているか。おいちゃん、おばちゃんは達者でいるか……。「男はつらいよ」シリーズの眼目のひとつは、寅さんの放浪ぶりと、定住者である「とらや」一家の暮らしぶりとの対比にあるのかもしれない。

普通の暮らしに憧れる寅さん

地と空の接するあたりが茜色に染まる頃、帝釈天の鐘の音が響きわたる。それをしおに、それぞれの家に灯りが入り、夕餉の膳を囲む。膳に乗っているのは芋の煮っころがしやアジの開きかもしれない。たとえわびしげな食事であろうとも、一家そろって夕餉の膳を囲むという、平凡な営みにこそ幸福はあるのではないか。

一方の寅さんはどうか。旅先の昼食は**第28作「寅次郎紙風船」（1981年）**のように、とんかつ定食とお銚子一本、しめて490円ですませ、懐がさびしくなるとアンパンにかぶりつく。夜は夜で、天井に雨漏りの跡がはっている安宿で一人寝をかこつ。隣室のすったもんだが筒抜けの部屋で、けばだった畳にぽつねんと坐っているのは実に情けないものだ。ねぐら定めぬ渡世人の心のうちに、普通に暮らしたかったと後悔の念がきざすのはこんなときだ。「行く先？　風に聞いてみるのよ」と粋がってはきたが、いまさらながら地道に暮らしてこなかったことが悔やまれる。だが、すでにやり直しのきかない年恰好だ。寝つかれない冬の寒い夜には、ことに後悔の念が押し寄せる。

翌日、宿屋を出て、風に追い立てられるように、旅を急ぐ寅さんの後ろ姿には悲哀が漂う。掲出した言葉はそんな心を代弁する台詞である。

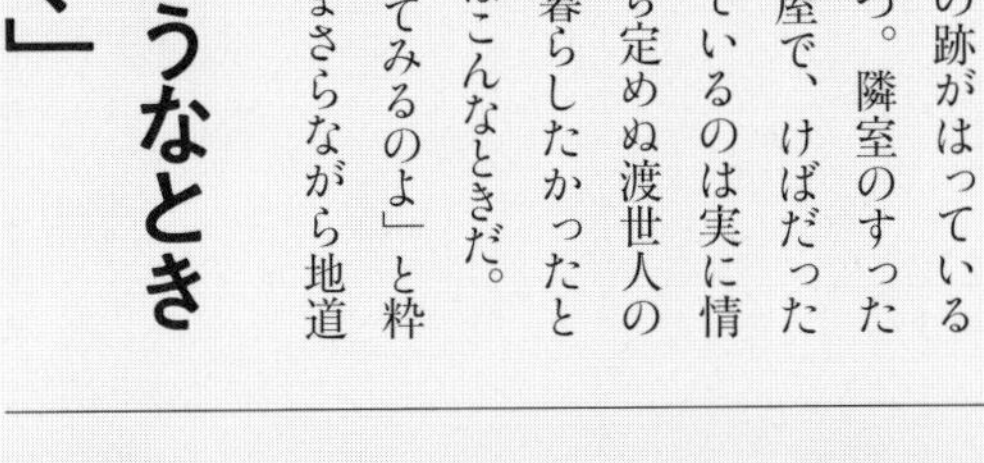

旅先の寅さんはトランク一つ。バイする商品は、仲間がトラックなどで運んでいく。テキヤの中ではそこそこ重きをなす人物なのだ。

「冬の寒い夜、なぜか寝つかれないようなとき 心の中を冷たい風が吹きすぎて行く」

寅さんの人生訓❷恋愛指南

ほどほどに愛することを覚えろ!?

いい女だな、と思う。その次には話をしたいな、と思う。
その次にはもうちょっと長くそばにいたいな、と思う。
そのうちこう、なんか気分が柔らかぁくなってさ、
この人を幸せにしたいな、と思う。
もう、この人のためなら死んじゃってもいい、
命なんかいらないと思う。それが愛ってもんじゃないかい

●

第16作「葛飾立志篇」(1975年)

肝心かなめの場面で寝たふり

寅さんは第1作で30も半ばすぎ。それ以降、多感な青年ならいざ知らず、よくも年がら年中、恋にうつつを抜かしていられる男がいたものである。しかも、だ。恋を成就させているならともかく、おおかたはみじめな結末に終わっているのである。多少なりとも分別がついてしかるべきだろう。

が、頭の回路が単純にでき上がっているせいか、2晩か3晩も寝れば失恋の痛手も忘れ、新しい恋に向かってやみくもに突っ走っていく。ただし、今、「失恋」といったけれど、一から十まで振られていたわけではない。実は逆のケースだって少なくない。

こんなエピソードがある。第29作「寅次郎あじさいの恋」(1982年)が、大阪の映画館で上映されたときのこと。ほろ酔い機嫌の客も交じって、館内はびっしり。スクリーンには、寅さんに好意を寄せるかがり(マドンナのいしだあゆみ)が、彼の寝床に忍んでくるシーンが映し出されていた。客席から「いてまえ、いてまえ」の掛け声があがった。すかさず別の観客が「アホ、寅はそういうことせんのがええとこやないか」と反論。館内は、映画そっちのけで爆笑の渦に包まれたという。

一線を越える肝心かなめの場面でも、寅さんは寝たふりを通した。これでは、恋の実ろうはずはない。そもそも、彼は恋が成就することを望んでいるのだろうか。もしやと胸をとどろかせている段階こそが、寅さんの至福の時なのかもしれない。シリーズ半ばあたりまでは、自分の恋で手一杯で

あったけれど、中期以降になると、若い男女のコーチ役を買って出るケースが多くなる。**第35作「寅次郎恋愛塾」（1985年）**では、若菜（マドンナの樋口可南子《ひぐちかなこ》）にぞっこんとなった民夫（平田満《ひらたみつる》）に「色恋の道にかけては、俺の前では、お前はくちばしの黄色いヒヨコも同然」と大口をたたいている。さらに**第44作「寅次郎の告白」（1991年）**では、「いいか、恋というものはな、長続きさせるためには、ほどほどに愛するということを覚えないといけない」などと講釈している。

「あの雲と一緒に、知らない国へ」

そういう寅さんは、ほどほどに愛したことなんてあるのか。まあいい。コーチ役のお手並みを**第30作「花も嵐も寅次郎」（1982年）**で拝見するとしよう。動物園のチンパンジー飼育係の三郎（沢田研二《さわだけんじ》）と、デパートガールの螢子《けいこ》（マドンナの田中裕子《たなかゆうこ》）の仲を取りもとうとする奮闘記だ。

「もう、この人のためなら死んじゃってもいい、命なんかいらないと思う。それが愛」

「どうすれば」と相談する三郎に対し、まずは江戸川の散歩に行けとアドバイス。その先がふるっている。

「目にしみるような秋の空だ。ぽっかり浮かぶ白い雲」「ピーヒョロ、ピーヒョロロ、トンビがくるりと輪をかいた。僕もあの雲といっしょに、知らない国へ行ってしまいたい」

ここから先、ファンが寅のアリア（独唱）と呼ぶ名場面を堪能できる。もっとも〝生徒〟である二人は、映画でも現実でも恋を実らせたが、コーチは縁遠いままだった。そんな寅次郎の恋愛アリアのなかでも珠玉の言葉が、「愛とは何か」に対するこの答えである。

第30作「花も嵐も寅次郎」（1982年）。旅先で知り合った螢《けい》子《こ》（マドンナの田中裕子《たなかゆうこ》）の三郎（沢田研二《さわだけんじ》）に対する気持ちをさりげなく確かめる寅さん。螢子は消極的だったが……。

寅さんの人生訓❸四十の手習い

寅さんのインテリ論が東大入試に出題

第35作「寅次郎恋愛塾」(1985年)の宣伝用写真。寅さんは何でも形から入る。学問を志した第16作「葛飾立志篇」(1975年)でも、まず、用意したのは眼鏡であった。

インテリというのは自分で考えすぎますからね。
そのうち俺は何を考えていたんだろうって、
わかんなくなってくるんです。
つまりテレビの裏っ方でいいますと、
配線がガチャガチャに混み入っているわけ。
その点、私なんか線が1本だけですから……

●

第3作「フーテンの寅」(1970年)

無学でつらい思いをした寅さん

寅さんは、校長の頭を張り飛ばして中学を中退した。それからというもの、勉学とはとんと縁がない。のち、定時制高校に入学願書を出したことがあるにはあるが、これとて勉学を志したわけではない。**第26作「寅次郎かもめ歌」（1980年）**のすみれ（マドンナの伊藤蘭《いとうらん》）の尻馬に乗っただけだ。はたして、学歴上のハンデが彼の大脳皮質にどれだけ刻みこまれているものか。

第16作「葛飾立志篇」（1975年）での一コマ。かつて窮地を救ってくれた山形県の女性の墓に詣でた寅さんは、学問がないばかりにつらい思いをしたと、寺の住職（大滝秀治《おおたきひでじ》）に訴える。

すると、住職が諭す。

「いやぁ、それは違う。おのれの愚かしさに気がついた人間は、愚かとはいいません」

住職はさらに説く。

「〈四十の手習い〉といってな、学問を始めるのに早い遅いはない。ねぇ、子のたまわく、〈朝に道を聞けば、夕に死すとも可なり〉」

すっかりその気になった寅さんが柴又に帰ってみると、2階の自分の部屋に若い女性が間借りしているではないか。考古学を専攻する大学の助手・礼子（マドンナの樫山文枝《かしやまふみえ》）だった。メガネが似合うインテリである。

あっという間に熱をあげた彼は、礼子の歓心を買いたいばかりに伊達メガネはかけるわ、歴史を学び始めるわで、奮闘努力を重ねる。しかし、惜しいことに基礎というものができていない。粘り強さにも欠ける。しょせん、長続きはしない。

寅さんはインテリから信頼される

第40作「寅次郎サラダ記念日」（1988年）での〝前科〟を引こう。島崎藤村の詩「小諸なる古城のほとり雲白く遊子悲しむ」の「遊子」を「勇士」と勘違いし、女医・真知子（マドンナの三田佳子《みたよしこ》）を笑わせていた。しかし、学問に向かないからといって、悲観するにはおよばない。寅さんが**第3作「フーテンの寅」（1970年）**で語ったインテリ論が、平成4（1992）年度の東大の入試問題に出題されたことだってあるのだ。「彼のインテリ論について感じたこと、考えたことを200字以内に書け」というものだ。

いまや、寅さん流の発想法、ひいては人生哲学を理解できぬ者は、大学の門さえ叩けぬのだ。学歴、金銭、名誉、地位――どれひとつとしてもたぬ寅さんだが、礼子の指導教授、人間国宝の陶芸家、画壇の大家、殿様らの揺るがぬ信頼を勝ち得ていたではないか。

**「インテリは頭の配線が混み入ってるわけ
その点、私なんか線が1本だけですから……」**

そんなことは気にするな。青年、行け！

私のようなでき損ないが、
こんなことを言うかと笑われるかもしれませんが、
私は甥の満男は間違ったことをしていないと思います。
慣れない土地へ来てさびしい思いをしている
お嬢さんをなぐさめようと、
両親にも内緒ではるばるオートバイでやってきた満男を、
私はむしろよくやったと誉めてやりたいと思います。

●

第42作「ぼくの伯父さん」（1989年）

満男の「青春」を後押し

シリーズが深まるにつれ登場人物は老いていく。そんななか、前途に光明を見る思いにさせてくれるのが満男の成長。大人の年齢はわかりにくいが、満男の場合は1作ごとに背丈が伸び、学年も上がり、成長ぶりがわかる。

満男の成長に焦点を当てると、**第27作「浪花の恋の寅次郎」（1981年）**が節目だ。満男役が中村はやとから吉《よし》岡《おか》秀《ひで》隆《たか》にバトンタッチされたからだ。渥美の体力、気力を考慮してか、**第42作「ぼくの伯父さん」（1989年）**以降、満男の出番がグンと多くなる。それにつれて、舞台は「とらや」からさくらの家へと重心を移す。

第46作「寅次郎の縁談」（1993年）。悩み多い満男は瀬戸内の島に逃避行。そこで知り合った看護師・亜矢（城山《しろやま》美佳子《みかこ》）といい感じに。寅さんの若者に対するアドバイスは意外と適切で、なるほどと思わせる。青春論には一聴の価値あり。

寅さんにとって満男はたった一人の甥っ子だが、生い立ちが天と地ほど違う。堅実な博とさくらに、愛情を注がれて育ってきた。実母と生き別れ、父親に頭から血を出すほどぶん殴られた寅さんのようにグレたりはしなかった。

まっとうに育った満男とて、一人の男である。思春期にさしかかれば、迷い、悩む。親にも打ち明けられず、一人悶々とする。それこそが青春というものの実相なのだろう。青春を「青い春」などと言ったのはどこのどいつだ——満男としてはこう叫びたいところだ。一家は重苦しい空気に支配されていく。

そして、親子の対立の第一幕が上がる。予備校へ出がけの満男とさくらの会話である。満男は寅さんの生き方をうらやましがって、レールの上を走るような味気ない生き方を批判する。

「おじさんは、そういう生き方を否定したんだろ」「なーに言ってんの。おじさんは、否定したんじゃなくて、否定されたのよ、世の中に」（**第41作「寅次郎心の旅路」１９８９年**）

恋愛の諸相にかけては先輩

それでも、彼が悩みをぶつけるのは寅さんであって、両親や友人ではない。幾度となく伯父さんの失恋に立ち会い、しょげかえった姿を間近で見てきている。こと恋愛の諸相にかけては、伯父さんは頼りになる先輩なのである。

満男の胸に燃え盛っているのは、ブラスバンド部の後輩の泉（後藤久美子《ごとうくみこ》）への思慕。それもプラトニックな思いというよりは、若い男に巣食う性の衝動なのだ。衝動をもて余す満男は「俺に女の人を愛する資格なんかないよ」と自嘲する。訴えを聞いた寅さんは、甥っ子の正直さをほめ、その娘を好きだったら「そんなことは気にするな」とエールを送る（「ぼくの伯父さん」）。

彼は春秋に富む身なのだ。人生は先が長いのだ。果実が一日にして熟すことがないように、青臭い時代をくぐり抜けないことには、後年の成熟には至らないのである。

「がんばれ、満男。ここがふんばりどころだぞ」——純朴な青年を身内同然に思い始めている観客は、そう言って励ましている自分に気づくのではあるまいか。そして、**第43作「寅次郎の休日」（１９９０年）**では寅さんから決定的なひとことが飛び出す。

「青年、行け！」

「両親に内緒でオートバイでやってきた満男を、私はむしろよくやったと誉めてやりたい」

寅さんの人生訓❺生きがい論

旅先に出会いと人生の真価を求め続ける

（いったいあなたは、どういう方なんでしょうか？）
ははっ、どうゆう方って。
そうよなぁ、ま、一言で言って旅人。
稼業で言うと渡世人といったところかな。
（あなたにとって何でしょうか、生きがいというのは？）
そうさなぁ、旅先でふるいつきてぇような、
いい女に巡り会うことさ

●

第41作「寅次郎心の旅路」（1989年）

エリートの生き方を変えた

寅さんと心身症に悩むサラリーマンの兵馬（柄本明《えもとあきら》）が、結びついたきっかけは鉄道だった（**第41作「寅次郎心の旅路」1989年**）。宮城県北部を走っていた地方私鉄の栗原電鉄である。タブレット（通票）を交換し、乗車券も硬券という、時代がかった路線。竜宮城から現世に舞い戻ってきたような寅さんにふさわしい鉄道だ。

しかし、残念なことに経営難のため、平成5（1993）年に第三セクター化。名称も「くりはら田園鉄道」と変えて、存続を図ったが、平成19（2007）年に廃止。現在は若柳駅が鉄道公園として整備されている。

「寅次郎心の旅路」では、この栗原電鉄の在りし日が存分に映し出される。寅さんが検札に回ってきた車掌（笹野《ささの》高史《たかし》）と与太話をしていたところ、列車はだしぬけに急停車。何ごとならんと見れば、兵馬が自殺を図っていた。九死に一生を得た自殺願望の男は、気ままな旅暮らしの寅さんに接しているうちに、働きづめに働いてきたおのが人生に、ふっと疑問を抱く。そして、問いかける。

「いったいあなたは、どういう方なんでしょうか？」

「そうよなぁ、ま、一言で言って旅人。稼業でいうと渡世人」

この言葉に兵馬は、心を動かされ、さらに質問を続ける。

「あなたにとって、何でしょうか？　生きがいというのは」

「そうさなぁ、旅先でふるいつきてぇような、いい女と巡り合うことさ」

第15作「寅次郎相合い傘」(1975年)。リリー（マドンナの浅丘《あさおか》ルリ子）と、旅先で知り合った兵頭（船越英二《ふなこしえいじ》）の三人で北海道を旅する。人生観や生きる場所が異なる三人だが、寅さんが要となって楽しい旅が続く。兵頭は寅さんと接することで、だんだん自信と生きがいを取り戻していく。

とっておきの決め台詞を吐いたあと、行く先をたずねられた寅さんは答える。「吹く風に聞いてみるさ」

この一言は、身も心も組織に捧げてきた男の生き方を大きく変えた。

寅さんに心酔した兵馬は以後、金魚の糞のように寅さんにつきまとい、あげく、二人してウィーンへと旅立ったのである。

見ず知らずの他人でも気安く声をかける向日性。それこそが寅さんの真骨頂で、誰とでも打ちとける。**第40作「寅次郎サラダ記念日」（1988年）**では、長野県は小諸駅前のバス停で、一人の老婆（鈴木光枝《すずきみつえ》）と親しく口をききあう。事情を聞けば、彼女はわびしい一人暮らしだという。で、見るに見かねて、老婆とともにバスに乗り、老婆の家に行ってしまう寅さんであった。

相手がいかなる人間であろうと、態度は不変である。**第29作「寅次郎あじさいの恋」（1982年）**。京都で下駄の鼻緒をすげ替えてやったことから陶芸家（片岡仁左衛門《かたおかにざえもん》）と知り合うが、この仁が何と人間国宝という大物。寅さんはそうと知っても、「じいさん」呼ばわりし続ける。

人間国宝ともなれば、うまく取り入って甘い汁を吸おうという人間が群がってくる。ところが寅さんには、そんな卑しさがこれっぽっちもない。大先生の寅さんへの信頼はいや増すのであった。

参道生まれが性格の原点をなす

あけっぴろげな彼の性格はもって生まれたものだろうけれど、帝釈天の門前町に育ったことが多少なりとも作用しているのではあるまいか。「とらや」は、帝釈天参道に江戸時代から店を構える団子屋。せんべいや佃煮を商う隣近所も同様の老舗ばかりである。この町に住む住人のあいだでは、味噌や醤油の貸し借りは日常茶飯。おいちゃんの病いが本復すれば快気祝いをもち寄り、家出していた満男が帰宅したとなれば、温かく迎える。「とらや」の裏手で印刷工場を営むタコ社長など、挨拶もせぬまま出入りする。

「男はつらいよ」に描かれる柴又は、一人ひとりは弱い人間が、互いに助け合って生きてゆこうとする人たちが暮らす社会なのだ。そんな柴又に生まれ育った男が、他人とのつき合いをおっくうがるはずはない。

「一言で言って旅人、稼業で言うと渡世人。(生きがいは)旅先でいい女に巡り会うことさ」

まず片手に盃をもつ。酒の香りをかぐ。
酒の匂いが鼻の芯にジーンとしみ通ったころ、
おもむろに一口飲む。さあ、お酒が入ってゆきますよ
ということを五臓六腑に知らせてやる。
なぁ、そこで、ここに出ているこのつきだし、
これを舌の上にちょこっと乗せる。
これで酒の味がグーンとよくなる。それから、チビリ、チビリ……。

●

第42作「ぼくの伯父さん」（1989年）

寅さんの人生訓❻酒席の嗜み

若い頃は歯止めが効かなかった

飲むほどに気が大きくなる

「飲む・打つ・買う」の三拍子そろっている者を極道者というのなら、寅さんは極道者ではあるまい。実のところ、彼は童貞じゃあるまいかと疑いたくなるほど女性には潔癖だし、「打つ」のもまれだからだ。残りのひとつ、酒席での飲みっぷりはどうだろうか。

「白玉の 歯のしみとほる 秋の夜の 酒はしずかに 飲むべかりけり」と詠んだ若山牧水は、ひとり静かにしみじみと酌む酒を愛した。同じ旅人とはいっても、われらが寅さんは独酌は苦手らしい。

酒徒には泣き上戸、笑い上戸、むやみにからむ、上司を罵倒することに終始するヤカラなど、さまざまなタイプがある。彼の酒は、飲むほどに酔うほどに気が大きくなるタイプのそれで、旅先での酒はおおかた、芸者をあげてのドンチャン騒ぎになる。懐に万札をしのばせていることなどないくせに、むやみに金離れがよろしい。

第18作「寅次郎純情詩集」（1976年）での顛末はその最たるものだが（第6章／182頁参照）、いざ支払いの段になって、先立つものが足りないなどというケースは枚挙に暇がない。**第17作「寅次郎夕焼け小焼け」（1976年）**の兵庫県龍野市（現・たつの市）では、日本画壇の重鎮・池ノ内青観（宇野重《うのじゅう》吉《きち》）の歓迎パーティーに同伴し、芸者のぼたん（マドンナの太地喜和子《たいちきわこ》）と意気投合。中締めもすんだというのに

延々と飲み続けていたっけ。「よおし、今日は徹底的に」となると歯止めが利かなくなるのである。

後期作では分別が増す寅さん

恋も酒もほどほどということを知らない男のことだ。臨界点までゆかねばやまずで、翌朝はひどい二日酔いなんてのはざら。二日酔いのあとの自己嫌悪にさいなまれた経験かどうかは当てにならないけれど、馬齢を重ねるにしたがって、彼の酒も猥雑さが薄れてくる。

シリーズも終盤に近い**第42作「ぼくの伯父さん」（1989年）**にいたると、満男に酒の飲み方に対して講釈まで垂れる。飲む店も、焼き鳥屋とは打って変わって、どじょう屋に昇格している。

「まず、片手に盃をもつ。酒の香りをかぐ」

ここで盃を鼻に引き寄せ、左右にゆらしつつ、

「酒の匂いが鼻の芯にジーンとしみ通った頃、おもむろに一口」と言って酒を飲んでみせる。

「さぁ、お酒が入ってゆきますよということを、五臓六腑に知らせてやる。なぁ、そこで、ここに出ているこのつきだし、これを舌の上にちょこっと乗せる。これで酒の味がグーンとよくなる。それからチビリ、チビリ、だんだん酒の酔いが身体にしみとおっていく。それを何だ、お前、かけっこしてきた奴が、サイダー飲むみたいにグーッと飲んで、胃袋が驚くよ、それじゃ」

満男は酒飲みの嗜みを素直に聞いているが、大学生がコンパで一気飲みし、急性アルコール中毒で倒れるケースは知らないんだろうな、寅さんは。

「さぁ、お酒がはいってゆきますよ ということを五臓六腑に知らせてやる」

第43作「寅次郎の休日」（1990年）ともなると、美女の礼子（泉の母／マドンナの夏木マリ）と飲んでも、心に余裕があるように見える。この二人、ブルートレインで九州まで来たのだが、寝台で酌みかわした折には「ビールはそのくらいに」と逆に礼子をたしなめていた。

寅さんの一人語りや人間喜劇を楽しむのか

昭和・平成時代の世相や庶民文化を懐古するのか

車家と諏訪家の家族ドラマや満男の成長を見守るのか

100人のファンがいれば100通りの見方がある

第8章 シリーズの作品解説

描かれるのは普通の家族の普通のドラマ。だからこそ、何回観ても新しい発見がある

寅さんは駅やバス停のベンチ、「とらや」の店先、ローカル鉄道のシート、神社の軒下など、どこでも昼寝ができる。眠る姿はまるで修行僧である。写真は第41作「寅次郎心の旅路」（1989年）のウィーンにて。

普遍的な「家族」がテーマなので、今もまったく色褪せない

渥美清が没して25年。それでも「男はつらいよ」シリーズの人気は衰えることを知らない。令和元（2019）年には待望の第50作「お帰り 寅さん」も公開された。第1作を青春時代に見た人はすでに60代後半から70代になっている。上がちょうど団塊の世代・全共闘世代、下が評論家・栗本慎一郎のいう新人類よりも少し上の世代だ。しかし、

寅さんと一緒に懐かしい日本を旅しよう!

寅さんファンはその子供たちの年齢、さらには孫たちにまで広がってきている。

これはBSなどで何回も連続放映され、『男はつらいよ 寅さんDVDマガジン』(講談社)や、原点ともいえるテレビドラマ『渥美清の泣いてたまるか』(デアゴスティーニ)の各シリーズが刊行されるなど、観賞の機会が増えたことが大きい。だが、なんと言っても車寅次郎という破天荒でハートウォーミングな男に、新しいファンがノックアウトされてしまうのだ。懐かしい日本を旅している気分に浸れるのも魅力である。

そうはいっても、「男はつらいよ」シリーズって昔の古い映画でしょ、白黒? なんかつまらなそう。50作もあるなんて、最初から観ないとだめ? 何から観ていいかわからない! 怖いヤクザが主人公の映画? ファンは年配の方だけでしょ?

当然のことながら、寅さんの世界を知らない人は、誰でもこんな疑問を抱きがちだ。しかし、それはすべて的外れ。確かに制作された年代は昭和40年代から平成初期までだが、「家族」「愛」「友情」といった普遍的なテーマが貫かれているため、今もまったく色あせていない。むしろ都市部を中心に核家族化が進み、地域コミュニティーも名ばかりのものになっている現在、かえって新鮮である。人間同士が裸で付き合える豊かな世界を描いた貴重な「記録」と考えることもできる。

実際のところ、全50作が同じキャスティングで物語が構築されるとなれば、これは一種の大河ドラマ、サーガだ。最初から順番に観ていかないとわからないのでは? こう懸念するのも当然である。しかし、リリー(マドンナの浅丘ルリ子/11作、15作、25作、

第7作「奮闘篇」(1971年)。旅から帰ると、些細なことで大喧嘩。寅さんはちゃぶ台に片足を乗せ、まるで歌舞伎役者が大見得を切るような怒り方である。こんな場面でも、家族の表情には愛があふれている。

48作、49作、50作)、歌子(マドンナの吉永小百合/9作、13作)以外は、一話、一話がほぼ独立した話で、ストーリーには「お約束」や予定調和的な展開がある(022頁参照)。よって何作目からでも存分に楽しめる。どちらかといえば、公開順に観たほうがベターだが、評価の高い作品から観てもいいし、贔屓《ひいき》のマドンナや役者が出演している作品からでもいい。チャンネルをサーフィンするようにハイライトを部分観賞していってもかまわない。つまるところ、寅さんを観るのにルールはいらないのである。

「男はつらいよ」の世界に共感し始めると、例外なく観るのが止まらなくなる。公開された最新作の第50作を加えれば、全部で85時間近い長大作品となるので、そう簡単には観きれないが、熱心なファンともなれば、同じ作品を5回も10回も繰り返して観賞している。なぜか? それは渥美清という不世出の役者の一挙手一投足と、誰にも真似できない話術や顔芸の虜《とりこ》になってしまうからだ。こうなると、物語を楽しむというよりも渥美清を楽しむという感覚である。

さらにいえば、帝釈天参道が自分の第2の故郷のようになってしまうのである。オープニングタイトルが流れ、参道の「とらや」店内が映し出されると、遠く離れた実家に帰省したような不思議な感覚だ。こうなれば、おいちゃんやおばちゃん、さくらや店の従業員は自分の「家族」。物語に没入できないわけがない。

効果的に使われるクラシック音楽やマドンナのテーマに聞き惚れる

それから忘れてはならないのが、山本直純が作曲した音楽である（第47作「拝啓車寅次郎様」以降の3作品は、長男・山本純ノ介と共同担当）。テーマはすっかりおなじみで、第50作「お帰り 寅さん」では、桑田佳祐が歌って大きな話題となった。第49作「寅次郎ハイビスカスの花 特別篇」（1997年）では八代亜紀も唄っている。寅さん節とは異なり、どちらも切々と歌いあげる感じで感動的であった。

しかし、テーマばかりではない。作中では「歌子のテーマ」「冬子のテーマ」「寅とかがり」「北国のリリー」「南国のリリー」「寅と朋子」などとマドンナが登場するごとに、書き下ろされた美しい楽曲が静かに流れ、寅さんとマドンナの心情を効果的に盛り上げている。加えて音楽監督がクラシック畑の重鎮だけに、毎回と言っていいほどクラシック音楽が効果的に使われている。これが本当に印象に残るのである。

例えば、第12作「私の寅さん」（1973年）ではフランツ・シューベルト「ます」、第18作「寅次郎純情詩集」（1976年）ではフレデリック・ショパンの「ノクターン」、第37作「幸福の青い鳥」（1986年）ではグリーグの「朝」、第41作「寅次郎心の旅路」（1989年）では、ヨハン・シュトラウスの「美しく青きドナウ」といった具合。どれもポピュラーなものばかりだが、耳馴染んでいるにもかかわらず、山本直純にかかると、それぞれが寅さんやマドンナの「心の調べ」のように聞こえてくるから不思議である。

新しいデジタル修復版で鑑賞すると新たな感動が生まれる

また、寅さん好きにとって楽しいのは、同好の士との寅さん談義である。作品との出合いや贔屓作品、好きなシークエンスなど、感動や笑いのツボはそれぞれ微妙に異なり、個々に思い入れがあるため、話していると新たな発見が見つけられる。ネットでは熱心なファンや寅さんのオタク的趣味人が、作品を深く掘り下げたHPを公開している。参加してコミュニティの輪を広げるのもいい。

「男はつらいよ」は映画配信サービスやテレビ放送、DVDなどで観賞できるが、ぜひとも4Kでデジタル修復したブルーレイで観てほしい。これは「男はつらいよ」誕生50周年を記念して発売されたもので、画・音ともに最新技術で補整されている。美しい映像は公開時に映画館で観た時の感動を呼び起こしてくれるだろう。

さあ、どうだ！

全50作品、84時間49分を楽しんでくれよ！

1 男はつらいよ

あらすじ 東京は柴又《しばまた》のだんご屋に人騒がせな男が帰ってきた。20年前、父親に血の出るほど殴られて家出していた車寅次郎《くるまとらじろう》だ。旅暮らしの香具師《やし》稼業のフーテン男。すでに両親とも亡くなり、店はおいちゃん、おばちゃんが切り盛りしている。腹違いの妹・さくらも娘ざかりだ。

家でもっともらしい挨拶を披露したものの、たちまち馬脚をあらわす寅さん。さくらの見合い話をぶち壊してしまったのだ。だが、さくらはめでたく結婚する運びに。「とらや」の裏にある印刷工場で働く諏訪博《すわひろし》がさくらに恋焦がれているのを知った寅さんが、仲を取り持ったのだった。しかし、おのれの、御前様《ごぜんさま》の娘・冬子《ふゆこ》（マドンナの光本幸子《みつもとさちこ》）への恋は惨敗に終わった。

見どころ 柴又《しばまた》の町を背景に「桜が咲いております。懐かしい葛飾《かつしか》の桜が今年も咲いております……」のナレーション。江戸川堤に寅さん登場、祭りの風景、家族との再会。心に残る印象的なオープニングである。

- ●封切り日　1969（昭和44）年8月27日
- ●上映時間　91分
- ●マドンナ　光本幸子
- ●ゲスト　志村喬、津坂匡章（現・秋野太作）
- ●主なロケ地　奈良県奈良市、京都府天橋立

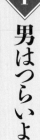

2 続 男はつらいよ

あらすじ 旅に出ようとした寅さんは、学生時代の恩師・散歩《さんぽ》先生（東野英治郎《とうのえいじろう》）と、その娘・夏子《なつこ》（マドンナの佐藤《さとう》オリエ）と再会。先生の家で酒盛り中、胃けいれんを起こして入院。しかし、病院を脱走し、はからずも無銭飲食のカドで警察沙汰《ざた》を起こす。恥じた彼は、旅に出る。

京都で観光中の散歩親娘と出会い、先生の勧めで実母・菊《きく》（ミヤコ蝶々《ちょうちょう》）に会いに行く。生き別れた母との再会に胸躍らせた寅さんだが、ラブホテルを経営している菊から「金の無心か」と悪態をつかれ、大喧嘩《おおげんか》となる。

柴又《しばまた》に舞い戻った寅さんを待っていたのは、病に倒れた散歩先生だった。病床の先生のために、江戸川でウナギを釣るなど奮闘努力する寅さんだったが……。

見どころ 東野英治郎と佐藤オリエは、テレビ版「男はつらいよ」のメインキャスト。のち、定番となる冒頭の夢のシーンがこの作品で初めて登場する。

●封切り日　1969（昭和44）年11月15日
●上映時間　93分
●マドンナ　佐藤オリエ
●ゲスト　東野英治郎、ミヤコ蝶々、山崎努
●主なロケ地　京都府京都市

3 フーテンの寅

あらすじ 柴又《しばまた》に戻った寅さんに、見合い話が舞い込む。相手は料亭の仲居（春川《はるかわ》ますみ）。ところが会ってみると相手は寅さんの知り合いで、別居中の夫の子を宿していたから大騒動となり、寅さんは旅に出る。

しばらくして、おいちゃん夫婦が三重県の湯の山温泉へ骨休めに行くと、番頭として顔を出したのが寅さんだったので、びっくり仰天。旅館の女将《おかみ》・志津《しづ》（マドンナの新珠三千代《あらたまみちよ》）に惚《ほ》れて番頭になったという。志津のためとばかり、獅子奮迅《ししふんじん》のはたらきを示す寅さん。

さらに志津の弟（河原崎建三《かわらさきけんぞう》）と芸者の染《その》奴《やっこ》（香山美子《かやまよしこ》）が恋仲と知って仲立ちする。だが、志津には意中の人がいて、寅さんの恋はあえない結末に。傷心の寅さんは「亭主持つなら堅気をお持ち……」と歌いつつ去る。

見どころ 本作は、喜劇映画に定評ある森《もり》崎東《さきあずま》が監督。寅さんの出で立ちがほかの作品とまるで違う。本作でぶった寅さんのインテリ論が、東京大学の入試問題になった。

●封切り日　1970（昭和45）年1月15日
●上映時間　89分
●マドンナ　新珠三千代
●ゲスト　香山美子、河原崎建三、花沢徳衛
●主なロケ地　三重県湯の山温泉

4 新 男はつらいよ

あらすじ 名古屋競馬で大穴を当ててタクシーで凱旋《がいせん》した寅さん。気が大きくなって、おいちゃん夫婦をハワイに連れて行くことにした。だが、旅行会社の社長に金を持ち逃げされてしまう。近所の手前、外聞が悪いと、いったんは羽田に行ったものの、旅立ったふりをして「とらや」の店内に潜む。間が悪いことに、そこへ泥棒（財津一郎《ざいついちろう》）が侵入。弱みを握られた寅さんは追い銭を渡して退散願うつもりも、結局は町中の知るところとなる。

居たたまれなくなって旅に出た寅さんが「とらや」に戻ってみると、2階には幼稚園の春子《はるこ》先生（マドンナの栗原小巻《くりはらこまき》）が下宿していた。たちまち熱を上げた寅さんは、春子が勤める幼稚園に通いつめ、園児とお遊戯に興じる。が、彼の恋はまたも成就《じょうじゅ》しないのであった。

見どころ すっかり園児気分になった寅さんが「春が来た」を歌いながら「とらや」に帰ってくる際の、おいちゃんの反応が爆笑もの。テレビ版の演出家・小林俊一《こばやししゅんいち》が監督した作品。

- ●封切り日　1970（昭和45）年2月27日
- ●上映時間　92分
- ●マドンナ　栗原小巻
- ●ゲスト　横内正、三島雅夫、財津一郎
- ●主なロケ地　愛知県名古屋市、羽田空港

男はつらいよ 5 望郷篇

あらすじ かつて世話になった北海道の政《まさ》吉《きち》親分（木田三千雄《きだみちお》）が危篤と聞かされた寅さんは、舎弟《しゃてい》の登《のぼる》とともに渡道する。親分は苦しい息の下で、ほったらかしていた息子（松山省《まつやませい》二《じ》＝現・政路）に会いたいと懇願。寅さんはこのことを息子に伝えようと、小樽の機関区に行くものの、すげなく拒否されてしまった。浮き草稼業のむなしさを痛感した寅さんは、柴又に戻って堅気の道を志す。

だが、就職口をことごとく断られ、ヤケになって江戸川の川船でフテ寝すると、その船が流され河口の浦安へ。浦安の豆腐屋に住み込んだ彼は、そこのひとり娘・節子《せつこ》（マドンナの長山《ながやま》藍子《あいこ》）に一目惚《ひとめぼ》れ。ひょっとしたらとの淡い期待にそそのかされて、油まみれになって働くが、ここでも彼は愛の女神に見放された。

見どころ 寅さんの人となりのすべてがわかる作品。惚《ほ》れっぽい性格で、人情味にあふれ、自分の利益など二の次のお人好し。早合点しやすい寅さんは、本当に愛すべき人なのである。

- ●封切り日　1970（昭和45）年8月26日
- ●上映時間　88分
- ●マドンナ　長山藍子
- ●ゲスト　井川比佐志、松山省二、杉山とく子
- ●主なロケ地　北海道札幌市・小樽市、千葉県浦安町（現・浦安市）

男はつらいよ 6
純情篇

あらすじ 長崎の港で赤ん坊連れの女・絹《きぬ》代《よ》（宮本信子《みやもとのぶこ》）にさくらの面影を見た寅さんは、一夜の宿賃を貸す。彼女は疲れた様子だったが、心に一途《いちず》なものを感じさせる芯の強そうな女性だった。五島列島に帰郷する彼女に同行した寅さん。絹代とその父（森繁久彌《もりしげひさや》）の話を聞いているうちに、里心がついて柴又に帰る。

「とらや」では、おばちゃんの遠縁にあたる夕《ゆう》子《こ》（マドンナの若尾文子《わかおあやこ》）が、夫と別居して間借りしていた。自分の部屋が貸されていることに大むくれとなった寅さんだが、相手が和服美人の夕子と知って、態度が豹変《ひょうへん》。旅に出ると息巻いていたのをコロリと忘れ、夕子にまとわりつくのだった。

しかし、小説家である夕子の夫が迎えに来て、寅さんの恋は不発に終わった。

見どころ 渥美清《あつみきよし》が尊敬していた森繁久彌とからむシーンは、忘れがたい名場面。寅さんにとって、夫ある女性との道ならぬ恋はタブー。禁断の恋に苦悩する寅さんが哀れである。

●封切り日　1971（昭和46）年1月15日
●上映時間　89分
●マドンナ　若尾文子
●ゲスト　森繁久彌、宮本信子
●主なロケ地　長崎県福江島

男はつらいよ 7
奮闘篇

あらすじ 生みの親の菊《きく》（ミヤコ蝶々《ちょうちょう》）が柴又《しばまた》にやってきた。あいにく寅さんは旅の空。菊は「帝国ホテルに宿泊していると寅に伝えてくれ」と言い残して去る。数時間遅れで寅さんは「とらや」に帰るが、母親とは会いたくないと意地を張る。さくらの説得で会ったものの、結婚話で親子喧嘩《げんか》となり、再び旅へ。

寅さんは、沼津市のラーメン屋で少女と知り合う。青森県から出てきた花子《はなこ》（マドンナの榊《さかき》原《ばら》るみ）だった。同情した彼は、迷子札代わりに「とらや」の住所を書いて渡す。

柴又に戻った寅さんは、「とらや」にいる花子にびっくり。そのうち、花子はすっかり寅さんになついてしまう。だがある日、花子の身元引受人の福士《ふくし》先生（田中邦衛《たなかくにえ》）が訪ねてきて、彼女を青森へと連れ帰ってしまう。

見どころ 寅さんを父親のように思う花子。寅さんも必死でそれに応えようとして、心が「愛」と「慈愛」の間で揺れ動く。突然の別れは悲しいが、希望を感じさせる美しい作品。

●封切り日　1971（昭和46）年4月28日
●上映時間　92分
●マドンナ　榊原るみ
●ゲスト　田中邦衛、柳家小さん、ミヤコ蝶々
●主なロケ地　静岡県沼津市、青森県鰺ヶ沢町

男はつらいよ 8

寅次郎恋歌

あらすじ 博《ひろし》の母が危篤との報に、さくらと博は岡山の実家へ。だが、母は帰らぬ人となった。その葬式の日、ひょっこり寅さんが現れて、トンチンカンなことばかり仕出かす。

皆が帰った後、気落ちしている博の父・颷一《ひょういち》郎《ろう》（志村喬《しむらたかし》）を心から慰める寅さん。学者として研究一筋に歩んできた颷一郎は、「家族団欒《だんらん》の内にこそ幸福がある」と、無軌道で無遠慮な寅さんの生き方を諭《さと》す。

深く心を動かされた寅さんは、柴又《しばまた》に帰ってその言葉を受け売りするが、舌の根も乾かぬうちに、喫茶店の経営者・貴子《たかこ》（マドンナの池《いけ》内淳子《うちじゅんこ》）にのぼせ上がってしまう。貴子の子供からも慕われ、一家団欒を夢みるが、しょせんは風来坊《ふうらいぼう》。彼女から「一緒に旅ができたら」と告白され、寅さんは身を引くのだった。

見どころ テレビ版からおいちゃんを演じてきた森川信《もりかわしん》の最後の作品。3人が扮《ふん》したおいちゃん役の中で、最も寅さんの縁続きらしい性格を演じきった。

- ●封切り日　1971（昭和46）年12月29日
- ●上映時間　114分
- ●マドンナ　池内淳子
- ●ゲスト　志村喬、吉田義夫、梅野泰靖
- ●主なロケ地　岡山県高梁市

男はつらいよ 9

柴又慕情

あらすじ 寅さんが柴又《しばまた》に帰ると、「貸間あり」の札が。自室が貸し出されようとしているのである。怒った寅さんは部屋を探そうと、不動産屋へ。その主人（佐山俊二《さやましゅんじ》）に案内されたのが、あろうことか「とらや」であった。

憤慨した寅さんは金沢へ。そこでOL3人組と道連れになり、北陸路を旅する。3人のうちでは、寂しげな歌子《うたこ》（マドンナの吉永小百合《よしながさゆり》）に心引かれる寅さんだった。ある日、歌子が柴又を訪ねてくる。二人暮らしをしている小説家の父（宮口精二《みやぐちせいじ》）との仲がギクシャクしているという。恋人がいるのだが、あとに残る父が心配で結婚に踏み切れない。歌子は寅さんに相談相手になってほしかったのである。

恋人がいると知った寅さんは、歌子の前から姿を消すのだった。

見どころ 当時、人気絶頂の吉永小百合をマドンナに迎えての作品。本作からおいちゃん役として松村達雄《まつむらたつお》が登場。この年から盆、暮れの年2作公開が定着した。

- ●封切り日　1972（昭和47）年8月5日
- ●上映時間　107分
- ●マドンナ　吉永小百合
- ●ゲスト　宮口精二、佐山俊二
- ●主なロケ地　石川県金沢市、福井県東尋坊

男はつらいよ 10

寅次郎夢枕

あらすじ 「とらや」の2階にインテリが引っ越してきた。東大の岡倉《おかくら》助教授（米倉斉加年《よねくらまさかね》）である。インテリが大嫌いの寅さんだが、御前《ごぜん》様《さま》の頼みとあってはむげにもできない。

そこへ、近くに美容院を店開きした千代《ちよ》（マドンナの八千草薫《やちぐさかおる》）が顔を見せた。寅さんの幼なじみだが、離婚したと聞いて、にわかに張り切り、美容院に押しかけては面倒をみる。

また寅さんの病気かと戦々恐々の「とらや」一家だが、さらなる厄介の種が。岡倉が千代に一目惚《ひとめぼ》れしてしまったのだ。それを察した寅さんは、二人の仲を取り持つことに。亀戸天神《かめいどてんじん》に誘って話を切り出すと、千代は寅さんからのプロポーズと勘違いして喜ぶ。意外な反応に及び腰になった寅さんは、オロオロするばかりであった。

見どころ 名だたる大スターが、ちょい役で出演するのもこのシリーズの魅力。今回は田中《たなか》絹代《きぬよ》が出演。さくらがアパート内で洋裁の内職を始める。

- ●封切り日　1972（昭和47）年12月29日
- ●上映時間　98分
- ●マドンナ　八千草薫
- ●ゲスト　田中絹代、米倉斉加年
- ●主なロケ地　山梨県北杜市、東京都亀戸天神

男はつらいよ 11

寅次郎忘れな草

あらすじ 満男《みつお》のためにピアノが欲しいというさくらの言葉を聞いて、寅さんが奮発したのはおもちゃのそれ。これが発端で一騒動、「とらや」を出る。

寅さんは、網走《あばしり》に向かう夜汽車の中で、ひっそりと涙をぬぐう派手な女性を見かける。翌日、網走の橋で、二人は初めて言葉を交わす。彼女の名はリリー（マドンナの浅丘《あさおか》ルリ子《こ》）。レコードを出したこともあるが、売れないドサ回りの歌手をしているという。自分と同じ浮き草稼業ではないか。

たちまち意気投合し、帰港する漁船を見ながら、互いの身の上を嘆き合う。ここで一念発起した寅さんは、定職に就くべく牧場での労働を志願したが、3日ともたずにダウン。さくらに引き取られて柴又へ。そこへリリーが……。

見どころ マドンナとしては最多の4回※も登場することになる浅丘ルリ子の初回出演作。網走の港で、二人が語り合う場面は情感たっぷり。観客動員数2位。※「特別篇」を入れると5回。

- ●封切り日　1973（昭和48）年8月4日
- ●上映時間　99分
- ●マドンナ　浅丘ルリ子
- ●ゲスト　織本順吉、毒蝮三太夫
- ●主なロケ地　北海道網走市

私の寅さん

あらすじ ふらりと柴又《しばまた》に帰ってきた寅さんだが、どうも家族の様子がおかしい。何かを隠している。実は一家揃《そろ》って、九州へ旅行する矢先だったのだ。いったんはムクれた寅さんだったが、さくらに諭《さと》されて、タコ社長と留守番する破目に。

数日後、寅さんは小学校時代の旧友・柳《やなぎ》(前田武彦《まえだたけひこ》)に会う。柳は放送作家として活躍していた。その柳に連れられて、彼の妹で画家の柳《やなぎ》りつ子《こ》(マドンナの岸惠子《きしけいこ》)の家に遊びにゆく。しかし、キャンバスにいたずらをしたのが露顕し、りつ子と大喧嘩《おおげんか》をしてしまう。

翌朝りつ子が「とらや」にわびを言いにやってくる。これがきっかけで二人は急接近し、寅さんは貧乏画家のパトロン気取りに。そこへキザな画商(津川雅彦《つがわまさひこ》)が現れて……。

見どころ 気ままな旅で家族に心配をかけ通しの寅さんが、本作では逆の立場に。九州旅行中の家族の安否を気遣い、毎日電話を寄こすことを強要。観客動員数最多作品。

●封切り日 1973(昭和48)年12月26日
●上映時間 107分
●マドンナ 岸惠子
●ゲスト 前田武彦、津川雅彦、河原崎國太郎
●主なロケ地 熊本県阿蘇山、大分県別府市

寅次郎恋やつれ

あらすじ 寅さんが結婚宣言? 意味深な発言に「とらや」一同に緊張が走る。聞けば、相手は温泉津《ゆのつ》温泉で知り合ったちょっと訳ありの女性らしい。絹代《きぬよ》(高田敏江《たかだとしえ》)という焼き物をする人妻で、夫が蒸発中だという。寅さんはかいがいしく世話をするが、柴又《しばまた》で結婚宣言をした後、さくらを温泉津に同道すると、夫が戻ってきていて、話はご破算となる。

傷心の寅さんはトランク片手に旅へ。島根県の津和野《つわの》で第9作の歌子《うたこ》(マドンナの吉永小《よしながさ》百合《ゆり》)に再会する。陶芸家の青年と結婚したのもつかの間、夫は病死していた。

半月後、再出発すべく「とらや」に現れた歌子は、小説家の父(宮口精二《みやぐちせいじ》)と和解し、新たな道を求めて伊豆大島へ。寅さんはやさしく励ますのだった。

見どころ 歌子と父親が和解するシーンは涙、涙、涙の名場面。父親役の宮口精二は、黒澤明《くろさわあきら》監督の作品の常連。凄《すご》みのある風貌だが、小説家の役も似合う。

●封切り日 1974(昭和49)年8月3日
●上映時間 104分
●マドンナ 吉永小百合
●ゲスト 宮口精二、高田敏江
●主なロケ地 島根県温泉津町(現・大田市)、津和野町

男はつらいよ 14

寅次郎子守唄

あらすじ 博《ひろし》が工場でケガをした。湿りがちな雰囲気の中、寅さんが帰ってきた。博のケガは軽くすんだが、寅さんの無神経な発言から大喧嘩《おおげんか》となり、早々に柴又《しばまた》を去る。

秋も深まった頃、寅さんは九州にいた。呼子《よぶこ》港で出会った男（月亭八方《つきていはっぽう》）から赤ん坊を預けられる。困った彼は柴又へ。帰ったはいいが、赤ん坊が疲れから高熱を発してしまい病院へ担ぎ込む。

そこには美しい看護師・京子《きょうこ》（マドンナの十《と》朱幸代《あけゆきよ》）がいて、ぞっこんとなる寅さん。京子に誘われて参加したコーラスグループの練習でリーダーの弥太郎《やたろう》（上條恒彦《かみじょうつねひこ》）を知る。寅さんと弥太郎は酒を酌み交わして意気投合、弥太郎は京子への思慕を打ち明ける。相愛の二人の応援に回った寅さんは、また旅の空へ。

見どころ 本作から3代目おいちゃんとして下條正巳《しもじょうまさみ》が登場。初代の森川信《もりかわしん》に比べると、はるかに働き者だ。恋の指南役としての寅さんの役回りに注目。

- ●封切り日　1974（昭和49）年12月28日
- ●上映時間　104分
- ●マドンナ　十朱幸代
- ●ゲスト　上條恒彦、春川ますみ
- ●主なロケ地　佐賀県唐津市・呼子町（現・唐津市）

男はつらいよ 15

寅次郎相合い傘

あらすじ すし屋の女将《おかみ》におさまったリリー（マドンナの浅丘《あさおか》ルリ子《こ》）は、その後、離婚して再び歌手に戻っていた。寅さんは青森で仕事に疲れた中年男・兵頭《ひょうどう》（船越英二《ふなこしえいじ》）と知り合い、函館に渡る。3人は函館の屋台でバッタリ出会い、愉快に道内を旅して回る。

兵頭の目的の一つは、小樽にいる初恋の人に会うことにあった。兵頭はその女性に会えたが、男女の有り様をめぐって寅さんとリリーが大喧嘩《おおげんか》、3人の旅は終わってしまう。

職場に復帰した兵頭は、メロンを手土産《てみやげ》に「とらや」を訪ね、兵頭が帰った後にリリーも現れる。リリーを囲んで楽しげだった雰囲気は、メロンをめぐって険悪に。さくらは兄とリリーの結婚を望む。リリーにもその気はあるのだが、二人の恋の行方は？

見どころ 第11作で浅丘ルリ子が扮《ふん》したリリーが再び登場。シリーズ中、屈指の傑作と推す人が多いが、メロン騒動の寅さんの態度には賛否両論ある。

- ●封切り日　1975（昭和50）年8月2日
- ●上映時間　91分
- ●マドンナ　浅丘ルリ子
- ●ゲスト　船越英二、岩崎加根子、久里千春
- ●主なロケ地　青森県青森市、北海道函館市・小樽市

男はつらいよ 16

葛飾立志篇

あらすじ 「とらや」を訪ねた女子高生・順《じゅん》子《こ》（桜田淳子《さくらだじゅんこ》）は、寅さんが実父ではと言って、一家をドギマギさせる。そこへ寅さんが帰ってきて、どうにか誤解は解ける。

しかし、さらなる難題が。大学助手で考古学を専攻する礼子《れいこ》（マドンナの樫山文枝《かしやまふみえ》）が、寅さんの部屋を間借りしていた。なにせ瞬間湯沸かし器のような男だ。たちまち礼子に熱を上げ、学問を志す。が、伊達《だて》メガネをかけて、またまた町中の物笑いの種になる。

猛勉強のさなか、礼子の恩師・田所《たどころ》教授（小《こ》林桂樹《ばやしけいじゅ》）が訪ねてくる。寅さんは学者バカで世間知らずなところが気に入って話が弾む。ところが、田所もまた礼子に思いを寄せており、愛の告白をする。ここで少し勘違いした寅さんは身を引くが、結局、田所もフラられてしまう。

見どころ 寅さんは、順子の母の墓参りをする。人騒がせな男だが、人情には篤《あつ》い。香具師仲間の墓参も欠かさない。葬式を仕切りたがるのが困りものだが。

●封切り日　1975（昭和50）年12月27日
●上映時間　99分
●マドンナ　樫山文枝
●ゲスト　小林桂樹、桜田淳子、大滝秀治
●主なロケ地　山形県寒河江市

男はつらいよ 17

寅次郎夕焼け小焼け

あらすじ 寅さんが酒場で知り合い、「とらや」に引っ張り込んだ薄汚い爺《じい》さんは、なんと日本画壇の大家・青観《せいかん》（宇野重吉《うののじゅうきち》）だった。青観がお礼のつもりで描いた絵が高く売れて、寅さんは色めき立つ。

後日、寅さんは旅先の龍野《たつの》で青観と再会し、市長主催の歓迎パーティーに同席。席上、芸者のぼたん（マドンナの太地喜和子《たいちきわこ》）といい雰囲気となり、のんびりとした時間を過ごす。

やがて彼女が「とらや」を訪ねてきた。東京の詐欺師（佐野浅夫《さのあさお》）に騙《だま》し取られた200万円を取り返したいというのだ。タコ社長が乗り出すものの、歯が立たない。青観にも相談したが、こればかりは筋が違う。一筋縄ではいかぬ悪党に、はらわたが煮えくり返る寅さんだが、どうしてやることもできない。

見どころ 佐野浅夫演じる詐欺師は、善人ばかりのこのシリーズに登場するただ一人の悪党。太地喜和子の切れのいい演技もあって、シリーズでも屈指のできばえ。

●封切り日　1976（昭和51）年7月24日
●上映時間　109分
●マドンナ　太地喜和子
●ゲスト　宇野重吉、佐野浅夫、岡田嘉子
●主なロケ地　兵庫県龍野市（現・たつの市）

男はつらいよ 18

寅次郎純情詩集

あらすじ 別所温泉で贔屓《ひいき》の旅役者・坂東《ばんどう》鶴八郎《つるはちろう》（吉田義夫《よしだよしお》）に出くわした寅さん。旅館に一座を招いて大盤振舞《おおばんぶるまい》をする。だが結局、無銭飲食で警察のやっかいに。さくらに迎えにきてもらって請け出されるが、留置所を宿屋のように使っていただけで、反省の色は見えない。さくらもこれには愛想をつかしてしまう。

猛反省する寅さんだが、それもつかの間、柴《しば》又《また》に帰ると昔なじみの綾《あや》（マドンナの京《きょう》マチ子）に出会い、一気にのぼせ上がる。名家の令嬢である綾は、不治の病で余命いくばくもない。娘の雅子《まさこ》（檀《だん》ふみ）はその宣告を受けているが、当人は知らない。

この事態を放っておける寅さんではない。懸命に二人を励ます。しかし、人の運命には定まった軌道が……。

見どころ 吉田義夫といえば、かつての東映時代劇きっての悪役だ。シリーズ冒頭の夢のシーンでも、何度となく寅さんに殺されるが、座長役は無類の好人物。

- ●封切り日　1976（昭和51）年12月25日
- ●上映時間　103分
- ●マドンナ　京マチ子
- ●ゲスト　檀ふみ、吉田義夫、岡本茉莉
- ●主なロケ地　長野県別所温泉

男はつらいよ 19

寅次郎と殿様

あらすじ 寅さんが伊予《いよ》（愛媛県）の大洲《おおず》で出会った爺様《じいさま》（嵐寛壽郎《あらしかんじゅうろう》）は、世が世なら殿様と仰がれる16代当主・藤堂久宗《とうどうひさむね》だった。世間に疎い殿様は、ラムネをご馳走《ちそう》してくれた寅さんを歓待するが、はしっこい執事（三木《みき》のり平《へい》）は邪魔者扱いする。その態度に堪忍袋の緒を切った殿様は、あわや執事を無礼討ちに。「刃傷《にんじょう》松の廊下」を思わせるシーンだ。

殿様は、今は亡き息子の嫁・鞠子《まりこ》（マドンナの真野響子《まやきょうこ》）に会いたいので、寅さんに捜してくれと頼む。安請け合いしたものの、さて困った。名前だけを手掛かりに、広い東京でどう捜したものか。

あれこれあって、上京してきた殿様は鞠子と再会を果たす。殿様はすこぶるご満悦だが、寅さんは恋の病にとりつかれて……。

見どころ 冒頭の夢のシーンは、寅さんによる鞍馬天狗《くらまてんぐ》が主役。鞍馬天狗といえば、嵐寛壽郎の十八番《おはこ》。彼を殿様、三木のり平を執事に配した時点で、本作は半ば成功だった。

- ●封切り日　1977（昭和52）年8月6日
- ●上映時間　99分
- ●マドンナ　真野響子
- ●ゲスト　嵐寛壽郎、三木のり平、平田昭彦
- ●主なロケ地　愛媛県大洲市

男はつらいよ 20 寅次郎頑張れ！

あらすじ　「とらや」に帰ってきた寅さんは、見知らぬ青年・良介《りょうすけ》（中村雅俊《なかむらまさとし》）に押し売りと間違えられる。しかも、彼が自分の部屋に下宿していると知ってカンカン。

だが、電気工事の仕事（なので、あだ名がワット君）をしている良介は純朴な青年だった。食堂の娘・幸子《さちこ》（大竹《おおたけ》しのぶ）に恋しているのだが、プロポーズに失敗したと思い込み、自殺未遂を起こす。そして郷里の平戸に帰った。心配した寅さんは平戸を訪ねるが、土産《みやげ》物屋を切り盛りしている姉の藤子《ふじこ》（マドンナの藤村志《ふじむらし》保《ほ》）にのぼせ上がり、店に居ついてしまう。

一方、幸子は、良介が好きだった、とさくらに打ち明ける。良介は喜び勇んで、姉とともに柴又へ。だが、それは寅さんが藤子から身を引くきっかけとなった……。

見どころ　良介が試みたガス自殺は、この世との別れにタバコを一服しようとして大爆発を誘発。「とらや」の2階が、ゴーンと吹き飛んでしまった。店始まって以来の大事件である。

●封切り日　1977（昭和52）年12月24日
●上映時間　95分
●マドンナ　藤村志保
●ゲスト　中村雅俊、大竹しのぶ
●主なロケ地　長崎県平戸市

男はつらいよ 21 寅次郎わが道をゆく

あらすじ　熊本県の田の原温泉を訪れていた寅さんは、失恋男の留吉《とめきち》（武田鉄矢《たけだてつや》）から先生と敬われ、いい気になって旅館に長逗留《ながとうりゅう》。手元不如意《ふにょい》はいつものことだが、財布が底をつき、さくらが迎えにくる。

柴又《しばまた》に帰った寅さんは、殊勝にも店を手伝うのだが、それもほんの一時のことで浅草国際劇場に通いつめる。さくらの同級生で、今はSKDのスター、紅奈々子《くれないななこ》（マドンナの木《き》の実《み》ナナ）がお目当てなのだ。上京してきた留吉も、SKDの踊り子に夢中になり、劇場近くのとんかつ屋に就職する。

奈々子は、照明係の隆《たかし》（竜雷太《りゅうらいた》）と結婚するか、踊り一筋に生きるべきか悩んでいたが、愛を取ることを決断。最後の舞台の客席には、奈々子を見守る寅さんの姿が。

見どころ　「とらや」の面々の、幼い頃の夢が明かされる。おいちゃんは馬賊《ばぞく》、おばちゃんは呉服店のおかみさん、寅さんは香具師に憧れた。大願を成就《じょうじゅ》したのは寅さんだけ。

●封切り日　1978（昭和53）年8月5日
●上映時間　107分
●マドンナ　木の実ナナ
●ゲスト　武田鉄矢、竜雷太
●主なロケ地　熊本県田の原温泉

男はつらいよ 22

噂の寅次郎

あらすじ 大井川で雲水《うんすい》（大滝秀治《おおたきひでじ》）に「女難の相あり」と告げられる寅さん。さっそく、ダムの上で出会った失恋女（泉《いずみ》ピン子《こ》）を慰める破目に。さらに、木曽で博《ひろし》の父・飈一郎《ひょういちろう》（志《し》村喬《むらたかし》）とも再会。人生の儚《はかな》さを説かれて柴又《しばまた》へ。しかし、「とらや」では間の悪いことに、腰痛のおいちゃんを助けるために美人の早苗《さなえ》（マドンナの大原麗子《おおはられいこ》）を雇った矢先だった。

さあ、女難の本番だ。早苗のそばに居たい寅さんは、仮病を使ったばかりに救急車を呼ぶ騒ぎに発展してしまう。相も変わらぬドタバタだ。早苗が離婚間近と知った寅さんは、前後の見境もつかぬほどのぼせる。

そこへ、早苗の従兄弟《いとこ》の添田《そえだ》（室田日出《むろたひで》男《お》）が現れる。実直な彼が恋のライバルとは思わぬ寅さんだったが……。

見どころ 旅暮らしの寅さんは、おびただしい数の橋を渡るが、本作では静岡県島田市の大井川に架かる蓬莱《ほうらい》橋を渡る。世界最長の木造橋で、流れ橋型だ。

●封切り日　1978（昭和53）年12月27日
●上映時間　104分
●マドンナ　大原麗子
●ゲスト　志村喬、室田日出男、泉ピン子
●主なロケ地　長野県木曽野尻、静岡県大井川

男はつらいよ 23

翔んでる寅次郎

あらすじ 寅さんは北海道の旅の途次、一人旅の娘・ひとみ（マドンナの桃井《ももい》かおり）が旅館のドラ息子（湯原昌幸《ゆはらまさゆき》）の毒牙にかかろうとしているところを救って意気投合。その日は飲み明かした。

ひとみは、ぼんぼん育ちの邦男《くにお》（布施明《ふせあきら》）と婚約しているのだが、今ひとつ気が進まない。結婚式当日、寅さんのことを思い出した彼女は、式場から花嫁姿のまま脱走。「とらや」に駆け込んだから、町内は上を下への大騒動。母親（木暮実千代《こぐれみちよ》）が迎えにくるが応じない。

邦男は、自動車修理工場で働き始める。家を出て、会社も辞め、ひとみの住む町で暮らそうと決断したのだ。邦男の決断に心動かされたひとみは、あらためて結婚を決意。寅さんに仲人を頼むのだった。

見どころ 伊達《だて》の薄着の寅さんは寒さが苦手。で、冬は南国、夏は北国のパターンで旅する。旅先で多いのは九州だが、北海道も印象的なシーンに事欠かない。

●封切り日　1979（昭和54）年8月4日
●上映時間　106分
●マドンナ　桃井かおり
●ゲスト　布施明、木暮実千代
●主なロケ地　北海道支笏湖

男はつらいよ 24

寅次郎春の夢

あらすじ 帝釈天《たいしゃくてん》境内で見慣れぬ外国人に話しかけられた御前様《ごぜんさま》、英語はからきしとあって、「とらや」に駆け込む。たまたま満男《みつお》の英語塾の先生（林寛子《はやしひろこ》）とその母親・圭子《けいこ》（マドンナの香川京子《かがわきょうこ》）が居合わせた。

そのおかげで外国人は米国から薬のセールスにやってきたマイケル（ハーブ・エデルマン）と判明。なかなか商売がうまくゆかず、同情した一家は彼を下宿させる。

マイケルは気のいい外国人で、一家と打ちとけた頃、寅さんが帰ってきた。大のアメリカ嫌いの寅さんは大むくれ。そんな中、マイケルがさくらに「ただいま」のキスをしたことから、二人は大立ち回りを演じることに。

またぞろ未亡人の圭子に熱を上げる寅さんだが、彼女にはすでに意中の男性がいた。

見どころ 主役級としては珍しい外国人の登場で、日米の比較文化論が展開される。愛しているなら、はっきりと意思表示をするのが米国流。寅さんとは正反対だ。

●封切り日　1979（昭和54）年12月28日
●上映時間　103分
●マドンナ　香川京子
●ゲスト　ハーブ・エデルマン、林寛子
●主なロケ地　和歌山県、京都市、米国アリゾナ州

男はつらいよ 25

寅次郎ハイビスカスの花

あらすじ 柴又《しばまた》に帰ってきた寅さんに、リリー（マドンナの浅丘《あさおか》ルリ子《こ》）から速達が届く。「沖縄で歌っていて急病で入院。死ぬ前に一目、逢《あ》いたい」とつづってあった。驚いた「とらや」一同は、飛行機嫌いの寅さんを総がかりで説き伏せ、沖縄へ送り出した。

フライトでふらふらになりながら、取るものも取りあえず駆けつけてくれた寅さんを見て、リリーの大きな瞳に涙があふれた。献身的な看護で、病状は好転、退院の運びに。

二人は療養のため、小さな漁師町に部屋を借りた。寅さんは遠慮して、その家の息子・高《たか》志《し》（江藤潤《えとうじゅん》）の部屋で寝起きする。リリーが元気になるにつれ、無邪気に遊び回る寅さん。夫婦に似た感情を抱き始めたリリーには、女心を解さぬ寅さんがもどかしくてならない……。

見どころ リリー登場の3作目。病床のリリーのために、寅さんが大嫌いな飛行機に乗って沖縄へ駆けつける。本作のラストシーンは、シリーズ中で一、二を争う名場面。

●封切り日　1980（昭和55）年8月2日
●上映時間　103分
●マドンナ　浅丘ルリ子
●ゲスト　江藤潤、津嘉山正種
●主なロケ地　沖縄県内、長野県軽井沢町

男はつらいよ 26

寅次郎かもめ歌

あらすじ 北海道江差《えさし》町で売《ばい》をしていた寅さんは、仲間から同業の常《つね》が病死したと聞かされる。墓参りを思い立った彼は、常が暮らしていた奥尻《おくしり》島へ渡り、スルメ工場で働く常の娘・すみれ（マドンナの伊藤蘭《いとうらん》）と出会った。彼女の案内で墓に詣で、おのれの稼業の頼りなさを痛感する。

別れ際《ぎわ》、すみれは東京で働きながら勉強したいと言う。困っている者を放っておけない寅さんは、誘拐犯に間違えられながらも、すみれを柴又《しばまた》に連れてゆく。

タコ社長の口利きで仕事を見つけ、夜間高校の入試もクリアしたすみれ。その尻馬に乗って、寅さんも夜間高校の授業にまぎれこむ。そんなある日、すみれの恋人・貞男《さだお》（村田雄浩《むらたたけひろ》）が上京。すでに引き際《ぎわ》が来ていたのだった。

見どころ 夜間高校教師として松村達雄《まつむらたつお》が出演。存在感ある演技を見せ、後年の山田《やまだ》作品「学校」を連想させる。さくら夫婦が2階建ての家（築3年）を購入する。

●封切り日　1980（昭和55）年12月27日
●上映時間　97分
●マドンナ　伊藤蘭
●ゲスト　村田雄浩、松村達雄、あき竹城
●主なロケ地　北海道江差町・奥尻島

男はつらいよ 27

浪花の恋の寅次郎

あらすじ 瀬戸内のとある島の墓地で、ふみ（マドンナの松坂慶子《まつざかけいこ》）と出会った寅さん。その場はそれきりだったが、大阪の神社で売《ばい》をしている彼の前を、3人の芸者が通りかかった。その一人がふみだった。ここでも恋の病から一《ひと》目惚《めぼ》れした寅さんは、一緒にお寺参りをしたりと、心浮き立つ日々が過ぎてゆく。

ある日、生き別れになった弟がいるとふみから聞かされる。寅さんの勧めで弟の勤めている会社を探し当てたが、当人はすでに世を去っていた。その晩、寅さんの宿に酔ったふみが現れ、寅さんの膝にすがって泣きながら寝入ってしまった。

やがて柴又《しばまた》に戻った寅さんのもとに、ふみがやってくる。結婚して対馬で暮らすと知らせに来たのだった。

見どころ 大阪が主舞台になるのが見どころで、この時期の松坂慶子は輝くばかりの美貌だ。この作品から満男《みつお》役が、吉岡秀隆《よしおかひでたか》に代わったことも注目したい。

●封切り日　1981（昭和56）年8月8日
●上映時間　104分
●マドンナ　松坂慶子
●ゲスト　芦屋雁之助、大村崑
●主なロケ地　大阪府、奈良県生駒山、長崎県対馬

男はつらいよ 28

寅次郎紙風船

あらすじ 柴又《しばまた》小の同窓会でやりたい放題をしてのけた寅さん、柴又に居づらくなって九州へ。筑後川のほとりで、家出娘の愛子《あいこ》（岸《きし》本加世子《もとかよこ》）と知り合う。ケタはずれのはねっかえり娘だ。寅さんがフーテンと知って、どこへ行くにもまとわりついて離れない。

ある縁日で、香具師仲間のカラスの常三郎《つねさぶろう》（小沢昭一《おざわしょういち》）の女房・光枝《みつえ》（マドンナの音無美《おとなしみ》紀子《きこ》）が、寅さんの向かいでタコ焼きを売っていた。常は重い病に臥《ふ》しているという。

翌日、見舞いに行ったところ、常から「俺が死んだら、あいつを女房にしてくれ」と頼まれ、思わずうなずく。その後、光枝は上京して本郷の旅館で働く。寅さんが訪ねてみると、常は死んだという。あの約束はどうする？　律儀な寅さんは真剣に考え始める。

見どころ 本作のような、はねっかえり娘を演じさせたら岸本加世子はピカ一。寅さんと同宿してのやりとりのおかしさは無類。気がふさいだ時は、この場面をどうぞ。

●封切り日　1981（昭和56）年12月28日
●上映時間　100分
●マドンナ　音無美紀子
●ゲスト　小沢昭一、岸本加世子、地井武男
●主なロケ地　大分県夜明温泉、福岡県甘木市（現・朝倉市）

男はつらいよ 29

寅次郎あじさいの恋

あらすじ 京都は鴨川べりで、寅さんは老人の下駄の鼻緒《はなお》をすげかえてあげる。喜んだ老人は、先斗《ぽんと》町の茶屋に寅さんを誘った。

泥酔した寅さんが目覚めると、そこはたいそうな豪邸。老人は人間国宝の陶芸家・加納作《かのうさく》次郎《じろう》（13代目片岡仁左衛門《かたおかにざえもん》）だと知る。が、寅さんは見栄も衒《てら》いもなく接し、加納もそんなフーテン男に心を許した。

寅さんは、この家で家政婦のかがり（マドンナのいしだあゆみ）を知る。彼女は未亡人で、娘を故郷の丹後・伊根《いね》に残して働いていた。

かがりは、居づらいことが起こって故郷に帰る。旅に出た寅さんが訪ねると、その夜、寝室にかがりが忍んできたが、寝たふりをして通した。後日、柴又《しばまた》へ戻った寅さんに会いにかがりが上京、鎌倉でデートをするのだが……。

見どころ シリーズも中盤にさしかかって、寅さんの恋愛は受け身が目立ってくる。そろそろ伴侶《はんりょ》をと願うファンは、絶好の機会を逃す寅さんが歯がゆいだろう。

●封切り日　1982（昭和57）年8月7日
●上映時間　109分
●マドンナ　いしだあゆみ
●ゲスト　片岡仁左衛門、柄本明
●主なロケ地　京都府京都市・伊根町、神奈川県鎌倉市

男はつらいよ 30

花も嵐も寅次郎

あらすじ 大分県の湯平温泉の宿で、寅さんはチンパンジー飼育係の三郎《さぶろう》（沢田研二《さわだけんじ》）と出会う。三郎は、昔この宿で仲居をしていた母の供養をしようと遺骨を持ち込んでいた。たまたま同宿していたデパートガールの螢子《けいこ》（マドンナの田中裕子《たなかゆうこ》）らも一緒に焼香し、翌日はみんなで三郎の車でドライブとしゃれ込む。

ここで螢子に一目《ひとめ》惚《ぼ》れした内気な三郎は、唐突に「ぼ、僕と付きおうてくれませんか」と精一杯の告白をするが、返事はなかった。

三郎の車で「とらや」に帰り着いた寅さんは、恋の指南役を買って出る。ご親切にも螢子に三郎の気持ちを代弁してやり、その甲斐《かい》あって二人はめでたく結婚。寅さんはさくらに「二枚目はいいよな」と言い残して去る。少しは螢子に惚れていたのである。

見どころ 寅さんが三郎に口説きのテクニックを伝授する場面は絶品。沢田研二と田中裕子が共演後に結婚したのは周知の通り。シリーズ中、観客動員数3位の作品。

- ●封切り日　1982（昭和57）年12月28日
- ●上映時間　105分
- ●マドンナ　田中裕子
- ●ゲスト　沢田研二、内田朝雄
- ●主なロケ地　大分県湯平温泉、千葉県谷津遊園など

男はつらいよ 31

旅と女と寅次郎

あらすじ 柴又《しばまた》に帰った寅さん、一家が反対するのも無視して、満男《みつお》の運動会に参加すると言い出す。張り切ってパン食い競争の練習までするが、それでも皆が渋るのでまたまた大喧《おおげん》嘩《か》、トランク片手に旅へ。

佐渡島へ漁船で渡ろうとしていた寅さんに、同乗させてと声をかけた女がいた。大物歌手の京《きょう》はるみ（マドンナの都《みやこ》はるみ）だった。仕事に追いまくられて嫌気がさし、逃避行中なのだ。所属事務所の社長（藤岡琢也《ふじおかたくや》）が躍起《やっき》になって行方《ゆくえ》を捜すが、はるみは寅さんと気まま旅。が、至福の時は長くは続かなかった。

柴又に戻った寅さんのもとへ、はるみが訪ねてきたから町中が大騒ぎ。ミニリサイタルの大サービスだ。復帰したはるみを祝福しつつ、寅さんはあてどない旅へ。

見どころ 股旅《またたび》ものの演歌から童謡まで、なんでもござれの寅さん、本作では都はるみとデュエットする。持ち歌に「矢切《やぎり》の渡し」がある細川《ほそかわ》たかしが、矢切《やきり》の渡《わた》しのシーンで友情出演。

- ●封切り日　1983（昭和58）年8月6日
- ●上映時間　100分
- ●マドンナ　都はるみ
- ●ゲスト　藤岡琢也、細川たかし、北林谷栄
- ●主なロケ地　新潟県佐渡島

男はつらいよ 32

口笛を吹く寅次郎

あらすじ 岡山県高梁《たかはし》市で営まれた博《ひろし》の父の三回忌法要。博、さくら、満男《みつお》が法要に参列すると、目を疑う事態が進行していた。何と読経しているのは寅さんなのである。何が起きているのか、今度は何をやらかすのかと、さくらたちは蒼白《そうはく》となる。

実は寅さんは住職（松村達雄《まつむらたつお》）に気に入られて寺に居つき、檀家《だんか》の評判も上々なのだが、お目当ては住職のバツイチ娘・朋子《ともこ》（マドンナの竹下景子《たけしたけいこ》）。寺の跡取りで朋子の弟・一道《かずみち》（中井貴一《なかいきいち》）と酒屋の娘・ひろみ（杉田《すぎた》かおる）の恋もからんで物語は進む。

一道はカメラマン志望で、寺を継ぐ気はない。寅さんの修行しだいで、養子に入って朋子と夫婦の道も。朋子もまんざらではないのだったが……。

見どころ 高梁が舞台となるのは、第8作「寅次郎恋歌」（1971年）以来12年ぶり。飛行機とは無縁の「とらや」一同とあって移動は鉄道。登場する鉄道の変遷も楽しい。

- 封切り日　1983（昭和58）年12月28日
- 上映時間　104分
- マドンナ　竹下景子
- ゲスト　中井貴一、杉田かおる、松村達雄
- 主なロケ地　岡山県高梁市

男はつらいよ 33

夜霧にむせぶ寅次郎

あらすじ 釧路で理容師・風子《ふうこ》（マドンナの中原理恵《なかはらりえ》）と知り合った寅さん。根なし草の彼女に自分を重ね、旅の途中で一緒になった中年男（佐藤《さとう》B作《さく》）も加えて3人で旅を続ける。中年男の女房捜しに付き合った後、寅さんと風子は根室へ。ここで風子は曲芸オートバイ乗りのトニー（渡瀬恒彦《わたせつねひこ》）に声をかけられる。寅さんは地道な暮らしを説くが、風子は耳をかさない。

柴又《しばまた》に帰ってみると、風子と同棲しているトニーが、病床の風子が会いたがっていると伝えに来た。寅さんは風子を「とらや」に連れ帰り、トニーと別れるように勧める。しかし、風子はトニーに会うために飛び出してしまう。

やがて風子から便りが届く。真面目《まじめ》な男と結婚することになったのだという。結婚式にはさくら一家が参加、寅さんもやってきた。

見どころ タコ社長の娘・あけみ（美保純《みほじゅん》）が花嫁姿で初登場。輿《こし》入れ（結婚）する彼女を冷やかす野次馬にあかんべえをするなど、この作以降のじゃじゃ馬ぶりを発揮。

- 封切り日　1984（昭和59）年8月4日
- 上映時間　101分
- マドンナ　中原理恵
- ゲスト　渡瀬恒彦、佐藤B作、美保純
- 主なロケ地　北海道釧路市・根室市・中標津町など

男はつらいよ 34

寅次郎真実一路

あらすじ 寅さんが上野の焼き鳥屋で意気投合したのは、証券マン・富永《とみなが》（米倉斉加年《よねくらまさかね》）。後日、ご馳走《ちそう》になったお礼に今度は寅さんが飲み屋に誘ったのだが、酩酊《めいてい》してしまい富永の自宅へ。翌朝、目覚めると昨日の顚末は頭になく、富永の妻・ふじ子（マドンナの大原麗子《おおはられいこ》）に「ここはどこ?」と聞く始末。美貌にドギマギした寅さんは、慌てて辞去した。

ある日、富永が失踪。寅さんは悲嘆にくれるふじ子を励まし、彼女とともに捜索の旅へ。指《いぶ》宿《すき》、枕崎、知覧と富永の郷里の鹿児島県内を歩き回る。日を重ねるにしたがって、ふじ子への思慕を募らせるが、人妻に懸想《けそう》することだけは自ら禁じてきた寅さんは、苦しむ。

やがて、富永は妻子のもとへ戻って、寅さんは苦悩から解放されるのだった。

見どころ 画面は薩摩路の美しい風景を映し出す。失われた日本の原風景を本作に見たファンは多いはず。ラストシーンの駅は、今は廃線となった鹿児島交通の伊作駅である。

- ●封切り日　1984（昭和59）年12月28日
- ●上映時間　106分
- ●マドンナ　大原麗子
- ●ゲスト　米倉斉加年、辰巳柳太郎、津島恵子
- ●主なロケ地　茨城県牛久沼、鹿児島県

男はつらいよ 35

寅次郎恋愛塾

あらすじ 寅さんは香具師仲間のポンシュウ（関敬六《せきけいろく》）と長崎・五島列島にやってきた。二人は手助けをした老婆に歓待されたが、老婆はその翌朝に急死。寅さんは孫娘の若菜《わかな》（マドンナの樋口可南子《ひぐちかなこ》）に一目惚《ひとめぼ》れしてしまう。

数日後、柴又《しばまた》に若菜から礼状が届くと、寅さんは失業中の若菜のアパートを訪れる。彼女のために寅さんが世話を焼く中、同じアパートに住む民夫《たみお》（平田満《ひらたみつる》）を知る。彼は司法試験を目指すが勉強が手につかない。若菜に夢中と察した寅さんは恋愛を指南した。

だが、寝不足と緊張がたたってデートは不首尾に終わる。失意の民夫は郷里の秋田へ帰ってしまったが、寅さんは自殺でもしないかと心配し、若菜、民夫の恩師（松村達雄《まつむらたつお》）とともに秋田へ。民夫を捜し当て、めでたしとなる。

見どころ シリーズに女たらしの青年は出てこない。そろって純情だ。民夫も同様である。ぶざまな彼らの恋愛模様を見つめる山田洋次《やまだようじ》監督の視線は温かい。

- ●封切り日　1985（昭和60）年8月3日
- ●上映時間　107分
- ●マドンナ　樋口可南子
- ●ゲスト　平田満、松村達雄
- ●主なロケ地　長崎県上五島、秋田県鹿角市

男はつらいよ 36

柴又より愛をこめて

あらすじ 夫婦仲がしっくりいかないあけみ(美保純《みほじゅん》)が家出。タコ社長はワイドショーに出演して、涙ながらに帰宅を呼びかける。ここで寅さんの商売上の人脈が役立って、あけみは下田にいることが判明、寅さんが迎えに行く。

しかし、二人は帰宅どころか、海を渡って式根島へ旅立ってしまう。船中で島の小学校の卒業生たちと知り合い、島で彼らを出迎えた真知《まち》子《こ》先生(マドンナの栗原小巻《くりはらこまき》)に一目惚《ひとめぼ》れの寅さん。あけみを放ったらかしにして同窓会に参加。あけみもあけみで旅館の若旦那に惚れられる。

島から帰った寅さんは、ふぬけ同様のありさまである。東京で真知子に再会するも、彼女は亡くなった親友の夫(川谷拓三《かわたにたくぞう》)の求婚を受け入れ、寅さんの恋は空振り。

見どころ 木下惠介《きのしたけいすけ》監督「二十四の瞳」へのオマージュ作品。式根島の美しい風景の中、寅さんの恋が空回り。「釣りバカ日誌」の八郎《はちろう》役のアパッチけん(現・中本賢《なかもとけん》)も登場する。

●封切り日　1985(昭和60)年12月28日
●上映時間　104分
●マドンナ　栗原小巻
●ゲスト　川谷拓三、人見明
●主なロケ地　静岡県下田市、東京都式根島

男はつらいよ 37

幸福の青い鳥

あらすじ かつて筑豊炭鉱の拠点として賑《にぎ》わった飯塚は閑散としていた。ここには、寅さんが贔屓《ひいき》にしていた旅役者・坂東鶴八郎《ばんどうつるはちろう》が住んでいるはず。ところが、すでに他界していることがわかり、看板女優だった鶴八郎の娘・美《み》保《ほ》(マドンナの志穂美悦子《しほみえつこ》)と再会する。

やがて美保は、寅さんを頼って上京するが、あいにく旅稼ぎで留守。ひょんなことから看板職人の健吾《けんご》(長渕剛《ながぶちつよし》)と知り合う。画家になる夢を捨てきれない健吾は、展覧会に応募するものの落選。一方、美保は柴又《しばまた》のラーメン屋で働きながら健吾を励ますが、ヤケになった健吾は美保を抱こうとする。拒否した美保だが、健吾のことは憎からず思っている。

やがて婚約が調うと、寅さんは柴又をあとにするのだった。

見どころ 芝居小屋の清掃員役で出演するすまけいは、シリーズ後半でいぶし銀の演技を披露。笹野高史《ささのたかし》、イッセー尾形《おがた》らとともに貴重なバイプレーヤー。

●封切り日　1986(昭和61)年12月20日
●上映時間　102分
●マドンナ　志穂美悦子
●ゲスト　長渕剛、すまけい、じん弘
●主なロケ地　山口県萩市、福岡県飯塚市

男はつらいよ

38 知床慕情

あらすじ おいちゃんの入院で店は休業中。寅さんが手伝おうとするが、まるで役に立たない。あげくの果てに喧嘩《けんか》をして店を飛び出す。

知床《しれとこ》にやってきた寅さんは、獣医の順吉《じゅんきち》（三船敏郎《みふねとしろう》）の車に同乗したことから、彼の家に厄介になる。偏屈で頑固な一人者だが、寅さんとはなぜか馬が合った。

順吉はスナックのママ・悦子《えつこ》（淡路恵子《あわじけいこ》）に世話を焼かれていた。そこへ駆け落ちするように出て行った娘・上野《うえの》りん子《こ》（マドンナの竹下景《たけしたけい》子《こ》）が離婚して戻る。バーベキューパーティーの席上、悦子が店をたたんで故郷へ帰ると宣言。このとき順吉は、勇を鼓《こ》して悦子への愛を不器用に告白した。感動した一同は「知床旅情」を合唱。その間、りん子は寅さんの手をしっかりと握っていた。りん子と寅さんの恋の行方は？

見どころ 香具師の世界では、口上つきで売ることを啖呵売《たんかばい》という。本作では、札幌で印刷の飾り物のゴッホ「ひまわり」を売《ばい》。流れるような名調子をどうぞ。

●封切り日　1987（昭和62）年8月5日
●上映時間　107分
●マドンナ　竹下景子
●ゲスト　三船敏郎、淡路恵子、すまけい
●主なロケ地　北海道札幌市・知床半島

男はつらいよ

39 寅次郎物語

あらすじ 「とらや」に少年・秀吉《ひでよし》（伊藤祐《いとうゆう》一郎《いちろう》）がやってきた。寅さんの商売仲間“般若《はんにゃ》の政《まさ》”とふで（五月《さつき》みどり）の子だ。政はとんでもない極道で、愛想をつかしたふでは秀吉を置いて家出。政が死を前に寅さんを頼れと言い残したので、秀吉が訪ねてきたのだった。

寅さんは義侠心《ぎきょうしん》を発揮し、秀吉を連れてふでを捜す旅に。奈良県吉野にたどり着いた晩、秀吉は旅疲れから高熱を発した。子育て経験がない寅さんは途方に暮れたが、隣室の隆子《たかこ》（マドンナの秋吉久美子《あきよしくみこ》）に助けられて看病する。夫婦と勘違いされるが意に介さない。つかの間、寅さんは3人家族を幻想する。

回復した秀吉を見届け、隆子は去る。秀吉はふでと再会。これで役目は終えたと、寅さんは秀吉と別れる。

見どころ ラスト近く、寅さんと秀吉の別離シーンは映画「シェーン」に似ている。離れたくないと泣く秀吉をこんこんと諭《さと》す寅さん。落ちこぼれの悲哀が胸に迫る。

●封切り日　1987（昭和62）年12月26日
●上映時間　101分
●マドンナ　秋吉久美子
●ゲスト　五月みどり、松村達雄、伊藤祐一郎
●主なロケ地　和歌山県和歌山市、奈良県吉野町、三重県伊勢・志摩

男はつらいよ 40

寅次郎サラダ記念日

あらすじ 信州・小諸《こもろ》駅前で、寅さんは一人暮らしの老婆と知り合い、山の麓の集落にある家に泊まった。翌朝、老婆を入院させるため女医・真知子《まちこ》（マドンナの三田佳子《みたよしこ》）が迎えに来た。渋っていた老婆も、寅さんの説得で入院する。これが縁で、彼は真知子の家に招かれた。家には、彼女の姪《めい》で早稲田大学に通う由《ゆ》紀《き》（三田寛子《みたひろこ》）もいた。聞くと真知子は未亡人。由紀は文学専攻で短歌が趣味。寅さんは真知子に恋をする。

柴又《しばまた》に戻った寅さんは、由紀を訪ねて早大生の茂《しげる》（尾美《おみ》としのり）を知る。数日後、真知子から電話がきて寅さんは有頂天。「くるまや」の面々は、真知子を温かく迎える。が、小諸の老婆が死去。落胆した真知子は病院を辞めると言い出すが、院長の説得で思いとどまる。

見どころ 寅さんが早稲田大学のてんぷら学生となり聴講するくだりが秀逸。講義の最中、蒸気機関の発明についてトンチンカンな質問をして、教室中が笑いの渦に包まれた。

●封切り日　1988（昭和63）年12月24日
●上映時間　99分
●マドンナ　三田佳子
●ゲスト　三田寛子、尾美としのり、鈴木光枝
●主なロケ地　長野県小諸市・松本市、長崎県島原市

男はつらいよ 41

寅次郎心の旅路

あらすじ 寅さんが乗っていた列車が急停車。心身症のサラリーマン・兵馬《ひょうま》（柄本明《えもとあきら》）の飛び込みだったが、間一髪のところで助かる。風のように自由な寅さんに接して元気になった兵馬は、一緒にウィーンへ行こうと言い出す。

飛行機が苦手な寅さんだが、兵馬の説得に根負け。だが、「音楽の都」も寅さんには猫に小判。てんで興味がわかず、兵馬と別行動していて迷子になったが、現地の観光ガイド・久美《くみ》子《こ》（マドンナの竹下景子《たけしたけいこ》）と、彼女の恩人のマダム（淡路恵子《あわじけいこ》）に助けられる。

寅さんは久美子とともにドナウ川のほとりを散策、望郷の念にかられて「大利根月夜」を歌う。久美子も日本に帰る決心をするが、恋人が空港で強く引き止め、彼女は帰国を断念。寅さんは、失意のどん底に。

見どころ 竹下景子はマドンナとして3度目の出演。久美子とマダムの前で「稼業はスパイみたいなもの」と自己紹介する寅さん。腹巻きに雪駄《せった》履きとは“変なスパイ”。

●封切り日　1989（平成元）年8月5日
●上映時間　109分
●マドンナ　竹下景子
●ゲスト　柄本明、淡路恵子、イッセー尾形
●主なロケ地　オーストリア・ウィーン、宮城県栗原市

男はつらいよ 42

ぼくの伯父さん

あらすじ 諏訪家の一人息子・満男《みつお》は、高校は卒業したが、予備校に通う浪人生。高校時代の後輩・泉《いずみ》（マドンナの後藤久美子《ごとうくみこ》）のことが忘れられず、勉強がはかどらない。相談に乗った寅さんは満男に酒を飲ませて、二人ともグデングデンになってしまう。この問題で博《ひろし》と大喧嘩《おおげんか》した寅さんは柴又《しばまた》を出る。

満男もまた、恋と進学の悩みをかかえて博と大喧嘩。バイクで旅に出る。泉も水商売をしている母親に反発し、叔母・寿子《ひさこ》（マドンナの檀《だん》ふみ）を頼って佐賀の高校に通っていた。

恋心を募らせた満男が佐賀に向かうと、偶然、伯父さんと同宿。寿子の家でもてなされた寅さんは鼻の下を伸ばしかけるが、夫（尾藤《びとう》イサオ）ある身ではどうしようもない。満男と泉の再会をセッティングして佐賀を去る。

見どころ 本作以降、1年2作から1作の公開となり、満男の出番が多くなる。風来坊《ふうらいぼう》の寅さんに付き合っていると、方言を楽しめる。本作では佐賀弁を堪能できる。

- ●封切り日　1989（平成元）年12月27日
- ●上映時間　108分
- ●マドンナ　檀ふみ、後藤久美子
- ●ゲスト　尾藤イサオ、今福将雄
- ●主なロケ地　茨城県袋田駅、佐賀県

男はつらいよ 43

寅次郎の休日

あらすじ 大学に合格した満男《みつお》のもとに、泉《いずみ》（マドンナの後藤久美子《ごとうくみこ》）が上京してきた。別居中の父・一男《かずお》（寺尾聰《てらおあきら》）に、もう一度やり直してと頼みに来たのだ。しかし、すでに転居していた。どうやら女性と暮らしているらしい。

あきらめきれない泉は、転居先の大分県日田市へ行くことに。見送りの満男も思わず新幹線に飛び乗ってしまう。一方、泉を連れ戻しに来た母親の礼子《れいこ》（マドンナの夏木《なつき》マリ）は行き違いとなり、寅さんとともに寝台特急で九州へ。礼子の色っぽさに参ってしまったのだ。

日田で父を捜し当てた泉は、幸福そうな様子を見守ることしかできなかった。ここで寅さんと礼子と合流し、家族のような一夜を過ごす。だが、翌朝、礼子と泉は置き手紙を残して帰ってしまい、寅さんと満男はがっかりする。

見どころ 夏木は、歴代マドンナの中でも、とびっきり色っぽい。その彼女と二人、一夜を寝台特急で過ごす寅さん。おあとは観《み》てのお楽しみ。

- ●封切り日　1990（平成2）年12月22日
- ●上映時間　105分
- ●マドンナ　夏木マリ、後藤久美子
- ●ゲスト　寺尾聰、宮崎美子
- ●主なロケ地　大分県日田市、愛知県名古屋市

男はつらいよ 44

寅次郎の告白

あらすじ 満男《みつお》が思いを寄せる泉《いずみ》（マドンナの後藤久美子《ごとうくみこ》）が、就職のために上京。同じ頃、寅さんも帰ってきた。翌日、満男は、大手楽器店の就職試験に行く泉に付き添う。だが、家庭の事情が災いして不首尾。気落ちした泉は名古屋に帰る。さらに、母・礼子《れいこ》の再婚問題に悩んだ泉は、家出してしまう。

一方、寅さんは鳥取県の倉吉にいたが、ここで泉とバッタリ。泉からのハガキで所在を知った満男も鳥取へ向かい、3人は無事に砂丘で合流する。

寅さんは昔なじみの聖子《せいこ》（マドンナの吉田《よしだ》日出子《ひでこ》）が営む料理屋へ二人を案内する。寅さんを振って結婚した聖子だが、今は未亡人。皆が寝静まった深夜、二人は酒を酌み交わし、いいムードになったのだが……。

見どころ 恋の道の後輩である満男が、寅さんの恋愛観を分析。男には、きれいな花はそっとしておきたい派、奪ってしまう派の二通りあり、寅さんは前者だと。

●封切り日　1991（平成3）年12月23日
●上映時間　103分
●マドンナ　吉田日出子、後藤久美子
●ゲスト　夏木マリ、杉山とく子
●主なロケ地　岐阜県恵那峡、鳥取県

男はつらいよ 45

寅次郎の青春

あらすじ 寅さんは、宮崎県の港町・油津で理容店の店主・蝶子《ちょうこ》（マドンナの風吹《ふぶき》ジュン）と知り合い、居候を決め込む。さながら髪結いの亭主だ。一方、東京のCDショップに就職した泉《いずみ》（マドンナの後藤久美子《ごとうくみこ》）は、頻繁《ひんぱん》に諏訪《すわ》家と往来していた。泉は友人の結婚式のため宮崎に行き、寅さんとバッタリ。そこへ蝶子がやってきて、慌てた寅さんは足を挫《くじ》く。寅さんのケガを口実に満男《みつお》も宮崎へ行く。

蝶子には竜介《りゅうすけ》（永瀬《ながせ》正敏《まさとし》）という弟がいた。満男は、泉と竜介が親密そうなので心中穏やかでない。が、彼には婚約者がいると知って、とたんに機嫌を直す。

満男と泉が帰る日、寅さんも一緒にと言い出して、蝶子は不機嫌になる。彼を憎からず思っていたのだ。なのに、気付かない寅さん。

見どころ 寅さんと蝶子が出会うのは、油津の堀川運河に架かる石橋のたもとにある喫茶店。寅さんは旅先に九州を選ぶ傾向が強く、たくさんの石橋を渡る。九州は石橋の宝庫だ。

●封切り日　1992（平成4）年12月26日
●上映時間　101分
●マドンナ　風吹ジュン、後藤久美子
●ゲスト　永瀬正敏、夏木マリ
●主なロケ地　宮崎県日南市油津

男はつらいよ 46

寅次郎の縁談

あらすじ 大学4年の満男《みつお》、就活がはかばかしくなく、両親の干渉から逃げるように、高松行きのブルートレインに乗ってしまう。

数日後、寅さんが帰ってくると、捜しに行くことを安請け合い。満男からの小包を手掛かりに瀬戸内海の琴島へ渡る。しかし、満男は帰ることを拒む。看護師の亜矢《あや》（城山美佳子《しろやまみかこ》）に淡い恋心を抱いているからだ。

その晩、満男が世話になっている家に厄介に。そこで当主の善右衛門《ぜんえもん》（島田正吾《しまだしょうご》）と娘・葉子《ようこ》（マドンナの松坂慶子《まつざかけいこ》）を知る。

葉子は神戸で料理屋を経営していたが、病を得て島で療養中だという。どこか陰のある美しい葉子に舞い上がる寅さん。ミイラ取りがミイラになってしまったのだ。葉子も寅さんのやさしさにほだされるが……。

見どころ 寅さんの自戒の言葉。「満男、おじさんの顔をよーく見るんだぞ。わかるな。これが一生就職しなかった男のなれの果てだ。お前もこうなりたいか」

- ●封切り日　1993（平成5）年12月25日
- ●上映時間　103分
- ●マドンナ　松坂慶子
- ●ゲスト　島田正吾、光本幸子、城山美佳子
- ●主なロケ地　香川県志々島・高見島・琴平

男はつらいよ 47

拝啓車寅次郎様

あらすじ 浅草の靴メーカーに就職した満《みつ》男《お》に、滋賀県長浜市に住む大学の先輩・川井《かわい》（山田雅人《やまだまさと》）から「祭りに来い」との葉書が届く。出向いた満男は、川井の妹で男まさりの菜《な》穂《ほ》（牧瀬里穂《まきせりほ》）と揉《も》めるが、町を案内してもらううちに心が打ち解けてくる。

片や寅さんは、琵琶湖で撮影旅行中の人妻・典子《のりこ》（マドンナのかたせ梨乃《りの》）と出会う。そればかりか、ケガを負った彼女を骨接ぎに担ぎ込み、同宿するのである。そこで、冷たい夫婦関係を聞かされ同情するが、結局は夫が迎えに来て、寅さんの恋は儚《はかな》く終わる。満男の菜穂への思いも同じだった。

柴又に帰った寅さんと満男は互いの恋を語り合う。そして、満男は江ノ電の鎌倉高校前駅で寅さんを見送るのだった。

見どころ 祭礼や縁日が稼ぎ場の寅さんと旅していれば、おのずと祭りの通《つう》に。本作では、日本三大山車《だし》祭の一つ、長浜曳山《ひきやま》祭を存分に楽しめる。

- ●封切り日　1994（平成6）年12月23日
- ●上映時間　100分
- ●マドンナ　かたせ梨乃
- ●ゲスト　小林幸子、牧瀬里穂
- ●主なロケ地　滋賀県長浜市、神奈川県鎌倉市

男はつらいよ 48

寅次郎紅の花

あらすじ 音沙汰のない寅さんを心配していた「くるまや」一同、見ていたテレビに寅さんが映ってびっくり。大震災後の神戸でボランティアをしていたのだ。一方、泉《いずみ》(マドンナの後《ご》藤久美子《とうくみこ》)から結婚の知らせを受けた満男《みつお》はヤケになり、岡山県津山市に出向いて結婚式をぶち壊してしまう。

その足で加計呂麻《かけろま》島まで旅した満男は、親切な女性と出会う。何とリリー(マドンナの浅《あさ》丘《おか》ルリ子《こ》)ではないか。奇遇を喜んだのもつかの間、リリーは寅さんと同棲《どうせい》中で仰天。

寅さんとリリーは柴又《しばまた》におそろいで顔を出し、さくらを喜ばせるが、またもや大喧嘩《おおげんか》。リリーは帰ると言い出すが、寅さんは俺が送る、と一緒に出て行く。果たして、二人は添い遂げられるのか。

見どころ シリーズの区切りとなる作品。リリーは第25作以来となる4度目の登場となる。寅さんとリリー、満男と泉、二つの恋の行方はいかに……?

●封切り日　1995(平成7)年12月23日
●上映時間　107分
●マドンナ　浅丘ルリ子、後藤久美子
●ゲスト　夏木マリ、神戸浩
●主なロケ地　岡山県津山市、鹿児島県加計呂麻島

男はつらいよ 49

寅次郎ハイビスカスの花 特別篇

あらすじ 渥美清《あつみきよし》逝去の約1年後の公開。満男《みつお》が出張先の国府津《こうづ》駅ホームで寅さんの幻影を見かけるシーンや、過去の回想シーンを新たに追加した特別篇。ほかの部分は第25作「寅次郎ハイビスカスの花」と同じだが、音声をデジタル化し、映像をコンピュータで補整したリマスター版である。

寅さんにリリー(マドンナの浅丘《あさおか》ルリ子《こ》)から速達が届く。沖縄で歌っていて急病で入院、「死ぬ前に一目、逢《あ》いたい」とつづってあった。「とらや」一同は、飛行機嫌いの寅さんを総がかりで説き伏せ、沖縄へ送り出した。リリーの退院後、二人は療養のため、小さな漁師町に部屋を借りた。寅さんは、その家の息子・高志《たかし》(江藤潤《えとうじゅん》)の部屋で寝起きする。リリーは夫婦に似た感情を抱き始めるが……。

見どころ 満男が寅さんの幻影を見るシーン。伯父《おじ》さんを慕う満男の気持ちや、寅さんが満男を愛する気持ちが切々と伝わってくる。まるで白日夢のようである。

●封切り日　1997(平成9)年11月22日
●上映時間　106分
●マドンナ　浅丘ルリ子
●ゲスト　江藤潤
●主なロケ地　沖縄県内、長野県軽井沢町

お帰り 寅さん

あらすじ 「くるまや」の店舗は、新しいカフェに生まれ変わっている。一家は諏訪《すわ》満男《みつお》の妻の七回忌法要の後、カフェの裏手にある昔からの住居（現在は父・博《ひろし》、母・さくらが居住）で、思い出話に花を咲かせた。満男は会社勤めの間に書いた小説が認められて小説家となり、中学3年生の娘ユリとマンションで二人暮らしをしている。

ある日、新作のサイン会会場で、満男は初恋の人でかつて結婚の約束までしたイズミに偶然再会。イズミはヨーロッパで国連難民高等弁務官事務所の職員として働いているはず。びっくりした満男は「君に会わせたい人がいる」と小さなJAZZ喫茶に連れて行った。すると経営者はなんと寅さんの恋人だったリリーである。20年以上も前に奄美《あまみ》大島《おおしま》で別れて以来の再会だ。3人が思い出すのは寅さんのことばかり。話すうちに満男とイズミは、リリーから寅さんとの思いがけない過去の出来事を聞かされた……。

ただいま。
このひと言のために、旅に出る。
はつらいよ 50
お帰り 寅さん
12.27

●封切り日　2019（令和元）年12月27日
●上映時間　115分
●出演　渥美清／倍賞千恵子、吉岡秀隆、後藤久美子、前田吟、池脇千鶴、夏木マリ、浅丘ルリ子、美保純、佐藤蛾次郎、桜田ひより、北山雅康、カンニング竹山、濱田マリ、出川哲朗、松野太紀、林家たま平、立川志らく、小林稔侍、笹野高史、橋爪功

寅次郎花へんろ

幻の作品に寄せて

渥美清追悼映画となった西田敏行主演「虹をつかむ男」

第48作「寅次郎紅の花」（1995年）公開の翌年夏、渥美清が亡くなり、シリーズは終止符を打つかと思われた。しかし、その後も寅さんへのオマージュともいうべき第49作「寅次郎ハイビスカスの花 特別篇」（1997年）、だいぶ歳月を隔てて第50作「お帰り 寅さん」（2019年）が公開されている。

最後の力をふりしぼって「寅次郎紅の花」を撮った渥美だが、実は特別篇以前に、「寅次郎花へんろ」をタイトルに第49作目の企画が進んでいた。それは高知県各地でロケを行う予定だった。寅さんが足を踏み入れていないのは47都道府県のうち埼玉、富山、高知の3県だけとなっていたから、地元高知県のファンの期待は大きかった。

タイトル「花へんろ」の「へんろ」はもちろんお遍路さんのことだ。寅さんは、第26作「寅次郎かもめ歌」（1980年）において、四国八十八箇所霊場の第一番札所である霊山寺《りょうぜん》（徳島県鳴門市）に立ち寄っているのだから、平仄《ひょうそく》は合っている。

「寅次郎花へんろ」は幻に終わったが、出演予定者がそのまま移行して撮影された映画がある。タイトルは「虹をつかむ男」。平成8（1996）年に封切られた。監督は山田洋次。出演者は西田敏行、田中裕子、吉岡秀隆、倍賞千恵子、前田吟、三崎千恵子……。ほとん

高知での初ロケ、ファンの期待は大きかった

どが「男はつらいよ」のレギュラー出演陣だ。それもそのはず、これは渥美清の追悼映画として撮影された作品なのである。舞台は徳島県脇町《わきまち》（現・美馬《みま》市の一部）で、実在するオデオン座が核となりストーリーが展開していく。西田が劇場主に扮し、映画が好きで好きでたまらない男の心情を好演。当方、本作を観賞した後、オデオン座に足を運んだ。館内は閑散としており、地方都市で映画館を維持してゆくことの難しさを痛感したのだった。

ロケ候補地の高知県安芸市に建立された「寅さん地蔵」

高知県や愛媛県の山道を行くと、藁葺き屋根の茶堂《さどう》が迎えてくれる。食べ物や日用品を用意して、お遍路さんを接待する施設だ。宿に困ったお遍路さんを自宅に宿泊させる善根《ぜんこん》宿《やど》というのもあった。遍路道のかたわらに、遍路墓を見かけることも少なくない。水盃を交わして故郷を出立したお遍路さんは、病み疲れて倒れた。苔むした墓は、行き倒れとなったお遍路たちの成仏を願って、昔の人が建てたのであろう。

「寅次郎花へんろ」のロケ地候補に挙げられていた高知県安芸《あき》市に、「寅さん地蔵」が建立されている。お遍路さんの安全を祈る地蔵で、背広を着せかけられた寅さんが、心静かに座っている。国道155号にある。

高知県境に近い愛媛県南部のお年寄りたちの間には、旅する人に「お道を」と呼びかける風習が残っていた、という。「行路の安全を祈る」というほどの意味である。

「お道を」――西方浄土へ旅立った渥美清に、この言葉を手向《たむ》けとしよう

最多の登場はリリーと泉のそれぞれ6回

公開前に大きな話題となったのがマドンナの存在である。曲がりなりにも、寅さんと〝恋のロンド〟を躍る女優であるから人気、演技力、存在感と三拍子そろった名優ばかりであった。

マドンナ役の女優は全48作を通じて40人。全48作なのに40人？ と思われるかもしれないが、①複数回登場するマドンナがいる、②泉（後藤久美子《ごとうくみこ》）もマドンナに数える、ためである。①に該当するのは、リリー（4回／浅丘《あさおか》ルリ子）、朋子ほか（3回／竹下景子《たけしたけいこ》）、歌子（2回／吉永小百合《よしながさゆり》）、葉子ほか（2回／松坂慶子《まつざかけいこ》）、春子ほか（2回／栗原小巻《くりはらこまき》）、早苗ほか（2回／大原麗子《おおはられいこ》）だ。②の泉は第42作以降に登場している。

登場最多の浅丘ルリ子は第49作「寅次郎ハイビスカスの花 特別篇」（1997年）を数えると5回となる（第50作をマドンナと数えれば6回）。泉と同じである。実は本来の第49作は、「寅次郎花へんろ」のタイトルで、初の高知ロケを行う予定だったが、渥美清の体調を考えて中止となった。この時もマドンナは誰か？ が話題となったことはいうまでもない（吉永小百合？ 田中裕子？ と噂になった）。

さて、寅さんがマドンナに惚れるのは「お約束」として、相手のマドンナはどうだった

旅先から届く反省の手紙。

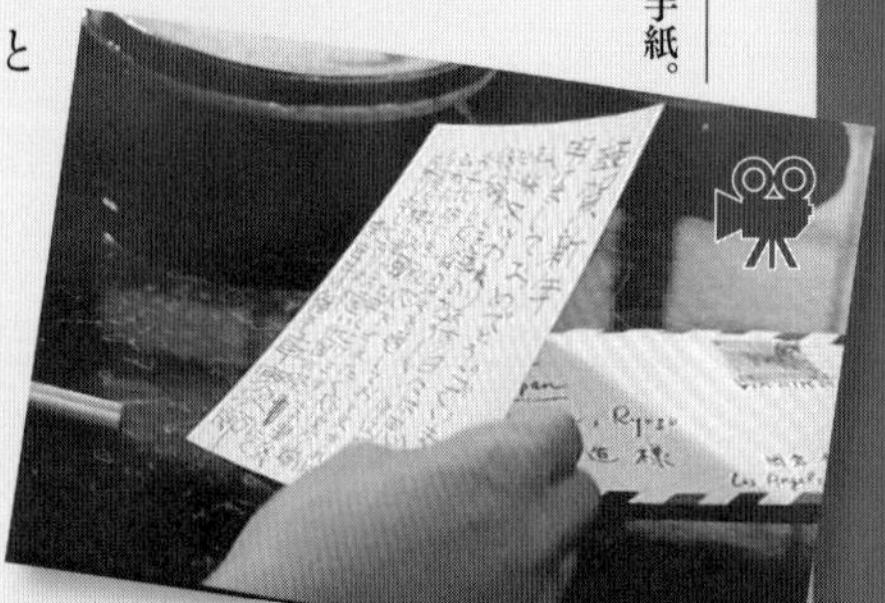

騒動のあと、旅先から反省の手紙が届く。文字は拙いが、文章は家族愛にあふれ、心動かされる。写真は第10作「寅次郎夢枕」（1972年）。千代（マドンナの八千草薫）に告白され、身を引いたあとにしたためたものである。

のか。寅さんに対する気持ちは、4つのパターンに分かれる。まずは、①寅さんの生き方に共感、②寅さんを尊敬、③お兄さん的に敬慕、である。そして最後の④が重要。驚くなかれ、「男として愛している」だ。一般に寅さんはフラれてばかりというイメージが浸透しているが、実は何人ものマドンナが惚れている。

「面倒くさい男」の本性で、惚れられても一人静かに去って行く

例えば、第10作「寅次郎夢枕」（1972年）の千代（八千草薫《やちぐさかおる》）、第29作「寅次郎あじさいの恋」（1982年）のかがり（いしだあゆみ）、第32作「口笛を吹く寅次郎」（1983年）の朋子（竹下景子）などであり、リリーにいたっては、第25作「寅次郎ハイビスカスの花」（1980年）、第48作「寅次郎紅の花」（1995年）で〝同棲〟までしている。しかし、相思相愛も成就はしていない。それはマドンナから告白を受けるや、「俺に好意を持っている?→うれしい→が、そいつは考えもん→生活力がない→所帯は持てない→幸せにできない」と自ら身を引いてしまうからだ。ここで観客は誰でも「〈とらや〉を継げば、生活の不安はなくなる」と思うのだが、寅さんに稼業から足を洗う気持ちは起きない。

常人では推し量ることができない「面倒くさい男」の本性がこんな重大局面でも発揮され、相手に多くを告げることなく一人静かに去って行くのである。周りを騒がせて失恋した場合、初期作では旅先から度々反省の葉書がとどいていた。文中で「恥ずかしきことの数々」と自らの行動を振り返り、「車寅次郎拝」と結ぶ、リズムのある美文調の名文である。

全49作品 歴代マドンナ一覧

①光本幸子　②佐藤オリエ　③新珠三千代　④㊱栗原小巻　⑤長山藍子　⑥若尾文子

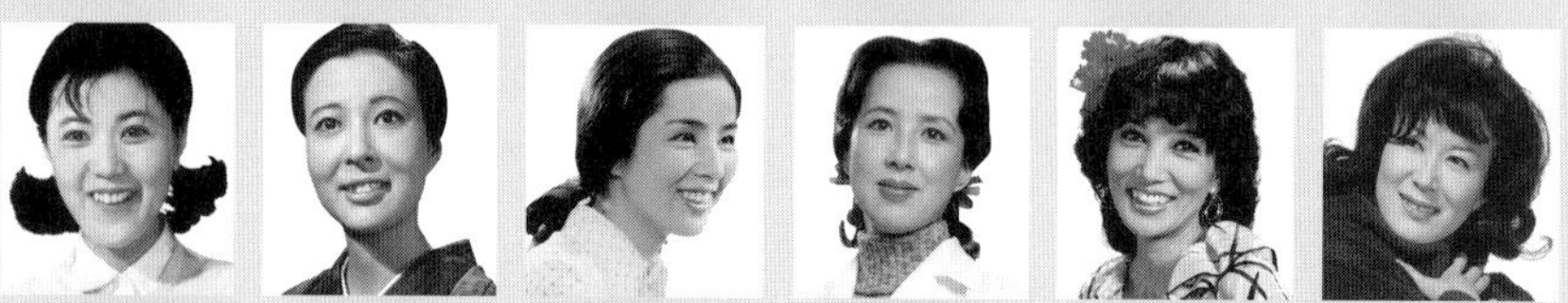

⑦榊原るみ　⑧池内淳子　⑨⑬吉永小百合　⑩八千草薫　⑪⑮㉕㊽㊾浅丘ルリ子　⑫岸惠子

⑭十朱幸代　⑯樫山文枝　⑰太地喜和子　⑱京マチ子　⑲真野響子　⑳藤村志保

㉑木の実ナナ　㉒㉞大原麗子　㉓桃井かおり　㉔香川京子　㉖伊藤蘭　㉗㊻松坂慶子

㉘音無美紀子　㉙いしだあゆみ　㉚田中裕子　㉛都はるみ　㉜㊳㊶竹下景子　㉝中原理恵

㉟樋口可南子　㊲志穂美悦子　㊴秋吉久美子　㊵三田佳子　㊷檀ふみ　㊷〜㊺㊽後藤久美子

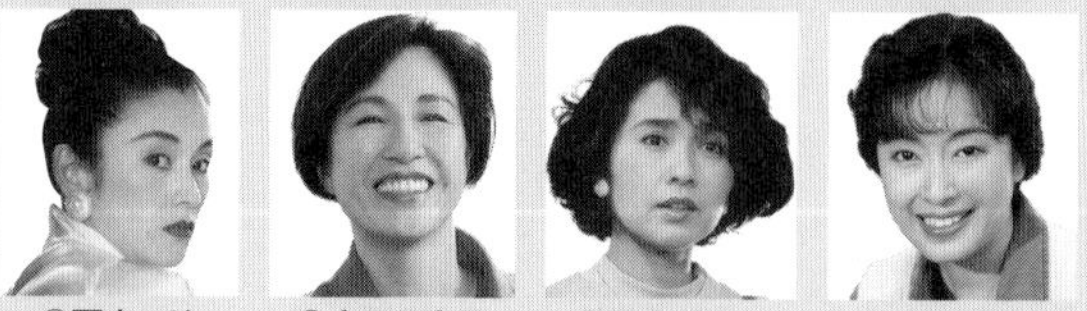

㊸夏木マリ　㊹吉田日出子　㊺風吹ジュン　㊼かたせ梨乃

※丸数字は作品の通巻番号
※複数丸数字があるマドンナは複数回登場していることを示します。
※掲出した女優ほか、満男に恋をするゲスト女優として城山美佳子、牧瀬里穂がいます。

作数	女優	役	作品名	上映年
第1作	光本幸子	御前様の娘	男はつらいよ	1969年
第2作	佐藤オリエ	音楽家／散歩先生の娘	続　男はつらいよ	1969年
第3作	新珠三千代	温泉旅館の女主人	男はつらいよ　フーテンの寅	1970年
第4作	栗原小巻	幼稚園の先生	新　男はつらいよ	1970年
第5作	長山藍子	美容師／豆腐屋の娘	男はつらいよ　望郷篇	1970年
第6作	若尾文子	おばちゃんの遠縁	男はつらいよ　純情篇	1971年
第7作	榊原るみ	元紡績工場勤務	男はつらいよ　奮闘篇	1971年
第8作	池内淳子	喫茶店の女主人	男はつらいよ　寅次郎恋歌	1971年
第9作	吉永小百合	小説家の娘	男はつらいよ　柴又慕情	1972年
第10作	八千草薫	美容院の女主人	男はつらいよ　寅次郎夢枕	1972年
第11作	浅丘ルリ子	旅回りの歌手	男はつらいよ　寅次郎忘れな草	1973年
第12作	岸惠子	画家	男はつらいよ　私の寅さん	1973年
第13作	吉永小百合	図書館勤務	男はつらいよ　寅次郎恋やつれ	1974年
第14作	十朱幸代	看護師	男はつらいよ　寅次郎子守唄	1974年
第15作	浅丘ルリ子	旅回りの歌手	男はつらいよ　寅次郎相合い傘	1975年
第16作	樫山文枝	大学の考古学研究室助手	男はつらいよ　葛飾立志篇	1975年
第17作	太地喜和子	芸者	男はつらいよ　寅次郎夕焼け小焼け	1976年
第18作	京マチ子	満男の先生である雅子の母	男はつらいよ　寅次郎純情詩集	1976年
第19作	真野響子	運送会社の事務員／未亡人	男はつらいよ　寅次郎と殿様	1977年
第20作	藤村志保	土産物店の女主人	男はつらいよ　寅次郎頑張れ！	1977年
第21作	木の実ナナ	松竹歌劇団スター	男はつらいよ　寅次郎わが道をゆく	1978年
第22作	大原麗子	とらやのお手伝い	男はつらいよ　噂の寅次郎	1978年
第23作	桃井かおり	田園調布のお嬢様	男はつらいよ　翔んでる寅次郎	1979年
第24作	香川京子	翻訳家	男はつらいよ　寅次郎春の夢	1979年
第25作	浅丘ルリ子	旅回りの歌手	男はつらいよ　寅次郎ハイビスカスの花	1980年
第26作	伊藤蘭	奥尻島のスルメ工場従業員→学生	男はつらいよ　寅次郎かもめ歌	1980年
第27作	松坂慶子	芸者	男はつらいよ　浪花の恋の寅次郎	1981年
第28作	音無美紀子	テキ屋の女房→旅館の仲居	男はつらいよ　寅次郎紙風船	1981年
第29作	いしだあゆみ	陶芸家のお手伝い	男はつらいよ　寅次郎あじさいの恋	1982年
第30作	田中裕子	デパート店員	男はつらいよ　花も嵐も寅次郎	1982年
第31作	都はるみ	演歌歌手	男はつらいよ　旅と女と寅次郎	1983年
第32作	竹下景子	博の実家の菩提寺の娘	男はつらいよ　口笛を吹く寅次郎	1983年
第33作	中原理恵	理容師	男はつらいよ　夜霧にむせぶ寅次郎	1984年
第34作	大原麗子	主婦	男はつらいよ　寅次郎真実一路	1984年
第35作	樋口可南子	印刷会社の写植オペレーター	男はつらいよ　寅次郎恋愛塾	1985年
第36作	栗原小巻	小学校教師	男はつらいよ　柴又より愛をこめて	1985年
第37作	志穂美悦子	旅館のコンパニオン	男はつらいよ　幸福の青い鳥	1986年
第38作	竹下景子	獣医師の娘	男はつらいよ　知床慕情	1987年
第39作	秋吉久美子	化粧品の美容部員	男はつらいよ　寅次郎物語	1987年
第40作	三田佳子	女医	男はつらいよ　寅次郎サラダ記念日	1988年
第41作	竹下景子	ウィーンの観光ガイド	男はつらいよ　寅次郎心の旅路	1989年
第42作	檀ふみ／後藤久美子	主婦／満男の恋人	男はつらいよ　ぼくの伯父さん	1989年
第43作	夏木マリ／後藤久美子	泉の母・クラブのチーママ／満男の恋人	男はつらいよ　寅次郎の休日	1990年
第44作	吉田日出子／後藤久美子	料亭の女主人／満男の恋人	男はつらいよ　寅次郎の告白	1991年
第45作	風吹ジュン／後藤久美子	理髪店の女主人／満男の恋人	男はつらいよ　寅次郎の青春	1992年
第46作	松坂慶子	料理店経営	男はつらいよ　寅次郎の縁談	1993年
第47作	かたせ梨乃	写真が趣味の主婦	男はつらいよ　拝啓車寅次郎様	1994年
第48作	浅丘ルリ子／後藤久美子	旅回りの歌手／満男の恋人	男はつらいよ　寅次郎紅の花	1995年
第49作	浅丘ルリ子	旅回りの歌手	男はつらいよ　寅次郎ハイビスカスの花 特別篇	1997年

寅さんはファンの心の中で旅を続けている

喜劇役者・渥美清　68年の軌跡

１９２８年●東京市下谷区《したや》（現・台東区《たいとう》）に生まれる。

１９４５年●カツギ屋で学費を稼ぎ、中央大学予科に入学。この頃、テキ屋の口上に魅せられる。17歳。

１９４８年●この頃、大学を中退し地方劇団に参加する。20歳。

１９５０年●大宮《おおみや》日活館で下働き。ここで舞台デビュー。22歳。

１９５１年●浅草の百万弗《ひゃくまんどる》劇場に入座。谷幹一《たにかんいち》を知る。浅草ロック座などを渡り歩く。23歳。

１９５３年●父親に勘当される。生涯の親友・関敬六《せきけいろく》と出会う。浅草フランス座に移籍。25歳。

１９５４年●結核を患い、１９５６年までサナトリウムで暮らす。右肺摘出。26歳。

１９５７年●フランス座に復帰。この年にテレビに初出演（ＮＴＶ「すいれん夫人とバラ娘」）。29歳。

１９５９年●谷幹一、関敬六とトリオ「スリーポケッツ」を結成するが、2カ月で解散。31歳。

１９６０年●テレビ出演が続き、人気が出始める。東宝「地の涯《はて》に生きるもの」に端役で出演。32歳。

１９６１年●テレビ、ラジオのレギュラー出演が続く。森繁《もりしげ》劇団の旗揚げ公演に出演。33歳。

１９６２年●コロムビアレコードからデビュー。フジテレビ「大番《おおばん》」に主演。34歳。

１９６３年●松竹「拝啓天皇陛下様」（監督：野村芳太郎《のむらよしたろう》）に主演。人気は不動のものとなる。35歳。

１９６６年●ＴＢＳで「男はつらいよ」の原型とされる「泣いてたまるか」に主演。１９６８年まで続く。38歳。

１９６７年●東映に招かれ「喜劇・急行列車」（監督：瀬川昌治《せがわまさはる》）に主演。39歳。

１９６８年●山田洋次《やまだようじ》脚本、フジテレビの連続ドラマ「男はつらいよ」に主演。40歳。

１９６９年●松竹「男はつらいよ」が山田洋次監督で映画化。空前の長期シリーズがスタート。結婚。41歳。

１９７０年●「男はつらいよ」ほかの演技でキネマ旬報主演男優賞、毎日映画コンクール男優主演賞を受賞。42歳。

１９７２年●渥美プロダクションを設立。芸術選奨文部大臣賞受賞。44歳。

１９７５年●日本映画テレビ製作者協会（現：日本映画テレビプロデューサー協会）特別賞受賞。47歳。

１９８０年●第25回ブルーリボン賞主演男優賞受賞。52歳。

１９８１年●日本アカデミー賞特別賞受賞。53歳。

１９８３年●「男はつらいよ」が世界一の長寿映画として、ギネスブックに登録される。現在も記録は破られていない。55歳。

１９８８年●紫綬褒章を受章。60歳。

１９９５年●シリーズ区切りの作品、第48作「寅次郎紅《くれない》の花」が公開される。67歳。

１９９６年●8月4日、転移性肺がんで死去。国民栄誉賞受賞。68歳。

渥美清の直筆色紙。朱印にはトレードマークの帽子も彫られる。

第46作「寅次郎の縁談」(1993年) のワンシーン。就活などに悩む満男が、ブルートレインで逃避行に旅立ったあと、寅さんが金町から江戸川の土手を歩いて柴又に帰ってくる。土手に寝転ぶ源公の姿を見つけた寅さんは、いつものように小石をぶつけてからかった。しかし、破天荒だった初期作とは大違いである。包容力にあふれ、慈愛に満ち満ちた表情。このとき寅さんの台詞はないが、心の中で「源公、あいかわらず元気で暮らしてんな。ありがとよ。ごくろうさん」とでも言っているようである。幾星霜を経て、寅さんも大きく成長しているのである。

続編のあとがき

平成8（1996）年夏、渥美清が亡くなった。これで、足かけ27年、48作続いた「男はつらいよ」に終止符が打たれた、と思った。

最後の数作は渥美の体調が思わしくなく、観るのが辛いというファンが少なくなかったが、いざシリーズが終わってみると、「何だか身体の真ん中に穴っぽこがあいちまって、そこをすうすう風が通っていくみたいな気持ち」（第6作「男はつらいよ 純情篇」1971年）となったファンが多かったのではあるまいか。

そう、我々は寅さんのように、失恋したかのごとき喪失感を味わったのだ。かく言う小生もその一人だった。では、その喪失感を何を持って埋めればいいのだろうか。残された作品を繰り返し観ることで、渇は癒やされるのか。

そうこうしているうちに、翌年の暮れ、山田洋次監督の「虹をつかむ男」が公開された。寅さんシリーズへのオマージュという触れ込みの映画である。出演者の名を拝すると、物故した役者を除いて、「男はつらいよ」シリーズの常連がズラリと顔を揃えているではないか。これは観ざぁなるまい。

徳島県光町（ロケは脇町《わきまち》で行われた）という小さな町の映画館主（西田敏行《にしだとしゆき》）の奮闘ぶりを描いて、映画という媒体に寄せる監督の愛着の深さが快く伝わってきた。

寅さんシリーズへのオマージュというだけあって、「男はつらいよ」を思わせるシーンがいくつも散見できた。共演は第30作「花も嵐も寅次郎」（1982年）でマドンナに扮した田中裕子で、光町で喫茶店「カサブランカ」を経営している。

西田は彼女にホの字である。そして、店まで送っていく場面は、第1作「男はつらいよ」(1969年)のあるシーンにそっくりだ。帝釈天題経寺の御前様の娘・冬子(マドンナの光本幸子《みつもとさちこ》)を送り届けるシーン以外の何物でもない。

「男はつらいよ」シリーズにあって、このシーンほど寅さんの純情さ、愚かさ加減を現した場面はない――と信じている当方、一瞬にして穴っぽこを埋める方法がひらめいたのだった。寅さんが全国津々浦々に印した足跡をたどっていけば、寅さんとともに旅している気分に浸っていることができるじゃないか。

よ~し、これで決まりだ。「男はつらいよ」のロケ地巡りをしている限り、老後の寂しさなんぞ風が吹き飛ばしてくれるだろう。

手始めに、東京にある渥美清の墓に詣で、ことの次第を報告、ロケ地巡りに旅立ったのだった。以来、四半世紀にわたって、ロケ地巡りを楽しんできた。

寅さんと同様、車の免許を持ち合わせていないのを幸いとして、鈍行列車に乗って「青い鳥」を探し続けてきた報告書が本書である。

本書は一昨年の夏に上梓した『寅さんの「日本」を歩く』の続編である。前作に続いて執筆の機会を与えていただいた、編集者の町田てつ氏に心より御礼申し上げる。

令和3年　初夏

岡村直樹

岡村直樹（おかむら・なおき）

1948（昭和23）年、東京生まれ。慶應義塾大学卒。旅行作家。文学、音楽、映画、歴史、絵画、鉄道などを切り口に文化諸相を掘り下げ、とりわけ江戸文化、川文化、映画芸術などに造詣が深い。フィールドワークを通して多くの著作を上梓。『川の名前で読み解く日本史』（青春出版社）、『川の歳時記』（北斗出版）、『切り絵利根川の旅』（オリジン社）、『川にきく―水辺の防人たちの物語』（創樹社）、『とっておきの里祭り』（心交社）、『「清張」を乗る』（交通新聞社）、『時代小説で旅する東海道五十三次』（講談社+α文庫）、『江戸「仕事人」案内』（天夢人）、『百冊の時代小説で楽しむ日本の川 読み歩き』（同）などがある。また、自他共に認める寅さんファンとしても知られ、関連著書に『寅さん 人生の伝言』（日本放送出版協会）、『寅さんの「日本」を歩く』（天夢人）、『知識ゼロからの 寅さん入門』（幻冬舎）がある。“川フリーク”としては、全国109の一級水系のすべてを踏破。現在は二級水系を取材している。

寅さんの「日本」を歩く2

二〇二一年九月二八日　初版第一刷発行

著　者◉岡村直樹
発行人◉勝峰富雄
発　行◉株式会社天夢人
〒一〇一-〇〇五四　東京都千代田区神田錦町三丁目一番地
https://temjin-g.com/
発　売◉株式会社山と溪谷社
〒一〇一-〇〇五一　東京都千代田区神田神保町一丁目一〇五番地
印刷・製本◉大日本印刷株式会社

◎内容に関するお問合せ先
天夢人／電話〇三-六四一三-八七五五
◎乱丁・落丁のお問合せ先
山と溪谷社自動応答サービス／電話〇三-六八三七-五〇一八
受付時間一〇時～一二時、一三時～一七時三〇分（土日・祝日を除く）
◎書店・取次様からのお問合せ先
山と溪谷社受注センター
電話〇三-六七四四-一九一九　FAX〇三-六七四四-一九二七

ISBN 978-4-635-82334-0